AF276305

Disfrute gratuitamente **DURANTE UN AÑO** de los eBook y audiolibros de las obras de Editorial Colex*

⊘ Acceda a la página web de la editorial **www.colex.es**

⊘ Identifíquese con su usuario y contraseña. En caso de no disponer de una cuenta regístrese.

⊘ Acceda en el menú de usuario a la pestaña «Mis códigos» e introduzca el que aparece a continuación:

RASCAR PARA VISUALIZAR EL CÓDIGO

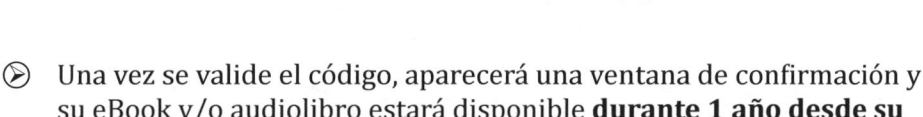

⊘ Una vez se valide el código, aparecerá una ventana de confirmación y su eBook y/o audiolibro estará disponible **durante 1 año desde su activación** en la pestaña «Mis libros» en el menú de usuario.

---

* Los audiolibros están disponibles en las ediciones más recientes de nuestras obras. Se excluyen expresamente las colecciones «Códigos comentados», «Biblioteca digital» y los productos de www.vademecumlegal.es.

No se admitirá la devolución si el código promocional ha sido manipulado y/o utilizado.

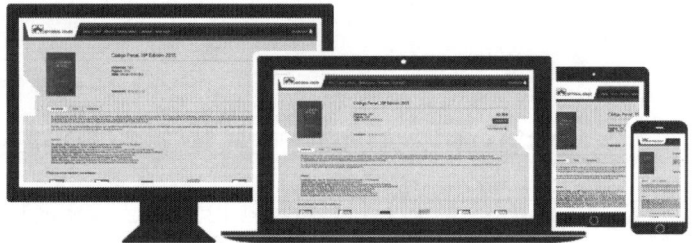

¡Gracias por confiar en nosotros!

La obra que acaba de adquirir incluye de forma gratuita la versión electrónica. Acceda a nuestra página web para aprovechar todas las funcionalidades de las que dispone en nuestro lector.

Funcionalidades eBook

Acceso desde cualquier dispositivo con conexión a internet

Idéntica visualización a la edición de papel

Navegación intuitiva

Tamaño del texto adaptable

Síguenos en:

LEY DE ARRENDAMIENTOS URBANOS Y LEGISLACIÓN COMPLEMENTARIA

LEY DE ARRENDAMIENTOS URBANOS Y LEGISLACIÓN COMPLEMENTARIA

6.ª EDICIÓN 2026

(Edición actualizada a 1 de marzo de 2026)

COLEX 2026

© Editorial Colex, S.L.
Calle Costa Rica, número 5, 3º B (local comercial)
A Coruña, 15004, A Coruña (Galicia)
info@colex.es
www.colex.es

I.S.B.N.: 979-13-7011-560-9
Depósito Legal: C 64-2026

LEYENDA ICONOS

Texto modificado	Texto nuevo

ABREVIATURAS

ART.	Artículo
BOE	Boletín Oficial del Estado
CC	Código Civil
CE	Constitución Española
D.A.	Disposición adicional
D.F.	Disposición final
D.T.	Disposición transitoria
DOGC	Diari Oficial de la Generalitat de Catalunya
DOGV	Diari Oficial de la Generalitat Valenciana
LAU	Ley de Arrendamientos Urbanos (Ley 29/1994, de 24 de noviembre)
LEC	Ley de Enjuiciamiento Civil (Ley 1/2000, de 7 de enero)
LH	Ley Hipotecaria (Decreto de 8 de febrero de 1946)
LPH	Ley de Propiedad Horizontal (Ley 49/1960, de 21 de julio)
RDL	Real Decreto Ley
RDLEG	Real Decreto Legislativo
RH	Reglamento Hipotecario (Decreto de 14 de febrero de 1947)

SUMARIO

LEY DE ARRENDAMIENTOS URBANOS

LEY DE ARRENDAMIENTOS URBANOS 1964

LEGISLACIÓN SUSTANTIVA CIVIL

LEGISLACIÓN PROCESAL

CENSO DE CONTRATOS DE ARRENDAMIENTO DE VIVIENDAS

OTRAS DISPOSICIONES

LEY DE ARRENDAMIENTOS URBANOS Y LEGISLACIÓN COMPLEMENTARIA

I.-
LEY 29/1994, DE 24 DE NOVIEMBRE, DE ARRENDAMIENTOS URBANOS

–BOE n.º 282, de 25 de noviembre de 1994–

JUAN CARLOS I
REY DE ESPAÑA

A todos los que la presente vieren y entendieren.
Sabed: Que las Cortes Generales han aprobado y Yo vengo en sancionar la siguiente Ley.

PREÁMBULO

1

El régimen jurídico de los arrendamientos urbanos se encuentra en la actualidad regulado por el texto refundido de la Ley de Arrendamientos Urbanos de 1964, aprobado por el Decreto 4104/1964, de 24 de diciembre.

Los principios que inspiraron la reforma de la legislación arrendaticia llevada a cabo en 1964, según reza la Exposición de Motivos de la Ley 40/1964, fueron los de atemperar el movimiento liberalizador de la propiedad urbana a las circunstancias económicas del país y a las exigencias de la justicia. Sin embargo, el texto refundido no llegó a alcanzar sus objetivos de desbloquear la situación de las rentas congeladas. El citado texto consagró, además, un régimen de subrogaciones, tanto *ínter vivos* como *mortis causa*, favorable a los intereses del arrendatario.

Ambas circunstancias determinaron un marco normativo que la práctica ha puesto de manifiesto que fomentaba escasamente la utilización del instituto arrendaticio.

Ante estas circunstancias, el Real Decreto-ley 2/1985, de 30 de abril, sobre Medidas de Política Económica, introdujo dos modificaciones en la regulación del régimen de los arrendamientos urbanos que han tenido un enorme impacto en el desarrollo posterior de este sector. Estas modificaciones fueron la libertad para la transformación de viviendas en locales de negocio y la libertad para pactar la duración del contrato, suprimiendo el carácter obligatorio de la prórroga forzosa en los contratos de arrendamientos urbanos.

El Real Decreto-ley 2/1985 ha tenido resultados mixtos. Por un lado, ha permitido que la tendencia a la disminución en el porcentaje de viviendas alquiladas que se estaba produciendo a principios de la década de los ochenta se detuviera, aunque no ha podido revertir sustancialmente el signo de la tendencia. Por otro lado, sin embargo, ha generado una enorme inestabilidad en el mercado de viviendas en alquiler al dar lugar a un fenómeno de contratos de corta duración. Esto a su vez ha producido un movimiento de incremento de las rentas muy significativo, que se ha visto agravado por su simultaneidad en el tiempo con un período de elevación de los precios en el mercado inmobiliario.

En la actualidad, el mercado de los arrendamientos urbanos en vivienda se caracteriza por la coexistencia de dos situaciones claramente diferenciadas. Por un lado, los contratos celebrados al amparo del Real Decreto-ley 2/1985, que representan aproximadamente el 20 por 100 del total y se caracterizan por tener rentas elevadas y un importante grado de rotación ocupacional por consecuencia de su generalizada duración anual. Por el otro, los contratos celebrados con anterioridad a la fecha de entrada en vigor del Real Decreto-ley 2/1985. En general, se trata de contratos con rentas no elevadas y, en el caso de los contratos celebrados con anterioridad a la Ley de 1964, aproximadamente el 50 por 100 del total, con rentas que se pueden calificar como ineconómicas.

Las disfunciones que esta situación genera en el mercado son tales que han convertido al arrendamiento en una alternativa poco atractiva frente a la de la adquisición en propiedad en relación con la solución al problema de la vivienda. En este sentido, sólo un 18 por 100 aproximadamente del parque total de viviendas se encuentra en régimen de alquiler.

Por ello, la finalidad última que persigue la reforma es la de coadyuvar a potenciar el mercado de los arrendamientos urbanos como pieza básica de una política de vivienda orientada por el mandato constitucional consagrado en el artículo 47, de reconocimiento del derecho de todos los españoles a disfrutar de una vivienda digna y adecuada.

La consecución de este objetivo exige una modificación normativa que permita establecer un equilibrio adecuado en las prestaciones de las partes, y aunque es evidente que el cambio normativo por sí mismo no constituye una condición suficiente para potenciar la oferta en este sector, sí es una condición necesaria para que ello se produzca.

La regulación sustantiva del contrato de arrendamiento debe partir de una clara diferenciación de trato entre los arrendamientos de vivienda y los destinados a cualquier otro uso distinto del de vivienda, por entender que las realidades económicas subyacentes son sustancialmente distintas y merecedoras, por tanto, de sistemas normativos disímiles que se hagan eco de esa diferencia.

En este sentido, al mismo tiempo que se mantiene el carácter tuitivo de la regulación de los arrendamientos de vivienda, se opta en relación con los destinados a otros usos por una regulación basada de forma absoluta en el libre acuerdo de las partes.

Además, la ley contiene una reforma parcial de la regulación de los procesos arrendaticios y la modificación del régimen de los contratos actualmente en vigor.

2

La regulación de los arrendamientos de vivienda presenta novedades significativas, fundamentalmente en relación con su duración. En este sentido, se ha optado por establecer un plazo mínimo de duración del contrato de cinco años, por entender que un plazo de estas características permite una cierta estabilidad para las unidades familiares que les posibilita contemplar al arrendamiento como alternativa válida a la propiedad. Al mismo tiempo, no es un plazo excesivo que pudiera constituir un freno para que tanto los propietarios privados como los promotores empresariales sitúen viviendas en este mercado.

Este plazo mínimo de duración se articula a partir del libre pacto entre las partes sobre la duración inicial del contrato más un sistema de prórrogas anuales obligatorias hasta alcanzar el mínimo de cinco años de duración, si el pacto inicial hubiera sido por un plazo inferior.

Se introduce también en la ley un mecanismo de prórroga tácita, transcurrido como mínimo el plazo de garantía de cinco años, que da lugar a un nuevo plazo articulado, asimismo, sobre períodos anuales, de tres años.

El reconocimiento de la existencia de situaciones que exigen plazos inferiores de duración ha hecho que la ley prevea esta posibilidad, aunque vinculada en exclusiva a la necesidad, conocida al tiempo de la celebración del contrato, de recuperar el uso de la vivienda arrendada para domicilio del propio arrendador.

El establecimiento de un plazo de duración limitado permite mitigar el impacto que el instituto de las subrogaciones pudiera tener sobre el equilibrio de las prestaciones. En la medida en que el derecho de las personas subrogadas a continuar en el uso de la vivienda arrendada sólo se mantiene hasta la terminación del plazo contractual, no existe inconveniente en mantener dicho derecho en el ámbito *mortis causa* a favor de aquellas personas con vinculación directa con el arrendatario. Destaca como novedad el reconocimiento de este derecho al conviviente «more uxorio».

En relación con las subrogaciones ínter vivos, sólo se reconoce su existencia previo consentimiento escrito del arrendador. Al mismo tiempo, se introduce una novedad en casos de resoluciones judiciales que, en procesos de nulidad, separación o divorcio, asignen la vivienda al cónyuge no titular. En estos casos, se reconoce «ex lege» a dicho cónyuge el derecho a continuar en el uso de la vivienda arrendada por el tiempo que restare del contrato.

El régimen de rentas se construye en torno al principio de la libertad de pactos entre las partes para la determinación de la renta inicial tanto para los contratos nuevos como para aquellos que se mantengan con arrendatarios ya establecidos. Esto asegurará, cuando ello sea preciso, que las rentas de los contratos permitan reflejar la realidad del mercado, si esta realidad no hubiera podido trasladarse a la renta por la vía de las actualizaciones previstas. Ello puede ser así, dado que la norma establece un mecanismo de actualización de rentas vinculado a las variaciones porcentuales que pueda experimentar en un período anual el Índice de Precios al Consumo.

Por lo que se refiere a los derechos y obligaciones de las partes, la ley mantiene en líneas generales la regulación actual, sin introducir grandes novedades. Se exceptúa el establecimiento de una previsión especial para arrendatarios afectados de minusvalías o con personas minusválidas a su cargo, que pretendan efectuar modificaciones en la finca arrendada que les permitan mejorar la utilización de la misma.

También se mantiene el derecho de adquisición preferente en favor del arrendatario para el supuesto de enajenación de la vivienda arrendada durante la vigencia del arrendamiento aunque referido a condiciones de mercado, por entenderse que constituye un instrumento que sin suponer una grave onerosidad para el arrendador incrementa las posibilidades de permanencia del arrendatario en la vivienda.

Por último, por lo que se refiere a la formalización de los contratos, la ley mantiene la libertad de las partes de optar por la forma oral o escrita. Al mismo tiempo, se consagra expresamente la posibilidad de todos los contratos de arrendamiento, cualquiera que sea su duración, de acceder al Registro de la Propiedad, intentando, por otro lado, potenciar esta posibilidad de acceso mediante la vinculación de determinadas medidas de fomento o beneficio al hecho de la inscripción. Este hecho no sólo contribuye a reforzar las garantías de las partes, sino que incrementa la información disponible para el Estado, permitiéndole el diseño y ejecución de aquellas medidas que puedan contribuir a la mejora de la ordenación normativa y de la práctica de los arrendamientos.

3

La ley abandona la distinción tradicional entre arrendamientos de vivienda y arrendamientos de locales de negocio y asimilados para diferenciar entre arrendamientos de vivienda, que son aquellos dedicados a satisfacer la necesidad de vivienda permanente del arrendatario, su cónyuge o sus hijos dependientes, y arrendamientos para usos distintos al de vivienda, categoría ésta que engloba los arrendamientos de segunda residencia, los de temporada, los tradicionales de local de negocio y los asimilados a éstos.

Este nuevo categorismo se asienta en la idea de conceder medidas de protección al arrendatario sólo allí donde la finalidad del arrendamiento sea la satisfacción de la necesidad de vivienda del individuo y de su familia, pero no en otros supuestos en los que se satisfagan necesidades económicas, recreativas o administrativas.

Para ello, en la regulación de los arrendamientos para uso distinto al de vivienda, la ley opta por dejar al libre pacto de las partes todos los elementos del contrato, configurándose una regulación supletoria del libre pacto que también permite un amplio recurso al régimen del Código Civil.

Se regulan así, con carácter supletorio de la voluntad expresa de arrendador y arrendatario, el régimen de obligaciones de conservación y obras, el derecho de adquisición preferente, el de traspaso y las subrogaciones *mortis causa*, aunque limitadas al cónyuge e hijos del arrendatario que continúen la actividad.

Se introduce en esta regulación una novedad consistente en el derecho del arrendatario a ser indemnizado cuando, queriendo continuar con el arrendamiento, deba abandonar el local por el transcurso del plazo previsto, siempre que de alguna forma el arrendador o un nuevo arrendatario se pudiesen beneficiar de la clientela obtenida por el antiguo arrendatario, o alternativamente, de los gastos de traslado y de los perjuicios derivados del mismo, cuando el arrendatario se vea obligado a trasladar su actividad.

4

La fianza arrendaticia mantiene su carácter obligatorio, tanto en vivienda como en uso distinto, fijándose su cuantía en una o dos mensualidades de renta, según sea arrendamiento de vivienda o de uso distinto. Al mismo tiempo se permite a las Comunidades Autónomas con competencias en materia de vivienda que regulen su depósito obligatorio en favor de la propia Comunidad, ya que los rendimientos generados por estos fondos se han revelado como una importante fuente de financiación de las políticas autonómicas de vivienda, que se considera debe de mantenerse.

5

En la regulación de los procesos arrendaticios se establece que la competencia para conocer de las controversias corresponde, en todo caso, al Juez de Primera Instancia del lugar donde esté sita la finca urbana, excluyendo la posibilidad de modificar la competencia funcional por vía de sumisión expresa o tácita a Juez distinto.

Esto no obsta para recordar la posibilidad de que las partes en la relación jurídica puedan pactar, para la solución de sus conflictos, la utilización del procedimiento arbitral.

La tramitación de los procesos arrendaticios se defiere al juicio de cognición, haciendo salvedad expresa de los supuestos de aplicación del juicio de desahucio y del juicio verbal cuando se ejecuten, en este último caso, acciones para determinar rentas o importes que corresponda abonar al arrendatario.

Se regulan, asimismo, las condiciones en las que el arrendatario podrá enervar la acción en los desahucios promovidos por la falta de pago de cantidades debidas por virtud de la relación arrendaticia. Esta regulación matiza de forma significativa las posibilidades de enervación y rehabilitación contenidas en el texto refundido de 1964.

En los supuestos de acumulación de acciones se ha establecido, junto a la regulación tradicional, la posibilidad de acumulación que asiste a los arrendatarios cuando las acciones ejercitadas se funden en hechos comunes y se dirijan contra el mismo arrendador. También se permite a éste en los supuestos de resolución del contrato por falta de pago, el ejercicio acumulado y simultáneo de la acción de resolución del contrato y la reclamación de las cantidades adeudadas.

Por último, y como novedad más significativa de la ley en materia procesal, se establece la regulación del recurso de casación en materia arrendaticia por entender que la materia, dada su importancia y la trascendencia de los cambios normativos que esta norma introduce, debe poder ser objeto de una doctrina jurisprudencial elaborada en sede del Tribunal Supremo. Como notas más características del recurso de casación pueden señalarse las siguientes: sólo serán susceptibles de dicho recurso las sentencias dictadas en los procesos seguidos por los trámites del juicio de cognición, siempre que las sentencias de primera y segunda instancia no sean conformes, y la renta de los contratos se encuentre por debajo de los límites que por ley se consagran.

6

Por lo que se refiere a los contratos existentes a la entrada en vigor de esta ley, los celebrados al amparo del Real Decreto-ley 2/1985 no presentan una especial problemática puesto que ha sido la libre voluntad de las partes la que ha determinado el régimen de la relación en lo que a duración y renta se refiere. Por ello, estos contratos continuarán hasta su extinción sometidos al mismo régimen al que hasta ahora lo venían estando. En ese momento, la nueva relación arrendaticia que se pueda constituir sobre la finca quedará sujeta a la nueva normativa. De esta regulación no quedan exceptuados los contratos que, aunque en fecha posterior al 9 de mayo de 1985, se hayan celebrado con sujeción al régimen de prórroga forzosa, al derivar éste del libre pacto entre las partes.

Por lo que se refiere a los contratos celebrados con anterioridad, la ley opta por una solución que intenta conjugar el máximo de sencillez posible con un trato equilibrado de las distintas situaciones en que las partes en conflicto se encuentran. Por ello, se introduce un planteamiento que mantiene el criterio de trato diferenciado entre los contratos de arrendamiento de vivienda y los de local de negocio otorgando condiciones más suaves de modificación del arrendatario de vivienda que al de local de negocio.

Teniendo en cuenta los perjudiciales efectos que ha tenido la prolongada vigencia de la prórroga obligatoria impuesta por la Ley de 1964, se aborda la necesidad de poner límite a la duración de esta prórroga obligatoria restableciendo la temporalidad de la relación arrendataria de conformidad con su propia naturaleza, pero esta modificación se realiza teniendo en cuenta los efectos sociales y económicos de la medida tomando en consideración la situación personal y familiar y la capacidad económica de los arrendatarios.

En este sentido, en el arrendamiento de viviendas se opta por la supresión total de la subrogación ínter vivos, excepción hecha de la derivada de resolución judicial en procesos matrimoniales, y por la supresión gradual de los derechos de subrogación *mortis causa* que el texto refundido de 1964 reconocía.

Como esta medida afecta a situaciones cuyos contenidos potenciales de derechos son diferentes, arrendatarios titulares iniciales del contrato, arrendatarios en primera subrogación y arrendatarios en segunda subrogación, la norma debe ofrecer respuestas adecuadas para cada una de ellas. De ahí que la supresión de las subrogaciones sea tanto más gradual cuanto mayor sea el contenido potencial de derechos que la ley contempla para cada supuesto, a partir del principio general de conservar al arrendatario actual y a su cónyuge el derecho a continuar en el uso de la vivienda arrendada hasta su fallecimiento, allí donde este derecho les estuviera reconocido por la legislación de 1964.

En cuanto al régimen de rentas, la ley opta por intentar desbloquear la situación de las rentas congeladas. Para ello, se establece un sistema de revisión aplicable a todos los contratos anteriores al 9 de mayo de 1985, que pretende recuperar las variaciones no repercutidas de la inflación desde la fecha de celebración del contrato o desde la última revisión legal, según proceda. Esta revisión no se produce de manera inmediata sino gradual, incrementándose el número de años en que se produce la revisión total en función inversa de la renta del arrendatario, posibilitando a los arrendatarios de menor nivel económico a que adapten sus economías a la nueva realidad.

En el caso de arrendatarios de bajo nivel de renta, por debajo de dos veces y media, tres o tres veces y media el salario mínimo interprofesional en función del número de personas que habiten en la vivienda arrendada, se excluye la revisión de las rentas mandatándose al Gobierno para que en el plazo de un año a partir de la entrada en vigor de la ley configure un mecanismo de compensación de naturaleza fiscal para aquellos arrendadores que no hayan podido, por las circunstancias antes señaladas proceder a la actualización de las rentas.

Asimismo, se concede a los arrendadores el derecho a disfrutar de beneficios en el Impuesto sobre el Patrimonio, en el Impuesto sobre Bienes Inmuebles, en los gastos de conservación de la finca arrendada y el coste de los servicios y suministros de que disfrute la vivienda arrendada, en estos tres últimos casos mediante la imputación de sus importes a los arrendatarios.

En el caso de los arrendamientos de locales de negocio, se ha optado por articular un calendario de resolución temporal de estos contratos, aunque distinguiendo entre los arrendamientos en los que el arrendatario sea una persona física de aquéllos en los que sea una persona jurídica, presumiendo mayor solvencia económica allí donde el entramado organizativo sea más complejo.

Por ello, se mantienen, aunque de forma limitada, derechos de subrogación *mortis causa* en el primer supuesto, garantizándose al grupo familiar vinculado al desarrollo de la actividad, un plazo mínimo de veinte años, que podrá superarse mientras el arrendatario y su cónyuge vivan y continúen el ejercicio de la actividad que se venga desarrollando en el local.

Para los arrendamientos de personas jurídicas se configuran plazos de resolución tasados, entre cinco y veinte años, en función de la naturaleza y del volumen de la actividad desarrollada en el local arrendado, configurándose un plazo de duración breve para aquellos arrendamientos en los que se desarrollan actividades con un potencial económico tal que coloquen a los titulares de estos contratos en posiciones de equilibrio respecto de los arrendadores a la hora de negociar nuevas condiciones arrendaticias.

En cuanto a la renta pagada en estos contratos, se reproduce el esquema de revisión establecido para los arrendamientos de viviendas, graduando temporalmente el ritmo de la revisión en función de las categorías antes expuestas.

Para favorecer la continuidad de los arrendatarios, la ley regula una figura de nueva creación que es el derecho de arrendamiento preferente, que concede al arrendatario un derecho preferente a continuar en el uso del local arrendado al tiempo de la extinción del contrato, frente a cualquier tercero en condiciones de mercado.

Asimismo, se estipula un derecho indemnizatorio en caso de no continuar en el uso del local arrendado cuando otra persona, sea el propietario o sea un nuevo arrendatario, pueda beneficiarse de la clientela generada por la actividad del antiguo arrendatario.

En cuanto a los arrendamientos asimilados, tanto al inquilinato como al local de negocio, se les da un tratamiento similar al de los arrendamientos de local de negocio, en materia de duración y de régimen de renta.

TÍTULO I
Ámbito de la ley

ART. 1. Ámbito de aplicación.

La presente ley establece el régimen jurídico aplicable a los arrendamientos de fincas urbanas que se destinen a vivienda o a usos distintos del de vivienda.

> *Ver art. 334 CC (concepto de bienes inmuebles); Arts. 1542 a 1574 CC (regulación básica del contrato de arrendamiento); Arts. 1 a 5 de la LAU de 1964; Arts. 1261 a 1265 del CC (requisitos necesarios para la validez y eficacia de los contratos); Art. 1 LAR (concepto de finca rústica).*

ART. 2. Arrendamiento de vivienda.

1. Se considera arrendamiento de vivienda aquel arrendamiento que recae sobre una edificación habitable cuyo destino primordial sea satisfacer la necesidad permanente de vivienda del arrendatario.

2. Las normas reguladoras del arrendamiento de vivienda se aplicarán también al mobiliario, los trasteros, las plazas de garaje y cualesquiera otras dependencias, espacios arrendados o servicios cedidos como accesorios de la finca por el mismo arrendador.

Ver arts. 7, 15, 16.1, 26 y 27.2 de la LAU de 1994; Art. 2.1 de la LAU de 1964 (arrendamiento de temporada); Arts. 62.4.º y 5.º LAU de 1964 (ocupación de dos o más viviendas); Real Decreto 1312/2024, de 23 de diciembre, por el que se regula el procedimiento de Registro Único de Arrendamientos y se crea la Ventanilla Única Digital de Arrendamientos para la recogida y el intercambio de datos relativos a los servicios de alquiler de alojamientos de corta duración.

ART. 3. Arrendamiento para uso distinto del de vivienda.

1. Se considera arrendamiento para uso distinto del de vivienda aquel arrendamiento que, recayendo sobre una edificación, tenga como destino primordial uno distinto del establecido en el artículo anterior.

2. En especial, tendrán esta consideración los arrendamientos de fincas urbanas celebrados por temporada, sea ésta de verano o cualquier otra, y los celebrados para ejercerse en la finca una actividad industrial, comercial, artesanal, profesional, recreativa, asistencial, cultural o docente, cualquiera que sean las personas que los celebren.

Ver art. 1 de la LAU de 1994 (objeto del contrato de arrendamiento especial); Arts. 4 y 29 a 35 de esta ley (régimen jurídico del contrato de arrendamientos urbanos para uso distinto a vivienda); Arts. 1, 2, 3 y 5 de la LAU de 1964 (arrendamiento de local de negocio); Ver Ley 4/2012 de 6 de julio, de aprovechamiento por turno de bienes de uso turístico, de adquisición de productos vacacionales de larga duración, de reventa y de intercambio, y normas tributarias; Ver art. 6.4 del CC (fraude de ley, en relación a los arrendamientos de temporada); Real Decreto 1312/2024, de 23 de diciembre, por el que se regula el procedimiento de Registro Único de Arrendamientos y se crea la Ventanilla Única Digital de Arrendamientos para la recogida y el intercambio de datos relativos a los servicios de alquiler de alojamientos de corta duración.

ART. 4. Régimen aplicable.

1. Los arrendamientos regulados en la presente Ley se someterán de forma imperativa a lo dispuesto en los títulos I y IV de la misma y a lo dispuesto en los apartados siguientes de este artículo.

2. Respetando lo establecido en el apartado anterior, los arrendamientos de vivienda se regirán por los pactos, cláusulas y condiciones determinados por la voluntad de las partes, en el marco de lo establecido en el título II de la presente ley y, supletoriamente, por lo dispuesto en el Código Civil.

Se exceptúan de lo así dispuesto los arrendamientos de viviendas cuya superficie sea superior a 300 metros cuadrados o en los que la renta inicial en cómputo anual exceda de 5,5 veces el salario mínimo interprofesional en cómputo anual y el arrendamiento corresponda a la totalidad de la vivienda. Estos arrendamientos se regirán por la voluntad de las partes, en su defecto, por lo dispuesto en el Título II de la presente ley y, supletoriamente, por las disposiciones del Código Civil.

3. Sin perjuicio de lo dispuesto en el apartado 1, los arrendamientos para uso distinto del de vivienda se rigen por la voluntad de las partes, en su defecto, por lo dispuesto en el título III de la presente ley y, supletoriamente, por lo dispuesto en el Código Civil.

4. La exclusión de la aplicación de los preceptos de esta ley, cuando ello sea posible, deberá hacerse de forma expresa respecto de cada uno de ellos.

5. Las partes podrán pactar la sumisión a mediación o arbitraje de aquéllas controversias que por su naturaleza puedan resolverse a través de estas formas de resolución de conflictos, de conformidad con lo establecido en la legislación reguladora de la mediación en asuntos civiles y mercantiles y del arbitraje.

6. Las partes podrán señalar una dirección electrónica a los efectos de realizar las notificaciones previstas en esta ley, siempre que se garantice la autenticidad de la comunicación y de su contenido y quede constancia fehaciente de la remisión y recepción íntegras y del momento en que se hicieron.

Apdo. 2 modificado por Real Decreto-ley 7/2019, de 1 de marzo, de medidas urgentes en materia de vivienda y alquiler. (BOE de 05-03-2019). (Ver D.T. 1.ª de este Real Decreto-ley 7/2019, de 1 de marzo, para los contratos celebrados con anterioridad al 6 de marzo de 2019).

Ver art. 47 CE (derecho a una vivienda digna y adecuada); Art. 6 CC (renuncia a los derechos y a la exclusión voluntaria de la ley); Art. 6 de esta ley (sobre la nulidad de las cláusulas contractuales); Art. 2 de la Ley 5/2012, de mediación de asuntos civiles y mercantiles; Art. 2 de Ley 60/2003, de 23 de diciembre, de arbitraje (sobre las materias susceptibles de arbitraje y mediación); Art. 1 de la Ley 34/2002, de 11 de julio, de servicios de la sociedad de la información y de comercio electrónico (sobre la celebración de contratos y comunicaciones comerciales por vía electrónica).

ART. 5. Arrendamientos excluidos.

Quedan excluidos del ámbito de aplicación de esta ley:

a) El uso de las viviendas que los porteros, guardas, asalariados, empleados y funcionarios, tengan asignadas por razón del cargo que desempeñen o del servicio que presten.

b) El uso de las viviendas militares, cualquiera que fuese su calificación y régimen, que se regirán por lo dispuesto en su legislación específica.

c) Los contratos en que, arrendándose una finca con casa-habitación, sea el aprovechamiento agrícola, pecuario o forestal del predio la finalidad primordial del arrendamiento. Estos contratos se regirán por lo dispuesto en la legislación aplicable sobre arrendamientos rústicos.

d) El uso de las viviendas universitarias, cuando éstas hayan sido calificadas expresamente como tales por la propia Universidad propietaria o responsable de las mismas, que sean asignadas a los alumnos matriculados en la correspondiente Universidad y al personal docente y de administración y servicios dependiente de aquélla, por razón del vínculo que se establezca entre cada uno de ellos y la Universidad respectiva, a la que corresponderá en cada caso el establecimiento de las normas a que se someterá su uso.

e) La cesión temporal de uso de la totalidad de una vivienda amueblada y equipada en condiciones de uso inmediato, comercializada o promocionada en canales de oferta turística o por cualquier otro modo de comercialización o promoción, y realizada con finalidad lucrativa, cuando esté sometida a un régimen específico, derivado de su normativa sectorial turística.

> *Letra e) modificada por Real Decreto-ley 7/2019, de 1 de marzo, de medidas urgentes en materia de vivienda y alquiler. (BOE de 05-03-2019). (Ver D.T. 1.ª de este Real Decreto-ley 7/2019, de 1 de marzo, para los contratos celebrados con anterioridad al 6 de marzo de 2019).*

> *Ver Ley 26/1999, de 9 de julio, de medidas de apoyo a la movilidad geográfica de los miembros de las Fuerzas Armadas (sobre el arrendamiento de viviendas militares); Ver art. 1 LAR; Ver art. 30 del RD 2960/1976, de 12 de diciembre, sobre viviendas de protección oficial; Vor RD. 484/1984, de 29 de febrero, sobre cesión de viviendas arrendadas por empresas en virtud de relación laboral; Ver art. 285 de Ley 36/2011, de 10 de octubre, reguladora de la jurisdicción social (lanzamiento del trabajador de la vivienda que ocupa por la relación laboral).*

TÍTULO II
De los arrendamientos de vivienda

CAPÍTULO I
Normas generales

ART. 6. Naturaleza de las normas.

Son nulas, y se tendrán por no puestas, las estipulaciones que modifiquen en perjuicio del arrendatario o subarrendatario las normas del presente Título, salvo los casos en que la propia norma expresamente lo autorice.

> *Ver arts. 6.2 y 3 del CC (sobre la renuncia de los derechos y de los actos y contratos contrarios a las normas imperativas); Art. 1255 CC (sobre la autonomía de la voluntad).*

ART. 7. Condición de arrendamiento de vivienda.

El arrendamiento de vivienda no perderá esta condición aunque el arrendatario no tenga en la finca arrendada su vivienda permanente, siempre que en ella habiten su cónyuge no separado legalmente o de hecho, o sus hijos dependientes.

> *Párrafo segundo eliminado por Real Decreto-ley 7/2019, de 1 de marzo, de medidas urgentes en materia de vivienda y alquiler. (BOE de 05-03-2019). (Ver D.T. 1.ª de este Real Decreto-ley 7/2019, de 1 de marzo, para los contratos celebrados con anterioridad al 6 de marzo de 2019).*

> *Ver art. 2 LAU de 1994 (concepto de arrendamiento de vivienda); Ver art. 13 de la LAU de 1994 (resolución del derecho del arrendador); Art. 27.2 LAU de 1994 (causas de resolución del contrato); Art. 1257 CC (relatividad de los contratos).*

ART. 8. Cesión del contrato y subarriendo.

1. El contrato no se podrá ceder por el arrendatario sin el consentimiento escrito del arrendador. En caso de cesión, el cesionario se subrogará en la posición del cedente frente al arrendador.

2. La vivienda arrendada sólo se podrá subarrendar de forma parcial y previo consentimiento escrito del arrendador.

El subarriendo se regirá por lo dispuesto en el presente Título para el arrendamiento cuando la parte de la finca subarrendada se destine por el subarrendatario a la finalidad indicada en el artículo 2.1. De no darse esta condición, se regirá por lo pactado entre las partes.

El derecho del subarrendatario se extinguirá, en todo caso, cuando lo haga el del arrendatario que subarrendó.

El precio del subarriendo no podrá exceder, en ningún caso, del que corresponda al arrendamiento.

Ver art. 27 de esta ley (resolución del contrato por cesión inconsentida); Arts. 12 y 15 de esta ley (subrogación inter vivos, en los supuestos de uniones matrimoniales y more uxorio).

CAPÍTULO II
De la duración del contrato

ART. 9. Plazo mínimo.

1. La duración del arrendamiento será libremente pactada por las partes. Si esta fuera inferior a cinco años, o inferior a siete años si el arrendador fuese persona jurídica, llegado el día del vencimiento del contrato, este se prorrogará obligatoriamente por plazos anuales hasta que el arrendamiento alcance una duración mínima de cinco años, o de siete años si el arrendador fuese persona jurídica, salvo que el arrendatario manifieste al arrendador, con treinta días de antelación como mínimo a la fecha de terminación del contrato o de cualquiera de las prórrogas, su voluntad de no renovarlo.

El plazo comenzará a contarse desde la fecha del contrato o desde la puesta del inmueble a disposición del arrendatario si esta fuere posterior. Corresponderá al arrendatario la prueba de la fecha de la puesta a disposición.

2. Se entenderán celebrados por un año los arrendamientos para los que no se haya estipulado plazo de duración o este sea indeterminado, sin perjuicio del derecho de prórroga anual para el arrendatario, en los términos resultantes del apartado anterior.

3. Una vez transcurrido el primer año de duración del contrato y siempre que el arrendador sea persona física, no procederá la prórroga obligatoria del contrato cuando, al tiempo de su celebración, se hubiese hecho constar en el mismo, de forma expresa, la necesidad para el arrendador de ocupar la vivienda arrendada antes del transcurso de cinco años para destinarla a vivienda permanente para sí o sus familiares en primer grado de consanguinidad o por adopción o para su cónyuge en los supuestos de sentencia firme de separación, divorcio o nulidad matrimonial.

Para ejercer esta potestad de recuperar la vivienda, el arrendador deberá comunicar al arrendatario que tiene necesidad de la vivienda arrendada, especificando la causa o causas entre las previstas en el párrafo anterior, al menos con dos meses de antelación a la fecha en la que la vivienda se vaya a necesitar y el arrendatario estará obligado a entregar la finca arrendada en dicho plazo si las partes no llegan a un acuerdo distinto.

Si transcurridos tres meses a contar de la extinción del contrato o, en su caso, del efectivo desalojo de la vivienda, no hubieran procedido el arrendador o sus familiares en primer grado de consanguinidad o por adopción o su cónyuge en los supuestos de sentencia firme de separación, divorcio o nulidad matrimonial a ocupar esta por sí, según los casos, el arrendatario podrá optar, en el plazo de treinta días, entre ser repuesto en el uso y disfrute de la vivienda arrendada por un nuevo período de hasta cinco años, respetando, en lo demás, las condiciones contractuales existentes al tiempo de la extinción, con indemnización de los gastos que el desalojo de la vivienda le hubiera supuesto hasta el momento de la reocupación, o ser indemnizado por una cantidad equivalente a una mensualidad por cada año que quedara por cumplir hasta completar cinco años, salvo que la ocupación no hubiera tenido lugar por causa de fuerza mayor, entendiéndose por tal, el impedimento provocado por aquellos sucesos expresamente mencionados en norma de rango de Ley a los que se atribuya el carácter de fuerza mayor, u otros que no hubieran podido preverse, o que, previstos, fueran inevitables.

Modificado por Real Decreto-ley 7/2019, de 1 de marzo, de medidas urgentes en materia de vivienda y alquiler. (BOE de 05-03-2019). (Ver D.T. 1.ª de este Real Decreto-ley 7/2019, de 1 de marzo, para los contratos celebrados con anterioridad al 6 de marzo de 2019).

Ver art. 5 del CC (cómputo de los plazos); Art. 10 LAU de 1994 (prórroga del contrato); Art. 13 LAU de 1994 (efectos de la resolución del derecho del arrendador, sobre la duración del contrato); Arts. 1571 CC y 14 LAU de 1994 (efectos de la venta de la vivienda arrendada sobre la duración del contrato); Ver D.F. 2.ª RDLey 3/2013, de 22 febrero (respecto de los contratos de arrendamiento que se suscriban en el marco de la encomienda al Gobierno prevista en la disposición adicional única del Real Decreto-Ley 27/2012, de 15 de noviembre, de medidas urgentes para reforzar la protección a los deudores hipotecarios); Ver D.A. Única RDLey 6/2012, de 9 de marzo, de medidas urgentes de protección de deudores hipotecarios sin recursos (respecto a los contratos de arrendamiento que se suscriban en virtud del Código de buenas prácticas bancarias).

ART. 10. Prórroga del contrato.

1. Si llegada la fecha de vencimiento del contrato, o de cualquiera de sus prórrogas, una vez transcurridos como mínimo cinco años de duración de aquel, o siete años si el arrendador fuese persona jurídica, ninguna de las partes hubiese notificado a la otra, al menos con cuatro meses de antelación a aquella fecha en el caso del arrendador y al menos con dos meses de antelación en el caso del arrendatario, su voluntad de no renovarlo, el contrato se prorrogará obligatoriamente por plazos anuales hasta un máximo de tres años más, salvo que el arrendatario manifieste al arrendador con un mes de antelación a la fecha de terminación de cualquiera de las anualidades, su voluntad de no renovar el contrato.

2. En los contratos de arrendamiento de vivienda habitual sujetos a la presente ley en los que finalice el periodo de prórroga obligatoria previsto en el artículo 9.1, o el periodo de prórroga tácita previsto en el artículo 10.1, podrá aplicarse, previa solicitud del arrendatario, una prórroga extraordinaria del plazo del contrato de arrendamiento por un periodo máximo de un año, durante el cual se seguirá aplicando los términos y condiciones establecidos para el contrato en vigor. Esta solicitud de prórroga extraordinaria requerirá la acreditación por parte del arrendatario de una situación de vulnerabilidad social y económica sobre la base de un informe o certificado emitido en el último año por los servicios sociales de ámbito municipal o autonómico y deberá ser aceptada obligatoriamente por el arrendador cuando este sea un gran tenedor de vivienda de acuerdo con la definición establecida en la Ley 12/2023, de 24 de mayo, por el derecho a la vivienda, salvo que se hubiese suscrito entre las partes un nuevo contrato de arrendamiento.

3. En los contratos de arrendamiento de vivienda habitual sujetos a la presente ley, en los que el inmueble se ubique en una zona de mercado residencial tensionado y dentro del periodo de vigencia de la declaración de la referida zona en los términos dispuestos en la legislación estatal en materia de vivienda, finalice el periodo de prórroga obligatoria previsto en el artículo 9.1 de esta ley o el periodo de prórroga tácita previsto en el apartado anterior, previa solicitud del arrendatario, podrá prorrogarse de manera extraordinaria el contrato de arrendamiento por plazos anuales, por un periodo máximo de tres años, durante los cuales se seguirán aplicando los términos y condiciones establecidos para el contrato en vigor. Esta solicitud de prórroga extraordinaria deberá ser aceptada obligatoriamente por el arrendador, salvo que se hayan fijado otros términos o condiciones por acuerdo entre las partes, se haya suscrito un nuevo contrato de arrendamiento con las limitaciones en la renta que en su caso procedan por aplicación de lo dispuesto en los apartados 6 y 7 del artículo 17 de esta ley, o en el caso de que el arrendador haya comunicado en los plazos y condiciones establecidos en el artículo 9.3 de esta ley, la necesidad de ocupar la vivienda arrendada para destinarla a vivienda permanente para sí o sus familiares en primer grado de consanguinidad o por adopción o para su cónyuge en los supuestos de sentencia firme de separación, divorcio o nulidad matrimonial.

4. Al contrato prorrogado, le seguirá siendo de aplicación el régimen legal y convencional al que estuviera sometido.

Modificado por Ley 12/2023, de 24 de mayo, por el derecho a la vivienda. (BOE de 25-05-2023)

Modificado anteriormente por Real Decreto-ley 7/2019, de 1 de marzo, de medidas urgentes en materia de vivienda y alquiler. (BOE de 05-03-2019). (Ver D.T. 1.ª de este Real Decreto-ley 7/2019, de 1 de marzo, para los contratos celebrados con anterioridad al 6 de marzo de 2019).

Ver arts. 1566 y 1581 del CC (tácita reconducción); Art. 9 LAU de 1994 (duración del contrato); Art. 13 LAU de 1994 (resolución del derecho del arrendador); Art. 14 LAU de 1994 (enajenación de la finca arrendada); Art. 36 LAU de 1994 (sobre actualización de la fianza como consecuencia de la prórroga del contrato); Art. 34 de la Ley Hipotecaria).

Ley de Arrendamientos Urbanos

ART. 11. Desistimiento del contrato.

El arrendatario podrá desistir del contrato de arrendamiento, una vez que hayan transcurrido al menos seis meses, siempre que se lo comunique al arrendador con una antelación mínima de treinta días. Las partes podrán pactar en el contrato que, para el caso de desistimiento, deba el arrendatario indemnizar al arrendador con una cantidad equivalente a una mensualidad de la renta en vigor por cada año del contrato que reste por cumplir. Los períodos de tiempo inferiores al año darán lugar a la parte proporcional de la indemnización.

> *Modificado por Ley 4/2013, de 4 de junio, de medidas de flexibilización y fomento del mercado del alquiler de viviendas. (BOE de 05-06-2013).*
>
> *Ver arts. 9 y 10 de la LAU de 1994 (duración del contrato y sus prórrogas); Ver art. 20 LEC (desistimiento del proceso).*

ART. 12. Desistimiento y vencimiento en caso de matrimonio o convivencia del arrendatario.

1. Si el arrendatario manifestase su voluntad de no renovar el contrato o de desistir de él, sin el consentimiento del cónyuge que conviviera con dicho arrendatario, podrá el arrendamiento continuar en beneficio de dicho cónyuge.

2. A estos efectos, podrá el arrendador requerir al cónyuge del arrendatario para que manifieste su voluntad al respecto.

Efectuado el requerimiento, el arrendamiento se extinguirá si el cónyuge no contesta en un plazo de quince días a contar de aquél. El cónyuge deberá abonar la renta correspondiente hasta la extinción del contrato, si la misma no estuviera ya abonada.

3. Si el arrendatario abandonara la vivienda sin manifestación expresa de desistimiento o de no renovación, el arrendamiento podrá continuar en beneficio del cónyuge que conviviera con aquél siempre que en el plazo de un mes de dicho abandono, el arrendador reciba notificación escrita del cónyuge manifestando su voluntad de ser arrendatario.

Si el contrato se extinguiera por falta de notificación, el cónyuge quedará obligado al pago de la renta correspondiente a dicho mes.

4. Lo dispuesto en los apartados anteriores será también de aplicación en favor de la persona que hubiera venido conviviendo con el arrendatario de forma permanente en análoga relación de afectividad a la de cónyuge, con independencia de su orientación sexual, durante, al menos, los dos años anteriores al desistimiento o abandono, salvo que hubieran tenido descendencia en común, en cuyo caso bastará la mera convivencia.

> *Ver art. 1320 del CC (disposición de la vivienda habitual); Ver art. 1209 y ss. del CC (efectos de la subrogación); Ver arts. 8, 9 y 11 de esta Ley (duración del contrato); Ver art. 15 de esta Ley (caso de separación, nulidad o divorcio del arrendatario).*

ART. 13. Resolución del derecho del arrendador.

1. Si durante los cinco primeros años de duración del contrato, o siete años si el arrendador fuese persona jurídica, el derecho del arrendador quedara resuelto por el ejercicio de un retracto convencional, la apertura de una sustitución fideicomisaria, la enajenación forzosa derivada de una ejecución hipotecaria o de sentencia judicial o el ejercicio de un derecho de opción de compra, el arrendatario tendrá derecho, en todo caso, a continuar en el arrendamiento hasta que se cumplan cinco años o siete años respectivamente, sin perjuicio de la facultad de no renovación prevista en el artículo 9.1.

En contratos de duración pactada superior a cinco años, o siete años si el arrendador fuese persona jurídica, si, transcurridos los cinco primeros años del mismo, o los primeros siete años si el arrendador fuese persona jurídica, el derecho del arrendador quedara resuelto por cualquiera de las circunstancias mencionadas en el párrafo anterior, quedará extinguido el arrendamiento. Se exceptúa el supuesto en que el contrato de arrendamiento haya accedido al Registro de la Propiedad con anterioridad a los derechos determinantes de la resolución del derecho del arrendador. En este caso, continuará el arrendamiento por la duración pactada.

2. Los arrendamientos otorgados por usufructuario, superficiario y cuantos tengan un análogo derecho de goce sobre el inmueble, se extinguirán al término del derecho del arrendador, además de por las demás causas de extinción que resulten de lo dispuesto en la presente ley.

3. Durarán cinco años los arrendamientos de vivienda ajena que el arrendatario haya concertado de buena fe con la persona que aparezca como propietario de la finca en el

Registro de la Propiedad, o que parezca serlo en virtud de un estado de cosas cuya creación sea imputable al verdadero propietario, sin perjuicio de la facultad de no renovación a que se refiere el artículo 9.1, salvo que el referido propietario sea persona jurídica, en cuyo caso durarán siete años.

> *Modificado por Real Decreto-ley 7/2019, de 1 de marzo, de medidas urgentes en materia de vivienda y alquiler. (BOE de 05-03-2019). (Ver D.T. 1.ª de este Real Decreto-ley 7/2019, de 1 de marzo, para los contratos celebrados con anterioridad al 6 de marzo de 2019).*
>
> *Ver art. 9 de la LAU de 1994 (duración del contrato celebrado con el propietario aparente); Art. 14 de la LAU de 1994 (trasmisión de la vivienda por el arrendador); Art. 34 de la Ley Hipotecaria (tercero hipotecario).*

ART. 14. Enajenación de la vivienda arrendada.

El adquirente de una vivienda arrendada quedará subrogado en los derechos y obligaciones del arrendador durante los cinco primeros años de vigencia del contrato, o siete años si el arrendador anterior fuese persona jurídica, aun cuando concurran en él los requisitos del artículo 34 de la Ley Hipotecaria.

Si la duración pactada fuera superior a cinco años, o superior a siete años si el arrendador anterior fuese persona jurídica, el adquirente quedará subrogado por la totalidad de la duración pactada, salvo que concurran en él los requisitos del artículo 34 de la Ley Hipotecaria. En este caso, el adquirente sólo deberá soportar el arrendamiento durante el tiempo que reste para el transcurso del plazo de cinco años, o siete años en caso de persona jurídica, debiendo el enajenante indemnizar al arrendatario con una cantidad equivalente a una mensualidad de la renta en vigor por cada año del contrato que, excediendo del plazo citado de cinco años, o siete años si el arrendador anterior fuese persona jurídica, reste por cumplir.

Cuando las partes hayan estipulado que la enajenación de la vivienda extinguirá el arrendamiento, el adquirente sólo deberá soportar el arrendamiento durante el tiempo que reste para el transcurso del plazo de cinco años, o siete años si el arrendador anterior fuese persona jurídica.

> *Modificado por Real Decreto-ley 7/2019, de 1 de marzo, de medidas urgentes en materia de vivienda y alquiler. (BOE de 05-03-2019). (Ver D.T. 1.ª de este Real Decreto-ley 7/2019, de 1 de marzo, para los contratos celebrados con anterioridad al 6 de marzo de 2019).*
>
> *Ver arts. 7.2, 10.2, 7.1 y 29 y D.A. 2.ª LAU en relación al RD 297/1996, de 23 febrero, sobre inscripción en el Registro de la Propiedad de los contratos de arrendamientos urbanos; arts. 1554.3 y 1571 CC y art. 34 LH.*

ART. 15. Separación, divorcio o nulidad del matrimonio del arrendatario.

1. En los casos de nulidad del matrimonio, separación judicial o divorcio del arrendatario, el cónyuge no arrendatario podrá continuar en el uso de la vivienda arrendada cuando le sea atribuida de acuerdo con lo dispuesto en la legislación civil que resulte de aplicación. El cónyuge a quien se haya atribuido el uso de la vivienda arrendada de forma permanente o en un plazo superior al plazo que reste por cumplir del contrato de arrendamiento, pasará a ser el titular del contrato.

2. La voluntad del cónyuge de continuar en el uso de la vivienda deberá ser comunicada al arrendador en el plazo de dos meses desde que fue notificada la resolución judicial correspondiente, acompañando copia de dicha resolución judicial o de la parte de la misma que afecte al uso de la vivienda.

> *Modificado por Ley 4/2013, de 4 de junio, de medidas de flexibilización y fomento del mercado del alquiler de viviendas. (BOE de 05-06-2013).*
>
> *Ver arts. 90, 96 y 103 del CC.*

ART. 16. Muerte del arrendatario.

1. En caso de muerte del arrendatario, podrán subrogarse en el contrato:
a) El cónyuge del arrendatario que al tiempo del fallecimiento conviviera con él.
b) La persona que hubiera venido conviviendo con el arrendatario de forma permanente en análoga relación de afectividad a la de cónyuge, con independencia de su orientación sexual, durante, al menos, los dos años anteriores al tiempo del fallecimiento, salvo que hubieran tenido descendencia en común, en cuyo caso bastará la mera convivencia.
c) Los descendientes del arrendatario que en el momento de su fallecimiento estuvieran sujetos a su patria potestad o tutela, o hubiesen convivido habitualmente con él durante los dos años precedentes.

d) Los ascendientes del arrendatario que hubieran convivido habitualmente con él durante los dos años precedentes a su fallecimiento.

e) Los hermanos del arrendatario en quienes concurra la circunstancia prevista en la letra anterior.

f) Las personas distintas de las mencionadas en las letras anteriores que sufran una minusvalía igual o superior al 65 por 100, siempre que tengan una relación de parentesco hasta el tercer grado colateral con el arrendatario y hayan convivido con éste durante los dos años anteriores al fallecimiento.

Si al tiempo del fallecimiento del arrendatario no existiera ninguna de estas personas, el arrendamiento quedará extinguido.

2. Si existiesen varias de las personas mencionadas, a falta de acuerdo unánime sobre quién de ellos será el beneficiario de la subrogación, regirá el orden de prelación establecido en el apartado anterior, salvo en que los padres septuagenarios serán preferidos a los descendientes. Entre los descendientes y entre los ascendientes, tendrá preferencia el más próximo en grado, y entre los hermanos, el de doble vínculo sobre el medio hermano.

Los casos de igualdad se resolverán en favor de quien tuviera una minusvalía igual o superior al 65 por 100; en defecto de esta situación, de quien tuviera mayores cargas familiares y, en última instancia, en favor del descendiente de menor edad, el ascendiente de mayor edad o el hermano más joven.

3. El arrendamiento se extinguirá si en el plazo de tres meses desde la muerte del arrendatario el arrendador no recibe notificación por escrito del hecho del fallecimiento, con certificado registral de defunción, y de la identidad del subrogado, indicando su parentesco con el fallecido y ofreciendo, en su caso, un principio de prueba de que cumple los requisitos legales para subrogarse. Si la extinción se produce, todos los que pudieran suceder al arrendatario, salvo los que renuncien a su opción notificándolo por escrito al arrendador en el plazo del mes siguiente al fallecimiento, quedarán solidariamente obligados al pago de la renta de dichos tres meses.

Si el arrendador recibiera en tiempo y forma varias notificaciones cuyos remitentes sostengan su condición de beneficiarios de la subrogación, podrá el arrendador considerarles deudores solidarios de las obligaciones propias del arrendatario, mientras mantengan su pretensión de subrogarse.

4. En arrendamientos cuya duración inicial sea superior a cinco años, o siete años si el arrendador fuese persona jurídica, las partes podrán pactar que no haya derecho de subrogación en caso de fallecimiento del arrendatario, cuando este tenga lugar transcurridos los cinco primeros años de duración del arrendamiento, o los siete primeros años si el arrendador fuese persona jurídica, o que el arrendamiento se extinga a los cinco años cuando el fallecimiento se hubiera producido con anterioridad, o a los siete años si el arrendador fuese persona jurídica. En todo caso, no podrá pactarse esta renuncia al derecho de subrogación en caso de que las personas que puedan ejercitar tal derecho en virtud de lo dispuesto en el apartado 1 de este artículo se encuentren en situación de especial vulnerabilidad y afecte a menores de edad, personas con discapacidad o personas mayores de 65 años.

Apdo. 4 modificado por Real Decreto-ley 7/2019, de 1 de marzo, de medidas urgentes en materia de vivienda y alquiler. (BOE de 05-03-2019). (Ver D.T. 1.ª de este Real Decreto-ley 7/2019, de 1 de marzo, para los contratos celebrados con anterioridad al 6 de marzo de 2019).

Ver arts. 7, 15 y apdos. 4 a 9 de la D.T. 2.ª LAU 1994.

CAPÍTULO III
De la renta

ART. 17. Determinación de la renta.

1. La renta será la que libremente estipulen las partes.

2. Salvo pacto en contrario, el pago de la renta será mensual y habrá de efectuarse en los siete primeros días del mes. En ningún caso podrá el arrendador exigir el pago anticipado de más de una mensualidad de renta.

3. El pago se efectuará a través de medios electrónicos. Excepcionalmente, cuando alguna de las partes carezca de cuenta bancaria o acceso a medios electrónicos de pago y a solicitud de esta, se podrá efectuar en metálico y en la vivienda arrendada.

4. El arrendador queda obligado a entregar al arrendatario recibo del pago, salvo que se hubiera pactado que éste se realice mediante procedimientos que acrediten el efectivo cumplimiento de la obligación de pago por el arrendatario.

El recibo o documento acreditativo que lo sustituya deberá contener separadamente las cantidades abonadas por los distintos conceptos de los que se componga la totalidad del pago y, específicamente, la renta en vigor.

Si el arrendador no hace entrega del recibo, serán de su cuenta todos los gastos que se originen al arrendatario para dejar constancia del pago.

5. En los contratos de arrendamiento podrá acordarse libremente por las partes que, durante un plazo determinado, la obligación del pago de la renta pueda reemplazarse total o parcialmente por el compromiso del arrendatario de reformar o rehabilitar el inmueble en los términos y condiciones pactadas. Al finalizar el arrendamiento, el arrendatario no podrá pedir en ningún caso compensación adicional por el coste de las obras realizadas en el inmueble. El incumplimiento por parte del arrendatario de la realización de las obras en los términos y condiciones pactadas podrá ser causa de resolución del contrato de arrendamiento y resultará aplicable lo dispuesto en el apartado 2 del artículo 23.

6. En los contratos de arrendamiento de vivienda sujetos a la presente ley en los que el inmueble se ubique en una zona de mercado residencial tensionado dentro del periodo de vigencia de la declaración de la referida zona en los términos dispuestos en la Ley 12/2023, de 24 de mayo, por el derecho a la vivienda, la renta pactada al inicio del nuevo contrato no podrá exceder de la última renta de contrato de arrendamiento de vivienda habitual que hubiese estado vigente en los últimos cinco años en la misma vivienda, una vez aplicada la cláusula de actualización anual de la renta del contrato anterior, sin que se puedan fijar nuevas condiciones que establezcan la repercusión al arrendatario de cuotas o gastos que no estuviesen recogidas en el contrato anterior.

Únicamente podrá incrementarse, más allá de lo que proceda de la aplicación de la cláusula de actualización anual de la renta del contrato anterior, en un máximo del 10 por ciento sobre la última renta de contrato de arrendamiento de vivienda habitual que hubiese estado vigente en los últimos cinco años en la misma vivienda, cuando se acredite alguno de los siguientes supuestos:

a) Cuando la vivienda hubiera sido objeto de una actuación de rehabilitación en los términos previstos en el apartado 1 del artículo 41 del Reglamento del Impuesto sobre la Renta de las Personas Físicas, que hubiera finalizado en los dos años anteriores a la fecha de la celebración del nuevo contrato de arrendamiento.

b) Cuando en los dos años anteriores a la fecha de la celebración del nuevo contrato de arrendamiento se hubieran finalizado actuaciones de rehabilitación o mejora de la vivienda en la que se haya acreditado un ahorro de energía primaria no renovable del 30 por ciento, a través de sendos certificados de eficiencia energética de la vivienda, uno posterior a la actuación y otro anterior que se hubiese registrado como máximo dos años antes de la fecha de la referida actuación.

c) Cuando en los dos años anteriores a la fecha de la celebración del nuevo contrato de arrendamiento se hubieran finalizado actuaciones de mejora de la accesibilidad, debidamente acreditadas.

d) Cuando el contrato de arrendamiento se firme por un periodo de diez o más años, o bien, se establezca un derecho de prórroga al que pueda acogerse voluntariamente el arrendatario, que le permita de manera potestativa prorrogar el contrato en los mismos términos y condiciones durante un periodo de diez o más años.

7. Sin perjuicio de lo dispuesto en el apartado anterior, en los contratos de arrendamiento de vivienda sujetos a la presente ley en los que el arrendador sea un gran tenedor de vivienda de acuerdo con la definición establecida en la Ley 12/2023, de 24 de mayo, por el derecho a la vivienda, y en los que el inmueble se ubique en una zona de mercado residencial tensionado dentro del periodo de vigencia de la declaración de la referida zona en los términos dispuestos en la referida Ley 12/2023, de 24 de mayo, por el derecho a la vivienda, la renta pactada al inicio del nuevo contrato no podrá exceder del límite máximo del precio aplicable conforme al sistema de índices de precios de referencia atendiendo a las condiciones y características de la vivienda arrendada y del edificio en que se ubique, pudiendo desarrollarse reglamentariamente las bases metodológicas de dicho sistema y los protocolos de colaboración e intercambio de datos con los sistemas de información estatales y autonómicos de aplicación.

Esta misma limitación se aplicará a los contratos de arrendamiento de vivienda en los que el inmueble se ubique en una zona de mercado residencial tensionado dentro del periodo de vigencia de la declaración de la referida zona en los términos dispuestos en la referida Ley 12/2023, de 24 de mayo, por el derecho a la vivienda, y sobre el que no hubiese estado vigente ningún contrato de arrendamiento de vivienda vigente en los últimos cinco años, siempre que así se recoja en la resolución del Ministerio de Transportes, Movilidad y Agenda Urbana, al haberse justificado dicha aplicación en la declaración de la zona de mercado residencial tensionado.

Apdo. 3 modificado y apdos. 6 y 7 añadidos por Ley 12/2023, de 24 de mayo, por el derecho a la vivienda. (BOE de 25-05-2023)

Apdo. 5 añadido por Ley 4/2013, de 4 de junio, de medidas de flexibilización y fomento del mercado del alquiler de viviendas. (BOE de 05-06-2013).

Ver arts. 1543, 1555.1 y 1574 CC.

ART. 18. Actualización de la renta.

1. Durante la vigencia del contrato, la renta solo podrá ser actualizada por el arrendador o el arrendatario en la fecha en que se cumpla cada año de vigencia del contrato, en los términos pactados por las partes. En defecto de pacto expreso, no se aplicará actualización de rentas a los contratos.

En caso de pacto expreso entre las partes sobre algún mecanismo de actualización de valores monetarios que no detalle el índice o metodología de referencia, la renta se actualizará para cada anualidad por referencia a la variación anual del Índice de Garantía de Competitividad a fecha de cada actualización, tomando como mes de referencia para la actualización el que corresponda al último índice que estuviera publicado en la fecha de actualización del contrato.

En todo caso, el incremento producido como consecuencia de la actualización anual de la renta no podrá exceder del resultado de aplicar la variación porcentual experimentada por el Índice de Precios al Consumo a fecha de cada actualización, tomando como mes de referencia para la actualización el que corresponda al último índice que estuviera publicado en la fecha de actualización del contrato.

2. La renta actualizada será exigible al arrendatario a partir del mes siguiente a aquel en que la parte interesada lo notifique a la otra parte por escrito, expresando el porcentaje de alteración aplicado y acompañando, si el arrendatario lo exigiera, la oportuna certificación del Instituto Nacional de Estadística.

Será válida la notificación efectuada por nota en el recibo de la mensualidad del pago precedente.

Apdo. 1 modificado por Real Decreto-ley 7/2019, de 1 de marzo, de medidas urgentes en materia de vivienda y alquiler. (BOE de 05-03-2019). (Ver D.T. 1.ª de este Real Decreto-ley 7/2019, de 1 de marzo, para los contratos celebrados con anterioridad al 6 de marzo de 2019).

Ver art. 20.2 LAU 1994 y art. 98 LAU 1964. Ver también la Resolución de 18 de diciembre de 2024, de la Presidencia del Instituto Nacional de Estadística, por la que se define el índice de referencia para la actualización anual de los contratos de arrendamiento de vivienda.

ART. 19. Elevación de renta por mejoras.

1. La realización por el arrendador de obras de mejora, transcurridos cinco años de duración del contrato, o siete años si el arrendador fuese persona jurídica, le dará derecho, salvo pacto en contrario, a elevar la renta anual en la cuantía que resulte de aplicar al capital invertido en la mejora, el tipo de interés legal del dinero en el momento de la terminación de las obras incrementado en tres puntos, sin que pueda exceder el aumento del veinte por ciento de la renta vigente en aquel momento.

Para el cálculo del capital invertido, deberán descontarse las subvenciones públicas obtenidas para la realización de la obra.

2. Cuando la mejora afecte a varias fincas de un edificio en régimen de propiedad horizontal, el arrendador deberá repartir proporcionalmente entre todas ellas el capital invertido, aplicando, a tal efecto, las cuotas de participación que correspondan a cada una de aquellas.

En el supuesto de edificios que no se encuentren en régimen de propiedad horizontal, el capital invertido se repartirá proporcionalmente entre las fincas afectadas por acuerdo entre arrendador y arrendatarios. En defecto de acuerdo, se repartirá proporcionalmente en función de la superficie de la finca arrendada.

3. La elevación de renta se producirá desde el mes siguiente a aquel en que, ya finalizadas las obras, el arrendador notifique por escrito al arrendatario la cuantía de aquella, detallando los cálculos que conducen a su determinación y aportando copias de los documentos de los que resulte el coste de las obras realizadas.

4. Sin perjuicio de lo dispuesto en los apartados anteriores y de la indemnización que proceda en virtud del artículo 22, en cualquier momento desde el inicio de la vigencia del contrato de arrendamiento y previo acuerdo entre arrendador y arrendatario, podrán realizarse obras de mejora en la vivienda arrendada e incrementarse la renta del contrato, sin que ello implique la interrupción del periodo de prórroga obligatoria establecido en el artículo 9 o de prórroga tácita a que se refiere el artículo 10 de la presente Ley, o un nuevo inicio del cómputo de tales plazos. En todo caso, el alcance de las obras de mejora deberá ir más allá del cumplimiento del deber de conservación por parte del arrendador al que se refiere el artículo 21 de esta Ley.

Modificado por Real Decreto-ley 7/2019, de 1 de marzo, de medidas urgentes en materia de vivienda y alquiler. (BOE de 05-03-2019). (Ver D.T. 1.ª de este Real Decreto-ley 7/2019, de 1 de marzo, para los contratos celebrados con anterioridad al 6 de marzo de 2019).

Ver art. 30 LAU 1994 (referido a arrendamientos para uso distinto del de vivienda, por su remisión de éste al art. 19 en materia de obras de mejora); Ver art. 22 LAU 1994 (sobre obras de mejora a cuya realización tiene derecho el arrendador).

ART. 20. Gastos generales y de servicios individuales.

1. Las partes podrán pactar que los gastos generales para el adecuado sostenimiento del inmueble, sus servicios, tributos, cargas y responsabilidades que no sean susceptibles de individualización y que correspondan a la vivienda arrendada o a sus accesorios, sean a cargo del arrendatario.

En edificios en régimen de propiedad horizontal tales gastos serán los que correspondan a la finca arrendada en función de su cuota de participación.

En edificios que no se encuentren en régimen de propiedad horizontal, tales gastos serán los que se hayan asignado a la finca arrendada en función de su superficie.

Para su validez, este pacto deberá constar por escrito y determinar el importe anual de dichos gastos a la fecha del contrato. El pacto que se refiera a tributos no afectará a la Administración.

Los gastos de gestión inmobiliaria y los de formalización del contrato serán a cargo del arrendador.

2. Durante los cinco primeros años de vigencia del contrato, o durante los siete primeros años si el arrendador fuese persona jurídica, la suma que el arrendatario haya de abonar por el concepto a que se refiere el apartado anterior, con excepción de los tributos, sólo podrá incrementarse, por acuerdo de las partes, anualmente, y nunca en un porcentaje superior al doble de aquel en que pueda incrementarse la renta conforme a lo dispuesto en el apartado 1 del artículo 18.

3. Los gastos por servicios con que cuente la finca arrendada que se individualicen mediante aparatos contadores serán en todo caso de cuenta del arrendatario.

4. El pago de los gastos a que se refiere el presente artículo se acreditará en la forma prevista en el artículo 17.4.

Apdo. 1 modificado por Ley 12/2023, de 24 de mayo, por el derecho a la vivienda. (BOE de 25-05-2023)

Apdos. 1 y 2 modificados anteriormente por Real Decreto-ley 7/2019, de 1 de marzo, de medidas urgentes en materia de vivienda y alquiler. (BOE de 05-03-2019). (Ver D.T. 1.ª de este Real Decreto-ley 7/2019, de 1 de marzo, para los contratos celebrados con anterioridad al 6 de marzo de 2019).

Su antecedente se encuentra en los artículos 95.2 y 102 de la LAU del 64.

CAPÍTULO IV
De los derechos y obligaciones de las partes

ART. 21. Conservación de la vivienda.

1. El arrendador está obligado a realizar, sin derecho a elevar por ello la renta, todas las reparaciones que sean necesarias para conservar la vivienda en las condiciones de habitabilidad para servir al uso convenido, salvo cuando el deterioro de cuya reparación se trate sea imputable al arrendatario a tenor de lo dispuesto en los artículos 1.563 y 1.564 del Código Civil.

La obligación de reparación tiene su límite en la destrucción de la vivienda por causa no imputable al arrendador. A este efecto, se estará a lo dispuesto en el artículo 28.

2. Cuando la ejecución de una obra de conservación no pueda razonablemente diferirse hasta la conclusión del arrendamiento, el arrendatario estará obligado a soportarla, aunque le sea muy molesta o durante ella se vea privado de una parte de la vivienda.

Si la obra durase más de veinte días, habrá de disminuirse la renta en proporción a la parte de la vivienda de la que el arrendatario se vea privado.

3. El arrendatario deberá poner en conocimiento del arrendador, en el plazo más breve posible, la necesidad de las reparaciones que contempla el apartado 1 de este artículo, a cuyos solos efectos deberá facilitar al arrendador la verificación directa, por sí mismo o por los técnicos que designe, del estado de la vivienda. En todo momento, y previa comunicación al arrendador, podrá realizar las que sean urgentes para evitar un daño inminente o una incomodidad grave, y exigir de inmediato su importe al arrendador.

4. Las pequeñas reparaciones que exija el desgaste por el uso ordinario de la vivienda serán de cargo del arrendatario.

Ver arts. 4, 22, 23 y 24 LAU, art. 1554.1.º-3.º CC.

ART. 22. Obras de mejora.

1. El arrendatario estará obligado a soportar la realización por el arrendador de obras de mejora cuya ejecución no pueda razonablemente diferirse hasta la conclusión del arrendamiento.

2. El arrendador que se proponga realizar una de tales obras deberá notificar por escrito al arrendatario, al menos con tres meses de antelación, su naturaleza, comienzo, duración y coste previsible. Durante el plazo de un mes desde dicha notificación, el arrendatario podrá desistir del contrato, salvo que las obras no afecten o afecten de modo irrelevante a la vivienda arrendada. El arrendamiento se extinguirá en el plazo de dos meses a contar desde el desistimiento, durante los cuales no podrán comenzar las obras.

3. El arrendatario que soporte las obras tendrá derecho a una reducción de la renta en proporción a la parte de la vivienda de la que se vea privado por causa de aquéllas, así como a la indemnización de los gastos que las obras le obliguen a efectuar.

Ver arts. 21, 23 y D.T. 2.ª.2 LAU.

ART. 23. Obras del arrendatario.

1. El arrendatario no podrá realizar sin el consentimiento del arrendador, expresado por escrito, obras que modifiquen la configuración de la vivienda o de los accesorios a que se refiere el apartado 2 del artículo 2. En ningún caso el arrendatario podrá realizar obras que provoquen una disminución en la estabilidad o seguridad de la vivienda.

2. Sin perjuicio de la facultad de resolver el contrato, el arrendador que no haya autorizado la realización de las obras podrá exigir, al concluir el contrato, que el arrendatario reponga las cosas al estado anterior o conservar la modificación efectuada, sin que éste pueda reclamar indemnización alguna.

Si, a pesar de lo establecido en el apartado 1 del presente artículo, el arrendatario ha realizado unas obras que han provocado una disminución de la estabilidad de la edificación o de la seguridad de la vivienda o sus accesorios, el arrendador podrá exigir de inmediato del arrendatario la reposición de las cosas al estado anterior.

Modificado por Ley 4/2013, de 4 de junio, de medidas de flexibilización y fomento del mercado del alquiler de viviendas. (BOE de 05-06-2013).

Ver arts. 21, 22 y 23 y D.T. 2.ª-2 LAU.

ART. 24. Arrendatarios con discapacidad.

1. El arrendatario, previa notificación escrita al arrendador, podrá realizar en el interior de la vivienda aquellas obras o actuaciones necesarias para que pueda ser utilizada de forma adecuada y acorde a la discapacidad o a la edad superior a setenta años, tanto del propio arrendatario como de su cónyuge, de la persona con quien conviva de forma permanente en análoga relación de afectividad, con independencia de su orientación sexual, o de sus familiares que con alguno de ellos convivan de forma permanente, siempre que no afecten a elementos o servicios comunes del edificio ni provoquen una disminución en su estabilidad o seguridad.

2. El arrendatario estará obligado, al término del contrato, a reponer la vivienda al estado anterior, si así lo exige el arrendador.

> *Modificado por Ley 4/2013, de 4 de junio, de medidas de flexibilización y fomento del mercado del alquiler de viviendas. (BOE de 05-06-2013).*
>
> *Ver arts. 21, 22 y 23 y D.T. 2.ª-2 LAU; Ver Ley 15/1995, sobre límites del dominio sobre inmuebles para eliminar barreras arquitectónicas a las personas con discapacidad; Ver RDLeg. 1/2013, de 29 de noviembre, por el que se aprueba el Texto Refundido de la Ley General de derechos de las personas con discapacidad y de su inclusión social; Ver Ley 39/2006, de promoción a la autonomía personal y atención a las personas en situación de dependencia; Ver RD 173/2010 modificación Código Técnico de edificación en materia de accesibilidad y no discriminación de las personas con discapacidad.*

ART. 25. Derecho de adquisición preferente.

1. En caso de venta de la vivienda arrendada, tendrá el arrendatario derecho de adquisición preferente sobre la misma, en las condiciones previstas en los apartados siguientes.

2. El arrendatario podrá ejercitar un derecho de tanteo sobre la finca arrendada en un plazo de treinta días naturales, a contar desde el siguiente en que se le notifique en forma fehaciente la decisión de vender la finca arrendada, el precio y las demás condiciones esenciales de la transmisión.

Los efectos de la notificación prevenida en el párrafo anterior caducarán a los ciento ochenta días naturales siguientes a la misma.

3. En el caso a que se refiere el apartado anterior, podrá el arrendatario ejercitar el derecho de retracto, con sujeción a lo dispuesto en el artículo 1.518 del Código Civil, cuando no se le hubiese hecho la notificación prevenida o se hubiese omitido en ella cualquiera de los requisitos exigidos, así como cuando resultase inferior el precio efectivo de la compraventa o menos onerosas sus restantes condiciones esenciales. El derecho de retracto caducará a los treinta días naturales, contados desde el siguiente a la notificación que en forma fehaciente deberá hacer el adquirente al arrendatario de las condiciones esenciales en que se efectuó la compraventa, mediante entrega de copia de la escritura o documento en que fuere formalizada.

4. El derecho de tanteo o retracto del arrendatario tendrá preferencia sobre cualquier otro derecho similar, excepto el retracto reconocido al condueño de la vivienda o el convencional que figurase inscrito en el Registro de la Propiedad al tiempo de celebrarse el contrato de arrendamiento.

5. Para inscribir en el Registro de la Propiedad los títulos de venta de viviendas arrendadas deberá justificarse que han tenido lugar, en sus respectivos casos, las notificaciones prevenidas en los apartados anteriores, con los requisitos en ellos exigidos. Cuando la vivienda vendida no estuviese arrendada, para que sea inscribible la adquisición, deberá el vendedor declararlo así en la escritura, bajo la pena de falsedad en documento público.

6. Cuando la venta recaiga, además de sobre la vivienda arrendada, sobre los demás objetos alquilados como accesorios de la vivienda por el mismo arrendador a que se refiere el artículo 3, no podrá el arrendatario ejercitar los derechos de adquisición preferente sólo sobre la vivienda.

7. No habrá lugar a los derechos de tanteo o retracto cuando la vivienda arrendada se venda conjuntamente con las restantes viviendas o locales propiedad del arrendador que formen parte de un mismo inmueble ni tampoco cuando se vendan de forma conjunta por distintos propietarios a un mismo comprador la totalidad de los pisos y locales del inmueble. En tales casos, la legislación sobre vivienda podrá establecer el derecho de tanteo y retracto, respecto a la totalidad del inmueble, en favor del órgano que designe la Administración competente en materia de vivienda, resultando de aplicación lo dispuesto en los apartados anteriores a los efectos de la notificación y del ejercicio de tales derechos.

Si en el inmueble sólo existiera una vivienda, el arrendatario tendrá los derechos de tanteo y retracto previstos en este artículo.

8. No obstante lo establecido en los apartados anteriores, las partes podrán pactar la renuncia del arrendatario al derecho de adquisición preferente.

En los casos en los que se haya pactado dicha renuncia, el arrendador deberá comunicar al arrendatario su intención de vender la vivienda con una antelación mínima de treinta días a la fecha de formalización del contrato de compraventa.

> *Apdo. 7 modificado por Real Decreto-ley 7/2019, de 1 de marzo, de medidas urgentes en materia de vivienda y alquiler. (BOE de 05-03-2019). (Ver D.T. 1.ª de este Real Decreto-ley 7/2019, de 1 de marzo, para los contratos celebrados con anterioridad al 6 de marzo de 2019).*

CAPÍTULO V
De la suspensión, resolución y extinción del contrato

ART. 26. Habitabilidad de la vivienda.

Cuando la ejecución en la vivienda arrendada de obras de conservación o de obras acordadas por una autoridad competente la hagan inhabitable, tendrá el arrendatario la opción de suspender el contrato o de desistir del mismo, sin indemnización alguna.

La suspensión del contrato supondrá, hasta la finalización de las obras, la paralización del plazo del contrato y la suspensión de la obligación de pago de la renta.

Ver arts. 21.2 LAU de 1994 y arts. 92 y 119 LAU de 1964; Ver art. 1558 CC y art. 14 LPH.

ART. 27. Incumplimiento de obligaciones.

1. El incumplimiento por cualquiera de las partes de las obligaciones resultantes del contrato dará derecho a la parte que hubiere cumplido las suyas a exigir el cumplimiento de la obligación o a promover la resolución del contrato de acuerdo con lo dispuesto en el artículo 1.124 del Código Civil.

2. Además, el arrendador podrá resolver de pleno derecho el contrato por las siguientes causas:

a) La falta de pago de la renta o, en su caso, de cualquiera de las cantidades cuyo pago haya asumido o corresponda al arrendatario.

b) La falta de pago del importe de la fianza o de su actualización.

c) El subarriendo o la cesión inconsentidos.

d) La realización de daños causados dolosamente en la finca o de obras no consentidas por el arrendador cuando el consentimiento de éste sea necesario.

e) Cuando en la vivienda tengan lugar actividades molestas, insalubres, nocivas, peligrosas o ilícitas.

f) Cuando la vivienda deje de estar destinada de forma primordial a satisfacer la necesidad permanente de vivienda del arrendatario o de quien efectivamente la viniera ocupando de acuerdo con lo dispuesto en el artículo 7.

3. Del mismo modo, el arrendatario podrá resolver el contrato por las siguientes causas:

a) La no realización por el arrendador de las reparaciones a que se refiere el artículo 21.

b) La perturbación de hecho o de derecho que realice el arrendador en la utilización de la vivienda.

4. Tratándose de arrendamientos de finca urbana inscritos en el Registro de la Propiedad, si se hubiera estipulado en el contrato que el arrendamiento quedará resuelto por falta de pago de la renta y que deberá en tal caso restituirse inmediatamente el inmueble al arrendador, la resolución tendrá lugar de pleno derecho una vez el arrendador haya requerido judicial o notarialmente al arrendatario en el domicilio designado al efecto en la inscripción, instándole al pago o cumplimiento, y éste no haya contestado al requerimiento en los diez días hábiles siguientes, o conteste aceptando la resolución de pleno derecho, todo ello por medio del mismo juez o notario que hizo el requerimiento.

El título aportado al procedimiento registral, junto con la copia del acta de requerimiento, de la que resulte la notificación y que no se haya contestado por el requerido de pago o que se haya contestado aceptando la resolución de pleno derecho, será título suficiente para practicar la cancelación del arrendamiento en el Registro de la Propiedad.

Si hubiera cargas posteriores que recaigan sobre el arrendamiento, será además preciso para su cancelación justificar la notificación fehaciente a los titulares de las mismas, en el domicilio que obre en el Registro, y acreditar la consignación a su favor ante el mismo notario, de la fianza prestada por el arrendatario.

Apdo. 4 añadido por Ley 4/2013, de 4 de junio, de medidas de flexibilización y fomento del mercado del alquiler de viviendas. (BOE de 05-06-2013).

Ver arts. 1124, 1560, 1561, 1563, 1564, 1568 y 1569 CC; Ver arts. 62 a 69, 78 a 91, 93, 94, 114, 115 a 117 LAU de 1964; Ver arts. 8, 17 a 20, 36 y D.A. 10.ª LAU de 1994; Ver art. 22.4 LEC; Ver art. 449 LEC (en cuanto a recursos contra resoluciones judiciales de desahucio); Ver Ley 34/2007, de 15 de noviembre, de calidad del aire y protección de la atmósfera.

Apartado 2.b): Ver los arts. 35 y 36, así como el art. 36, D.A. 3.ª y D.DT. in fine de esta norma.

ART. 28. Extinción del arrendamiento.

El contrato de arrendamiento se extinguirá, además de por las restantes causas contempladas en el presente Título, por las siguientes:
a) Por la pérdida de la finca arrendada por causa no imputable al arrendador.
b) Por la declaración firme de ruina acordada por la autoridad competente.

Ver arts. 114.10, 118.2 LAU 1964; Ver arts. 3, 1098, 1122, 1182, 1183, 1554.2, 1563, 1564 y 1568 CC.

TÍTULO III
De los arrendamientos para uso distinto del de vivienda

ART. 29. Enajenación de la finca arrendada.

El adquirente de la finca arrendada quedará subrogado en los derechos y obligaciones del arrendador, salvo que concurran en el adquirente los requisitos del artículo 34 de la Ley Hipotecaria.

Ver art. 1571 del CC; Ver arts. 13.1 y 14 de la LAU.

ART. 30. Conservación, mejora y obras del arrendatario.

Lo dispuesto en los artículos 21, 22, 23 y 26 de esta ley será también aplicable a los arrendamientos que regula el presente Título. También lo será lo dispuesto en el artículo 19 desde el comienzo del arrendamiento.

Ver arts. 4.3, 21, 22, 23 y 26 de la LAU de 1994; Ver arts. 92, 107 a 113, 114.7.ª y 119 de la LAU de 1964.

ART. 31. Derecho de adquisición preferente.

Lo dispuesto en el artículo 25 de la presente ley será de aplicación a los arrendamientos que regula este Título.

Ver D.T. 3.ª.11 de la LAU de 1994.

ART. 32. Cesión del contrato y subarriendo.

1. Cuando en la finca arrendada se ejerza una actividad empresarial o profesional, el arrendatario podrá subarrendar la finca o ceder el contrato de arrendamiento sin necesidad de contar con el consentimiento del arrendador.
2. El arrendador tiene derecho a una elevación de renta del 10 por 100 de la renta en vigor en el caso de producirse un subarriendo parcial, y del 20 en el caso de producirse la cesión del contrato o el subarriendo total de la finca arrendada.
3. No se reputará cesión el cambio producido en la persona del arrendatario por consecuencia de la fusión, transformación o escisión de la sociedad arrendataria, pero el arrendador tendrá derecho a la elevación de la renta prevista en el apartado anterior.
4. Tanto la cesión como el subarriendo deberán notificarse de forma fehaciente al arrendador en el plazo de un mes desde que aquéllos se hubieran concertado.

Ver art. 3.2 LAU de 1994; Ver arts. 20, 22, 29 a 42 y 114.2 de la LAU de 1964.

ART. 33. Muerte del arrendatario.

En caso de fallecimiento del arrendatario, cuando en el local se ejerza una actividad empresarial o profesional, el heredero o legatario que continúe el ejercicio de la actividad podrá subrogarse en los derechos y obligaciones del arrendatario hasta la extinción del contrato.

La subrogación deberá notificarse por escrito al arrendador dentro de los dos meses siguientes a la fecha del fallecimiento del arrendatario.

Ver arts. 661, 1112 y 1257 CC; Ver arts. 58.2 y 60 de la LAU de 1964; Art. 16.3 y D.T. 3.ª de la LAU de 1994.

ART. 34. Indemnización al arrendatario.

La extinción por transcurso del término convencional del arrendamiento de una finca en la que durante los últimos cinco años se haya venido ejerciendo una actividad comercial de venta al público, dará al arrendatario derecho a una indemnización a cargo del arrendador, siempre que el arrendatario haya manifestado con cuatro meses de antelación a la expiración del plazo su voluntad de renovar el contrato por un mínimo de cinco años más y por una renta de mercado. Se considerará renta de mercado la que al efecto acuerden las partes; en defecto de pacto, la que, al efecto, determine el árbitro designado por las partes.

La cuantía de la indemnización se determinará en la forma siguiente:

1. Si el arrendatario iniciara en el mismo municipio, dentro de los seis meses siguientes a la expiración del arrendamiento, el ejercicio de la misma actividad a la que viniera estando dedicada, la indemnización comprenderá los gastos del traslado y los perjuicios derivados de la pérdida de clientela ocurrida con respecto a la que tuviera en el local anterior, calculada con respecto a la habida durante los seis primeros meses de la nueva actividad.

2. Si el arrendatario iniciara dentro de los seis meses siguientes a la extinción del arrendamiento una actividad diferente o no iniciara actividad alguna, y el arrendador o un tercero desarrollan en la finca dentro del mismo plazo la misma actividad o una afín a la desarrollada por el arrendatario, la indemnización será de una mensualidad por año de duración del contrato, con un máximo de dieciocho mensualidades.

Se considerarán afines las actividades típicamente aptas para beneficiarse, aunque sólo en parte de la clientela captada por la actividad que ejerció el arrendatario.

En caso de falta de acuerdo entre las partes sobre la cuantía de la indemnización, la misma será fijada por el árbitro designado por aquéllas.

ART. 35. Resolución de pleno derecho.

El arrendador podrá resolver de pleno derecho el contrato por las causas previstas en las letras a), b), d) y e) del apartado 2 del artículo 27 y por la cesión o subarriendo del local incumpliendo lo dispuesto en el artículo 32.

Modificado por Ley 4/2013, de 4 de junio, de medidas de flexibilización y fomento del mercado del alquiler de viviendas. (BOE de 05-06-2013).

Ver arts. 23 y 30 de LAU de 1994; Ver arts. 1124, 1556 y 1568 del CC.

TÍTULO IV
Disposiciones comunes

ART. 36. Fianza.

1. A la celebración del contrato será obligatoria la exigencia y prestación de fianza en metálico en cantidad equivalente a una mensualidad de renta en el arrendamiento de viviendas y de dos en el arrendamiento para uso distinto del de vivienda.

2. Durante los cinco primeros años de duración del contrato, o durante los siete primeros años si el arrendador fuese persona jurídica, la fianza no estará sujeta a actualización. Pero cada vez que el arrendamiento se prorrogue, el arrendador podrá exigir que la fianza sea incrementada, o el arrendatario que disminuya, hasta hacerse igual a una o dos mensualidades de la renta vigente, según proceda, al tiempo de la prórroga.

3. La actualización de la fianza durante el período de tiempo en que el plazo pactado para el arrendamiento exceda de cinco años, o de siete años si el arrendador fuese persona jurídica, se regirá por lo estipulado al efecto por las partes. A falta de pacto específico, lo acordado sobre actualización de la renta se presumirá querido también para la actualización de la fianza.

4. El saldo de la fianza en metálico que deba ser restituido al arrendatario al final del arriendo, devengará el interés legal, transcurrido un mes desde la entrega de las llaves por el mismo sin que se hubiere hecho efectiva dicha restitución.

5. Las partes podrán pactar cualquier tipo de garantía del cumplimiento por el arrendatario de sus obligaciones arrendaticias adicional a la fianza en metálico.

En el caso del arrendamiento de vivienda, en contratos de hasta cinco años de duración, o de hasta siete años si el arrendador fuese persona jurídica, el valor de esta garantía adicional no podrá exceder de dos mensualidades de renta.

6. Quedan exceptuadas de la obligación de prestar fianza la Administración General del Estado, las Administraciones de las comunidades autónomas y las entidades que integran la Administración Local, los organismos autónomos, las entidades públicas empresariales y demás entes públicos vinculados o dependientes de ellas, y las Mutuas colaboradoras con la Seguridad Social en su función pública de colaboración en la gestión de la Seguridad

Social, así como sus Centros Mancomunados, cuando la renta haya de ser satisfecha con cargo a sus respectivos presupuestos.

> *Modificado por Real Decreto-ley 7/2019, de 1 de marzo, de medidas urgentes en materia de vivienda y alquiler. (BOE de 05-03-2019). (Ver D.T. 1.ª de este Real Decreto-ley 7/2019, de 1 de marzo, para los contratos celebrados con anterioridad al 6 de marzo de 2019).*
>
> *Ver art. 10 y D.A. 3.ª de la LAU de 1994; Ver arts. 1195 a 1202 CC (sobre posible compensación a la hora de precisar el saldo de la fianza).*

ART. 37. Formalización del arrendamiento.

Las partes podrán compelerse recíprocamente a la formalización por escrito del contrato de arrendamiento.

En este caso, se hará constar la identidad de los contratantes, la identificación de la finca arrendada, la duración pactada, la renta inicial del contrato y las demás cláusulas que las partes hubieran libremente acordado.

> *Ver arts. 1278 y 1279 CC; Ver arts. 13, 20.1, 29 y D.A. 2.ª de LAU de 1994; Ver art. 2.5 LH; Ver art. 38 de RDLeg. 1/2004, de 5 de marzo, por el que se aprueba el Texto Refundido de la Ley del Catastro Inmobiliario.*

TÍTULO V
Procesos arrendaticios

ARTS. 38 A 40.

(Derogados)

> *Artículos derogados por LEY 1/2000, de 7 de enero, de Enjuiciamiento Civil. (BOE de 08 01 2000)*

DISPOSICIONES ADICIONALES

D.A. 1.ª Régimen de las viviendas de protección oficial en arrendamiento.

1. El plazo de duración del régimen legal de las viviendas de protección oficial, que se califiquen para arrendamiento a partir de la entrada en vigor de la presente ley, concluirá al transcurrir totalmente el período establecido en la normativa aplicable para la amortización del préstamo cualificado obtenido para su promoción o, en caso de no existir dicho préstamo, transcurridos veinticinco años a contar desde la fecha de la correspondiente calificación definitiva.

2. La renta máxima inicial por metro cuadrado útil de las viviendas de protección oficial a que se refiere el apartado anterior, será el porcentaje del precio máximo de venta que corresponda de conformidad con la normativa estatal o autonómica aplicable.

3. No se aplicará revisión de rentas de las viviendas de protección oficial salvo pacto explícito entre las partes. En caso de pacto expreso entre las partes sobre algún mecanismo de revisión de valores monetarios que no detalle el índice o metodología de referencia, la renta se revisará para cada anualidad por referencia a la variación anual del Índice de Garantía de Competitividad.

4. Además de las rentas iniciales o revisadas, el arrendador podrá percibir el coste real de los servicios de que disfrute el arrendatario y satisfaga el arrendador.

5. Sin perjuicio de las sanciones administrativas que procedan, serán nulas las cláusulas y estipulaciones que establezcan rentas superiores a las máximas autorizadas en la normativa aplicable para las viviendas de protección oficial.

6. Lo dispuesto en los apartados anteriores no será de aplicación a las viviendas de promoción pública reguladas por el Real Decreto-ley 31/1978.

7. Lo dispuesto en los apartados anteriores será de aplicación general en defecto de legislación específica de las Comunidades Autónomas con competencia en la materia.

8. El arrendamiento de viviendas de protección oficial de promoción pública se regirá por las normas particulares de éstas respecto del plazo de duración del contrato, las variaciones de la renta, los límites de repercusión de cantidades por reparación de daños y mejoras, y lo previsto respecto del derecho de cesión y subrogación en el arrendamiento, y en lo no regulado por ellas por las de la presente ley, que se aplicará íntegramente cuando el arrendamiento deje de estar sometido a dichas disposiciones particulares.

La excepción no alcanzará a las cuestiones de competencia y procedimiento en las que se estará por entero a lo dispuesto en la presente ley.

Modificado por Ley 2/2015, de 30 de marzo, de desindexación de la economía española. (BOE de 31-03-2015). (La modificación efectuada en el apdo. 3 es de aplicación exclusiva a los contratos perfeccionados con posterioridad a 1 de abril de 2015)

Ver RD. 233/2013, de 5 de abril, por el que se regula el Plan Estatal de fomento del alquiler de viviendas, la rehabilitación edificatoria, y la regeneración y renovación urbanas, 2013-2016; Ver RDLey 31/1978, de 31 de octubre, sobre política de viviendas de protección oficial; RD 727/1993, de 14 mayo, precios de venta, en segundas y posteriores transmisiones, de las viviendas de protección oficial de promoción privada; Decreto 2114/1968, de 24 de julio, por el que se aprueba el Reglamento de Viviendas de Protección Oficial.

D.A. 2.ª Modificación de la Ley Hipotecaria.

1. El artículo 2, número 5.º, de la Ley Hipotecaria, aprobada por Decreto de 8 de febrero de 1946, tendrá la siguiente redacción:

«5.º Los contratos de arrendamiento de bienes inmuebles, y los subarriendos, cesiones y subrogaciones de los mismos.»

2. En el plazo de nueve meses desde la entrada en vigor de esta ley se establecerán reglamentariamente los requisitos de acceso de los contratos de arrendamientos urbanos al Registro de la Propiedad.

Ver art. 2.5 de la LH y art. 15 del RH; Ver RD. 297/1996, de 23 de febrero, sobre inscripción en el Registro de la Propiedad de los Contratos de Arrendamientos Urbanos; Ver D.F. 2.ª de la Ley 4/2013, de 4 de junio, de medidas de flexibilización y fomento del mercado del alquiler de viviendas (sobre adaptación del Real Decreto 297/1996, de 23 de febrero, sobre inscripción en el Registro de la Propiedad de los contratos de arrendamientos urbanos).

D.A. 3.ª Depósito de fianzas.

1. Las comunidades autónomas podrán establecer la obligación de que los arrendadores de finca urbana sujetos a la presente ley depositen el importe de la fianza regulada en el artículo 36.1 de esta ley, sin devengo de interés, a disposición de la Administración autonómica o del ente público que se designe hasta la extinción del correspondiente contrato. Si transcurrido un mes desde la finalización del contrato, la Administración autonómica o el ente público competente no procediere a la devolución de la cantidad depositada, ésta devengará el interés legal correspondiente.

2. Con objeto de favorecer la transparencia y facilitar el intercambio de información para el ejercicio de las políticas públicas, la normativa que regule el depósito de fianza a que se refiere el apartado anterior determinará los datos que deberán aportarse por parte del arrendador, entre los que figurará, como mínimo:

a) Los datos identificativos de las partes arrendadora y arrendataria, incluyendo domicilios a efectos de notificaciones.

b) Los datos identificativos de la finca, incluyendo la dirección postal, año de construcción y, en su caso, año y tipo de reforma, superficie construida de uso privativo por usos, referencia catastral y calificación energética.

c) Las características del contrato de arrendamiento, incluyendo la renta anual, el plazo temporal establecido, el sistema de actualización, el importe de la fianza y, en su caso, garantías adicionales, el tipo de acuerdo para el pago de los suministros básicos, y si se arrienda amueblada.

Modificada por Real Decreto-ley 7/2019, de 1 de marzo, de medidas urgentes en materia de vivienda y alquiler. (BOE de 05-03-2019). (Ver D.T. 1.ª de este Real Decreto-ley 7/2019, de 1 de marzo, para los contratos celebrados con anterioridad al 6 de marzo de 2019).

La normativa sobre depósito de fianzas se ha dictado por la totalidad de las comunidades autónomas:

Andalucía, Ley 8/1997, de 23 de diciembre; Aragón, Ley 10/1992, de 4 de noviembre; Asturias, Decreto 48/2010, de 10 de junio; Canarias, Ley 2/2014, de 20 de junio, de modificación de la Ley 2/2003, de 30 de enero, y Decreto 45/1985, de 22 de febrero; Cantabria, Art. 16 de la Ley 9/2017, de 26 de diciembre, de Medidas Fiscales y Administrativas; Castilla y León, Ley 9/2010, de 30 de agosto; Cataluña, Ley 13/1996, de 29 de julio y Decreto 147/1997, de 10 de junio; Comunidad Valenciana, Ley 8/2004, de 20 de octubre y Decreto 333/1995, de 3 de noviembre; Extremadura, Decreto 67/1985, de 26 de noviembre; Euskadi, Decreto 42/2016, de 15 de marzo, del depósito de fianzas y del Registro de Contratos de Arrendamiento de Fincas; Galicia, Ley 8/2012, de 29 de junio y Decreto 42/2011, do 3 de marzo; Murcia,

Decreto 11/1985, de 22 de febrero; La Rioja, Decreto 36/1986, septiembre y Decreto 61/1989, de 22 de diciembre; Illes Balears, Decreto 22/1989, de 22 de febrero y Decreto 109/1990, de 13 de diciembre; Madrid, Ley 12/1997, de 4 de junio y Decreto 181/1996, de 5 de diciembre; Navarra, Decreto Foral 240/1998 de 3 de agosto.

D.A. 4.ª Ayudas para acceso a vivienda.

Las personas que, en aplicación de lo establecido en la disposición transitoria segunda de la presente ley, se vean privadas del derecho a la subrogación *mortis causa* que les reconocía el texto refundido de la Ley de Arrendamientos Urbanos, aprobado por Decreto 4104/1964, de 24 de diciembre, serán sujeto preferente de los programas de ayudas públicas para el acceso a vivienda, siempre que cumplan los requisitos en cuanto a ingresos máximos que se establezcan en dichos programas.

D.A. 5.ª Modificación de la Ley de Enjuiciamiento Civil.

1. El artículo 1.563 de la Ley de Enjuiciamiento Civil quedará redactado en la forma siguiente:

«1.º El desahucio por falta de pago de las rentas, de las cantidades asimiladas o de las cantidades cuyo pago hubiera asumido el arrendatario en el arrendamiento de viviendas o en el arrendamiento de una finca urbana habitable en la que se realicen actividades profesionales, comerciales o industriales, podrá ser enervado por el arrendatario si en algún momento anterior al señalado para la celebración del juicio, paga al actor o pone a su disposición en el Juzgado o notarialmente el importe de las cantidades en cuya inefectividad se sustente la demanda y el de las que en dicho instante adeude.

2.º Esta enervación no tendrá lugar cuando se hubiera producido otra anteriormente, ni cuando el arrendador hubiese requerido, por cualquier medio que permita acreditar su constancia, de pago al arrendatario con cuatro meses de antelación a la presentación de la demanda y éste no hubiese pagado las cantidades adeudadas al tiempo de dicha presentación.

3.º En todo caso, deberán indicarse en el escrito de interposición de la demanda las circunstancias concurrentes que puedan permitir o no la enervación. Cuando ésta proceda, el Juzgado indicará en la citación el deber de pagar o de consignar el importe antes de la celebración del juicio.»

2. Los recursos contra sentencias en las materias a que se refiere el artículo 38, tendrán tramitación preferente tanto ante las Audiencias Provinciales, como ante los Tribunales Superiores.

En los procesos que lleven aparejado el lanzamiento, no se admitirán al demandado los recursos de apelación y de casación, cuando procedan, si no acredita al interponerlos tener satisfechas las rentas vencidas y las que con arreglo al contrato deba pagar adelantadas, o si no las consigna judicial o notarialmente.

Si el arrendatario no cumpliese lo anterior, se tendrá por firme la sentencia y se procederá a su ejecución, siempre que requerido por el juez o tribunal que conozca de los mismos no cumpliere su obligación de pago o consignación en el plazo de cinco días.

También se tendrá por desierto el recurso de casación o apelación interpuesto por el arrendatario, cualquiera que sea el estado en que se halle, si durante la sustanciación del mismo dejare aquél de pagar los plazos que venzan o los que deba adelantar. Sin embargo, el arrendatario podrá cautelarmente adelantar o consignar el pago de varios períodos no vencidos, los cuales se sujetarán a liquidación una vez firme la sentencia. En todo caso, el abono de dichos importes no se entenderá novación contractual.

3. El artículo 1687.3 de la Ley de Enjuiciamiento Civil quedará redactado de la forma siguiente:

«Artículo 1687.3.

Las sentencias dictadas por las Audiencias en los juicios de desahucio que no tengan regulación especial, salvo las dictadas en juicio de desahucio por falta de pago de la renta, las dictadas en procesos sobre arrendamientos urbanos seguidos por los trámites del juicio de cognición, en este último supuesto cuando no fuesen conformes con la dictada en primera instancia, y las recaídas en los juicios de retracto, cuando en todos los casos alcancen la cuantía requerida para esta clase de recursos en los declarativos ordinarios.

No obstante, si se tratase de arrendamiento de vivienda bastará con que la cuantía exceda de 1.500.000 pesetas.

Se entenderá que son conformes la sentencia de apelación y de primera instancia aunque difieran en lo relativo a la imposición de costas.»

Modificada por Ley 50/1998, de 30 de diciembre, de Medidas Fiscales, Administrativas y del Orden Social. (BOE de 31-12-1998).

D.A. 6.ª Censo de arrendamientos urbanos.

1. El Gobierno procederá, a través del Ministerio de Obras Públicas, Transportes y Medio Ambiente, en el plazo de un año a partir de la entrada en vigor de la presente ley, a elaborar un censo de los contratos de arrendamiento de viviendas sujetos a la presente ley subsistentes a su entrada en vigor.

2. Este censo comprenderá datos identificativos del arrendador y del arrendatario, de la renta del contrato, de la existencia o no de cláusulas de revisión, de su duración y de la fecha del contrato.

3. A estos efectos, los arrendadores deberán remitir, al Ministerio de Obras Públicas, Transportes y Medio Ambiente, en el plazo máximo de tres meses a partir de la entrada en vigor de la ley, los datos del contrato a que se refiere el párrafo anterior.

4. Los arrendatarios tendrán derecho a solicitar la inclusión en el censo a que se refiere esta disposición de sus respectivos contratos, dando cuenta por escrito al arrendador de los datos remitidos.

5. El incumplimiento de la obligación prevista en el anterior apartado 3 privará al arrendador que la hubiera incumplido del derecho a los beneficios fiscales a que se refiere la disposición final cuarta de la presente ley.

Ver Orden de 20 de diciembre de 1994 por la que se dictan normas para la elaboración del censo de contratos de arrendamiento de viviendas.

D.A. 7.ª Modificación Ley 36/1988, de 5 de diciembre, de Arbitraje.

Se añade al artículo 30 de la Ley 36/1988, de 5 de diciembre, de Arbitraje, un número 3, cuyo contenido será el siguiente:

«En los procedimientos arbitrales que traigan causa de contratos sometidos al régimen jurídico de la Ley de Arrendamientos Urbanos, a falta de pacto expreso de las partes, los árbitros deberán dictar el laudo en el término de tres meses, contado como se dispone en el número 1 de este artículo.»

Ver art. 37.2 Ley 60/2003, de 23 de diciembre, de Arbitraje.

D.A. 8.ª Derecho de retorno.

El derecho de retorno regulado en la disposición adicional cuarta. 3.ª del texto refundido de la Ley sobre el Régimen del Suelo y Ordenación Urbana, aprobado por el Real Decreto legislativo 1/1992, de 26 de junio, se regirá por lo previsto en esta disposición y, en su defecto, por las normas del texto refundido de la Ley de Arrendamientos Urbanos de 1964.

Cuando en las actuaciones urbanísticas aisladas no expropiatorias exigidas por el planeamiento urbanístico, fuera necesario proceder a la demolición total o a la rehabilitación integral con conservación de fachada o de estructura de un edificio, en el que existan viviendas urbanas arrendadas sea cualquiera la fecha del arrendamiento, el arrendatario tendrá derecho a que el arrendador de la citada finca le proporcione una nueva vivienda de una superficie no inferior al 50 por 100 de la anterior, siempre que tenga al menos 90 metros cuadrados, o no inferior a la que tuviere, si no alcanzaba dicha superficie, de características análogas a aquélla y que esté ubicada en el mismo solar o en el entorno del edificio demolido o rehabilitado.

Ver D.A. Única, D.A. 11.ª y D.DT. Única del Texto Refundido de la Ley del Suelo, aprobado por RDLeg. 2/2008, de 20 de junio y D.A. Única y D.DT. Única del vigente Texto Refundido de la Ley del Suelo y Rehabilitación Urbana, aprobado por RDLeg. 7/2015, de 30 de octubre; Ver D.DT. Única de la Ley 8/2013, de 26 de junio, de rehabilitación, regeneración y renovación urbanas; Ver. arts. 80 a 94 de la LAU de 1964.

D.A. 9.ª Declaración de la situación de minusvalía.

A los efectos prevenidos en esta ley, la situación de minusvalía y su grado deberán ser declarados, de acuerdo con la normativa vigente, por los centros y servicios de las Administraciones Públicas competentes.

Ver RDLeg. 1/2013, de 29 de noviembre, por el que se aprueba el texto refundido de la Ley General de derechos de las personas con discapacidad y de su inclusión social, así como las Leyes 66/1997, de 30 de diciembre y 24/2001, de 27 de diciembre de medidas fiscales, administrativas y del orden social; Ver RD. 174/2011, de 11 de febrero, por el que se aprueba el baremo de la situación de dependencia establecido por la Ley 39/2006, de 14 de diciembre, de promoción de la autonomía personal y atención a las personas en situación de dependencia; Orden de 2 de noviembre de 2000, por la que se determina la composición, organización y funciones de los Equipos de Valoración y Orientación dependientes del Instituto de Migraciones y Servicios Sociales y se desarrolla el procedimiento de actuación para la valoración del grado de minusvalía dentro del ámbito de la Administración General del Estado, y la Orden de 12 de junio de 2001 sobre creación, composición y funciones de la Comisión Estatal de Coordinación y Seguimiento de Valoración del Grado de Minusvalía.

D.A. 10.ª Prescripción.

Todos los derechos, obligaciones y acciones que resulten de los contratos de arrendamiento contemplados en la presente ley, incluidos los subsistentes a la entrada en vigor de la misma, prescribirán, cuando no exista plazo específico de prescripción previsto, de acuerdo con lo dispuesto en el régimen general contenido en el Código Civil.

Ver art. 106 LAU 1964; Ver arts. 1964, 1966.2 y 1966.3 del CC.

D.A. 11.ª Índice de referencia para la actualización anual de los contratos de arrendamiento de vivienda.

El Instituto Nacional de Estadística definirá, antes del 31 de diciembre de 2024, un índice de referencia para la actualización anual de los contratos de arrendamiento de vivienda que se fijará como límite de referencia a los efectos del artículo 18 de esta ley, con el objeto de evitar incrementos desproporcionados en la renta de los contratos de arrendamiento.

Añadida por Ley 12/2023, de 24 de mayo, por el derecho a la vivienda. (BOE de 25-05-2023)

DISPOSICIONES TRANSITORIAS

D.T. 1.ª Contratos celebrados a partir del 9 de mayo de 1985.

1. Los contratos de arrendamiento de vivienda celebrados a partir del 9 de mayo de 1985 que subsistan a la fecha de entrada en vigor de la presente ley, continuarán rigiéndose por lo dispuesto en el artículo 9.º del Real Decreto-ley 2/1985, de 30 de abril, sobre medidas de política económica, y por lo dispuesto para el contrato de inquilinato en el texto refundido de la Ley de Arrendamientos Urbanos, aprobado por Decreto 4104/1964, de 24 de diciembre.

Será aplicable a estos contratos lo dispuesto en los apartados 2 y 3 de la disposición transitoria segunda.

La tácita reconducción prevista en el artículo 1.566 del Código Civil lo será por un plazo de tres años, sin perjuicio de la facultad de no renovación prevista en el artículo 9 de esta ley. El arrendamiento renovado se regirá por lo dispuesto en la presente ley para los arrendamientos de vivienda.

2. Los contratos de arrendamiento de local de negocio celebrados a partir del 9 de mayo de 1985, que subsistan en la fecha de entrada en vigor de esta ley, continuarán rigiéndose por lo dispuesto en el artículo 9.º del Real Decreto-ley 2/1985, de 30 de abril, y por lo dispuesto en el texto refundido de la Ley de Arrendamientos Urbanos de 1964. En el caso de tácita reconducción conforme a lo dispuesto en el artículo 1.566 del Código Civil, el arrendamiento renovado se regirá por las normas de la presente ley relativas a los arrendamientos para uso distinto al de vivienda.

Lo dispuesto en el párrafo anterior será de aplicación a los contratos de arrendamiento asimilados al de inquilinato y al de local de negocio que se hubieran celebrado a partir del 9 de mayo de 1985 y que subsistan en la fecha de entrada en vigor de esta ley.

Ver arts. 1 y 2 de la LAU de 1964 (ámbito de aplicación de dicha Ley); Arts. 4.2 y 5 de la LAU de 1964 (contratos de arrendamiento asimilados a los arrendamientos de vivienda y de local de negocios); Arts. 12, 15 y 24 de la LAU de 1994 y art. 24 de la LAU de 1964; Arts. 1566 y 1581 del CC (tácita reconducción).

D.T. 2.ª Contratos de arrendamiento de vivienda celebrados con anterioridad al 9 de mayo de 1985.

A) Régimen normativo aplicable.

1. Los contratos de arrendamiento de vivienda celebrados antes del 9 de mayo de 1985 que subsistan en la fecha de entrada en vigor de la presente ley, continuarán rigiéndose por las normas relativas al contrato de inquilinato del texto refundido de la Ley de Arrendamientos Urbanos de 1964, salvo las modificaciones contenidas en los apartados siguientes de esta disposición transitoria.

2. Será aplicable a estos contratos lo dispuesto en los artículos 12, 15 y 24 de la presente ley.

3. Dejará de ser aplicable lo dispuesto en el apartado 1 del artículo 24 del texto refundido de la Ley de Arrendamientos Urbanos de 1964.

No procederán los derechos de tanteo y retracto, regulados en el capítulo VI del texto refundido de la Ley de Arrendamientos Urbanos de 1964, en los casos de adjudicación de vivienda por consecuencia de división de cosa común cuando los contratos de arrendamiento hayan sido otorgados con posterioridad a la constitución de la comunidad sobre la cosa, ni tampoco en los casos de división y adjudicación de cosa común adquirida por herencia o legado.

B) Extinción y subrogación.

4. A partir de la entrada en vigor de esta ley, la subrogación a que se refiere el artículo 58 del texto refundido de la Ley de Arrendamientos Urbanos de 1964, sólo podrá tener lugar a favor del cónyuge del arrendatario no separado legalmente o de hecho, o en su defecto, de los hijos que conviviesen con él durante los dos años anteriores a su fallecimiento; en defecto de los anteriores, se podrán subrogar los ascendientes del arrendatario que estuviesen a su cargo y conviviesen con él con tres años, como mínimo, de antelación a la fecha de su fallecimiento.

El contrato se extinguirá al fallecimiento del subrogado, salvo que lo fuera un hijo del arrendatario no afectado por una minusvalía igual o superior al 65 por 100, en cuyo caso se extinguirá a los dos años o en la fecha en que el subrogado cumpla veinticinco años, si ésta fuese posterior.

No obstante, si el subrogado fuese el cónyuge y al tiempo de su fallecimiento hubiese hijos del arrendatario que conviviesen con aquél, podrá haber una ulterior subrogación. En este caso, el contrato quedará extinguido a los dos años o cuando el hijo alcance la edad de veinticinco años si esta fecha es posterior, o por su fallecimiento si está afectado por la minusvalía mencionada en el párrafo anterior.

5. Al fallecimiento de la persona que, a tenor de lo dispuesto en los artículos 24.1 y 58 del texto refundido de la Ley de Arrendamientos Urbanos de 1964, se hubiese subrogado en la posición del inquilino antes de la entrada en vigor de la presente ley, sólo se podrá subrogar su cónyuge no separado legalmente o de hecho y, en su defecto, los hijos del arrendatario que habitasen en la vivienda arrendada y hubiesen convivido con él durante los dos años anteriores a su fallecimiento.

El contrato se extinguirá al fallecimiento del subrogado, salvo que lo fuera un hijo del arrendatario no afectado por una minusvalía igual o superior al 65 por 100, en cuyo caso se extinguirá a los dos años o cuando el hijo alcance la edad de veinticinco años si esta fecha es posterior.

No se autorizan ulteriores subrogaciones.

6. Al fallecimiento de la persona que de acuerdo con el artículo 59 del texto refundido de la Ley de Arrendamientos Urbanos de 1964 ocupase la vivienda por segunda subrogación no se autorizan ulteriores subrogaciones.

7. Los derechos reconocidos en los apartados 4 y 5 de esta disposición al cónyuge del arrendatario, serán también de aplicación respecto de la persona que hubiera venido conviviendo con el arrendatario de forma permanente en análoga relación de afectividad a la de cónyuge, con independencia de su orientación sexual, durante, al menos, los dos años anteriores al tiempo del fallecimiento, salvo que hubieran tenido descendencia en común, en cuyo caso bastará la mera convivencia.

8. Durante los diez años siguientes a la entrada en vigor de la ley, si la subrogación prevista en los apartados 4 y 5 anteriores se hubiera producido a favor de hijos mayores de sesenta y cinco años o que fueren perceptores de prestaciones públicas por jubilación o invalidez permanente en grado de incapacidad permanente absoluta o gran invalidez el contrato se extinguirá por el fallecimiento del hijo subrogado.

9. Corresponde a las personas que ejerciten la subrogación contemplada en los apartados 4, 5 y 7 de esta disposición probar la condición de convivencia con el arrendatario fallecido que para cada supuesto proceda.

La condición de convivencia con el arrendatario fallecido deberá ser habitual y darse necesariamente en la vivienda arrendada.

Serán de aplicación a la subrogación por causa de muerte regulada en los apartados 4 a 7 anteriores, las disposiciones sobre procedimiento y orden de prelación establecidas en el artículo 16 de la presente ley.

En ningún caso los beneficiarios de una subrogación podrán renunciarla a favor de otro de distinto grado de prelación.

C) Otros derechos del arrendador.

10. Para las anualidades del contrato que se inicien a partir de la entrada en vigor de esta ley, el arrendador tendrá los siguientes derechos:

10.1 En el Impuesto sobre el Patrimonio, el valor del inmueble arrendado se determinará por capitalización al 4 por 100 de la renta devengada, siempre que el resultado sea inferior al que resultaría de la aplicación de las reglas de valoración de bienes inmuebles previstas en la Ley del Impuesto sobre el Patrimonio.

10.2 Podrá exigir del arrendatario el total importe de la cuota del Impuesto sobre Bienes Inmuebles que corresponda al inmueble arrendado. Cuando la cuota no estuviese individualizada se dividirá en proporción a la superficie de cada vivienda.

10.3 Podrá repercutir en el arrendatario el importe de las obras de reparación necesarias para mantener la vivienda en estado de servir para el uso convenido, en los términos resultantes del artículo 108 del texto refundido de la Ley de Arrendamientos Urbanos de 1964 o de acuerdo con las reglas siguientes:

1.ª Que la reparación haya sido solicitada por el arrendatario o acordada por resolución judicial o administrativa firme.

En caso de ser varios los arrendatarios afectados, la solicitud deberá haberse efectuado por la mayoría de los arrendatarios afectados o, en su caso, por arrendatarios que representen la mayoría de las cuotas de participación correspondientes a los pisos afectados.

2.ª Del capital invertido en los gastos realizados, se deducirán los auxilios o ayudas públicas percibidos por el propietario.

3.ª Al capital invertido se le sumará el importe del interés legal del dinero correspondiente a dicho capital calculado para un período de cinco años.

4.ª El arrendatario abonará anualmente un importe equivalente al 10 por 100 de la cantidad referida en la regla anterior, hasta su completo pago.

En el caso de ser varios los arrendatarios afectados, la cantidad referida en la regla anterior se repartirá entre éstos de acuerdo con los criterios establecidos en el apartado 2 del artículo 19 de la presente ley.

5.ª La cantidad anual pagada por el arrendatario no podrá superar la menor de las dos cantidades siguientes: cinco veces su renta vigente más las cantidades asimiladas a la misma o el importe del salario mínimo interprofesional, ambas consideradas en su cómputo anual.

10.4 Si el arrendador hubiera optado por realizar la repercusión con arreglo a lo dispuesto en el artículo 108 antes citado, la repercusión se hará de forma proporcional a la superficie de la finca afectada.

10.5 Podrá repercutir en el arrendatario el importe del coste de los servicios y suministros que se produzcan a partir de la entrada en vigor de la ley.

Se exceptúa el supuesto en que por pacto expreso entre las partes todos estos gastos sean por cuenta del arrendador.

D) Actualización de la renta.

11. La renta del contrato podrá ser actualizada a instancia del arrendador previo requerimiento fehaciente al arrendatario.

Este requerimiento podrá ser realizado en la fecha en que, a partir de la entrada en vigor de la ley, se cumpla una anualidad de vigencia del contrato.

Efectuado dicho requerimiento, en cada uno de los años en que aplique esta actualización, el arrendador deberá notificar al arrendatario el importe de la actualización, acompañando certificación del Instituto Nacional de Estadística expresiva de los índices determinantes de la cantidad notificada.

La actualización se desarrollará de acuerdo con las siguientes reglas:

1.ª La renta pactada inicialmente en el contrato que dio origen al arrendamiento deberá mantener, durante cada una de las anualidades en que se desarrolle la actualización, con la renta actualizada, la misma proporción que el Índice General Nacional del Sistema de Índices de Precios de Consumo o que el Índice General Nacional o Índice General Urbano del Sistema de Índices de Costes de la Vida del mes anterior a la fecha del contrato con respecto al Índice correspondiente al mes anterior a la fecha de actualización.

En los arrendamientos de viviendas comprendidos en el artículo 6.º, 2, del texto refundido de la Ley de Arrendamientos Urbanos de 1964 celebrados con anterioridad al 12 de mayo de 1956, se tomará como renta inicial la revalorizada a que se refiere el artículo 96.10 del citado texto refundido, háyase o no exigido en su día por el arrendador; y, como índice correspondiente a la fecha del contrato, el del mes de junio de 1964.

En los arrendamientos de viviendas no comprendidas en el artículo 6.º, 2, del citado texto refundido celebrados antes del 12 de mayo de 1956, se tomará como renta inicial, la que se viniera percibiendo en el mes de julio de 1954, y como índice correspondiente a la fecha del contrato el mes de marzo de 1954.

2.ª De la renta actualizada que corresponda a cada período anual calculada con arreglo a lo dispuesto en la regla anterior o en la regla 5.ª, sólo será exigible al arrendatario el porcentaje que resulta de lo dispuesto en las reglas siguientes siempre que este importe sea mayor que la renta que viniera pagando el arrendatario en ese momento incrementada en las cantidades asimiladas a la renta.

En el supuesto de que al aplicar la tabla de porcentajes que corresponda resultase que la renta que estuviera pagando en ese momento fuera superior a la cantidad que corresponda en aplicación de tales tablas, se pasaría a aplicar el porcentaje inmediatamente superior, o en su caso el siguiente o siguientes que correspondan, hasta que la cantidad exigible de la renta actualizada sea superior a la que se estuviera pagando.

3.ª La renta actualizada absorberá las cantidades asimiladas a la renta desde la primera anualidad de la revisión.

Se consideran cantidades asimiladas a la renta a estos exclusivos efectos, la repercusión al arrendatario del aumento de coste de los servicios y suministros a que se refiere el artículo 102 del texto refundido de la Ley de Arrendamientos Urbanos y la repercusión del coste de las obras a que se refiere el artículo 107 del citado texto legal.

4.ª A partir del año en que se alcance el cien por cien de actualización, la renta que corresponda pagar podrá ser actualizada por el arrendador o por el arrendatario conforme a la variación porcentual experimentada en los doce meses anteriores por el Índice General del Sistema de Índices de Precios de Consumo, salvo cuando el contrato contuviera expreso otro sistema de actualización, en cuyo caso será éste de aplicación.

5.ª Cuando la renta actualizada calculada de acuerdo con lo dispuesto en la regla 1.ª sea superior a la que resulte de aplicar lo dispuesto en el párrafo siguiente, se tomará como renta revisada esta última.

La renta a estos efectos se determinará aplicando sobre el valor catastral de la finca arrendada vigente en 1994, los siguientes porcentajes:

- El 12 por 100, cuando el valor catastral derivara de una revisión que hubiera surtido efectos con posterioridad a 1989.

- El 24 por 100 para el resto de los supuestos.

Para fincas situadas en el País Vasco se aplicará sobre el valor catastral el porcentaje del 24 por 100; para fincas situadas en Navarra se aplicará sobre el valor catastral el porcentaje del 12 por 100.

6.ª El inquilino podrá oponerse a la actualización de renta comunicándoselo fehacientemente al arrendador en el plazo de los treinta días naturales siguientes a la recepción del requerimiento de éste, en cuyo caso la renta que viniera abonando el inquilino hasta ese momento, incrementada con las cantidades asimiladas a ella, sólo podrá actualizarse anualmente con la variación experimentada por el Índice General Nacional del Sistema de Índices de Precios de Consumo en los doce meses inmediatamente anteriores a la fecha de cada actualización.

Los contratos de arrendamiento respecto de los que el inquilino ejercite la opción a que se refiere esta regla quedarán extinguidos en un plazo de ocho años, aun cuando se produzca una subrogación, contándose dicho plazo a partir de la fecha del requerimiento fehaciente del arrendador.

7.ª No procederá la actualización de renta prevista en este apartado cuando la suma de los ingresos totales que perciba el arrendatario y las personas que con él convivan habitualmente en la vivienda arrendada, no excedan de los límites siguientes:

Número de personas que convivan en la vivienda arrendada	Límite en número de veces el salario mínimo interprofesional
1 ó 2	2,5
3 ó 4	3
Más de 4	3,5

Los ingresos a considerar serán la totalidad de los obtenidos durante el ejercicio impositivo anterior a aquel en que se promueva por el arrendador la actualización de la renta.

En defecto de acreditación por el arrendatario de los ingresos percibidos por el conjunto de las personas que convivan en la vivienda arrendada, se presumirá que procede la actualización pretendida.

8.ª En los supuestos en que no proceda la actualización, la renta que viniese abonando el inquilino, incrementada en las cantidades asimiladas a ella, podrá actualizarse anualmente a tenor de la variación experimentada por el Índice General de Precios al Consumo en los doce meses inmediatamente anteriores a la fecha de cada actualización.

9.ª La actualización de renta cuando proceda, se realizará en los plazos siguientes:

a) En diez años, cuando la suma de los ingresos totales percibidos por el arrendatario y las personas que con él convivan habitualmente en la vivienda arrendada no exceda de 5,5 veces el salario mínimo interprofesional.

En este caso, los porcentajes exigibles de la renta actualizada serán los siguientes:

Período anual de actualización a partir de la entrada en vigor de la ley	Porcentaje exigible de la renta actualizada
1.º	10
2.º	20
3.º	30
4.º	40
5.º	50
6.º	60
7.º	70
8.º	80
9.º	90
10.º	100

b) En cinco años, cuando la indicada suma sea igual o superior a 5,5 veces el salario mínimo interprofesional.

En este caso, los porcentajes exigibles de la renta actualizada serán el doble de los indicados en la letra a) anterior.

10.ª Lo dispuesto en el presente apartado sustituirá a lo dispuesto para los arrendamientos de vivienda en los números 1 y 4 del artículo 100 del texto refundido de la Ley de Arrendamientos Urbanos de 1964.

Ver arts. 12 y 15 de la LAU de 1994 (desistimiento y vencimiento, matrimonio del arrendatario, o arrendatario con minusvalías); Art. 24.1 de la LAU de 1964 sobre subrogación inter vivos; Arts. 47 a 56 de la LAU de 1964 (derechos de tanteo y retracto); Arts. 58 y 59 de la LAU de 1964 (subrogación mortis causa); Arts. 6.2 y 90.10 LAU de 1964 (renta revalorizada de viviendas suntuarias).

D.T. 3.ª Contratos de arrendamiento de local de negocio, celebrados antes del 9 de mayo de 1985.

A) Régimen normativo aplicable.

1. Los contratos de arrendamiento de local de negocio celebrados antes del 9 de mayo de 1985 que subsistan en la fecha de entrada en vigor de la presente ley, continuarán rigiéndose por las normas del texto refundido de la Ley de Arrendamientos Urbanos de 1964 relativas al contrato de arrendamiento de local de negocio, salvo las modificaciones contenidas en los apartados siguientes de esta disposición transitoria.

B) Extinción y subrogación.

2. Los contratos que en la fecha de entrada en vigor de la presente ley se encuentren en situación de prórroga legal, quedarán extinguidos de acuerdo con lo dispuesto en los apartados 3 a 4 siguientes.

3. Los arrendamientos cuyo arrendatario fuera una persona física se extinguirán por su jubilación o fallecimiento, salvo que se subrogue su cónyuge y continúe la misma actividad desarrollada en el local.

En defecto de cónyuge supérstite que continúe la actividad o en caso de haberse subrogado éste, a su jubilación o fallecimiento, si en ese momento no hubieran transcurrido veinte años a contar desde la aprobación de la ley, podrá subrogarse en el contrato un descendiente del arrendatario que continúe la actividad desarrollada en el local. En este caso, el contrato durará por el número de años suficiente hasta completar veinte años a contar desde la entrada en vigor de la ley.

La primera subrogación prevista en los párrafos anteriores no podrá tener lugar cuando ya se hubieran producido en el arrendamiento dos transmisiones de acuerdo con lo previsto en el artículo 60 del texto refundido de la Ley de Arrendamientos Urbanos. La segunda subrogación prevista no podrá tener lugar cuando ya se hubiera producido en el arrendamiento una transmisión de acuerdo con lo previsto en el citado artículo 60.

El arrendatario actual y su cónyuge, si se hubiera subrogado, podrán traspasar el local de negocio en los términos previstos en el artículo 32 del texto refundido de la Ley de Arrendamientos Urbanos.

Este traspaso permitirá la continuación del arrendamiento por un mínimo de diez años a contar desde su realización o por el número de años que quedaren desde el momento en que se realice el traspaso hasta computar veinte años a contar desde la aprobación de la ley.

Cuando en los diez años anteriores a la entrada en vigor de la ley se hubiera producido el traspaso del local de negocio, los plazos contemplados en este apartado se incrementarán en cinco años.

Se tomará como fecha del traspaso, a los efectos de este apartado, la de la escritura a que se refiere el artículo 32 del texto refundido de la Ley de Arrendamientos Urbanos de 1964.

4. Los arrendamientos de local de negocio cuyo arrendatario sea una persona jurídica se extinguirán de acuerdo con las reglas siguientes:

1.ª Los arrendamientos de locales en los que se desarrollen actividades comerciales, en veinte años.

Se consideran actividades comerciales a estos efectos las comprendidas en la División 6 de la tarifa del Impuesto sobre Actividades Económicas.

Se exceptúan los locales cuya superficie sea superior a 2.500 metros cuadrados, en cuyo caso, la extinción se producirá en cinco años.

2.ª Los arrendamientos de locales en los que se desarrollen actividades distintas de aqué-llas a las que se refiere la regla 1.ª a las que correspondan cuotas según las tarifas del Impuesto sobre Actividades Económicas:

- De menos de 85.000 pesetas, en veinte años.
- Entre 85.001 y 130.000 pesetas, en quince años.
- Entre 130.001 y 190.000 pesetas, en diez años.
- De más de 190.000 pesetas, en cinco años.

Las cuotas que deben ser tomadas en consideración a los efectos dispuestos en el presente apartado son las cuotas mínimas municipales o cuotas mínimas según tarifa, que incluyen, cuando proceda, el complemento de superficie, correspondientes al ejercicio 1994. En aquellas actividades a las que corresponda una bonificación en la cuota del Impuesto sobre Actividades Económicas, dicha bonificación se aplicará a la cuota mínima municipal o cuota mínima según tarifa a los efectos de determinar la cantidad que corresponda.

Los plazos citados en las reglas anteriores se contarán a partir de la entrada en vigor de la presente ley. Cuando en los diez años anteriores a dicha entrada en vigor se hubiera producido el traspaso del local de negocio, los plazos de extinción de los contratos se incrementarán en cinco años. Se tomará como fecha de traspaso la de la escritura a que se refiere el artículo 32 del texto refundido de la Ley de Arrendamientos Urbanos.

Cuando en un local se desarrollen actividades a las que correspondan distintas cuotas, sólo se tomará en consideración a los efectos de este apartado la mayor de ellas.

Incumbe al arrendatario la prueba de la cuota que corresponda a la actividad desarro-llada en el local arrendado. En defecto de prueba, el arrendamiento tendrá la mínima de las duraciones previstas en el párrafo primero.

5. Los contratos en los que, en la fecha de entrada en vigor de la presente ley, no haya transcurrido aún el plazo determinado pactado en el contrato durarán el tiempo que reste para que dicho plazo se cumpla. Cuando este período de tiempo sea inferior al que resulta-ría de la aplicación de las reglas del apartado 4, el arrendatario podrá hacer durar el arriendo el plazo que resulte de la aplicación de dichas reglas.

En los casos previstos en este apartado y en el apartado 4, la tácita reconducción se regirá por lo dispuesto en el artículo 1.566 del Código Civil, y serán aplicables al arrenda-miento renovado las normas de la presente ley relativas a los arrendamientos de fincas urbanas para uso distinto del de vivienda.

C) Actualización de la renta.

6. A partir de la entrada en vigor de la presente ley, en la fecha en que se cumpla cada año de vigencia del contrato, la renta de los arrendamientos de locales de negocio podrá ser actualizada, a instancia del arrendador, previo requerimiento fehaciente al arrendatario de acuerdo con las siguientes reglas:

1.ª La renta pactada inicialmente en el contrato que dio origen al arrendamiento deberá mantener con la renta actualizada la misma proporción que el Índice General Nacional del Sistema de Índices de Precios de Consumo o que el Índice General Nacional o Índice General Urbano del Sistema de Índices de Costes de la Vida del mes anterior a la fecha del contrato con respecto al índice correspondiente al mes anterior a la fecha de cada actualización.

En los contratos celebrados con anterioridad al 12 de mayo de 1956, se tomará como renta inicial la revalorizada a que se refiere el artículo 96.10 del citado texto refundido, háyase o no exigido en su día por el arrendador, y como índice correspondiente a la fecha del contrato el del mes de junio de 1964.

2.ª De la renta actualizada que corresponda a cada período anual calculado con arreglo a lo dispuesto en la regla anterior, sólo será exigible al arrendatario el porcentaje que resulte de las tablas de porcentajes previstas en las reglas siguientes en función del período de actualización que corresponda, siempre que este importe sea mayor que la renta que viniera pagando el arrendatario en ese momento incrementada en las cantidades asimiladas a la renta.

En el supuesto de que al aplicar la tabla de porcentajes que corresponda resultase que la renta que estuviera cobrando en ese momento fuera superior a la cantidad que corresponda en aplicación de tales tablas, se pasaría a aplicar el porcentaje inmediatamente superior, o en su caso el siguiente o siguientes que correspondan, hasta que la cantidad exigible de la renta actualizada sea superior a la que se estuviera cobrando sin la actualización.

3.ª En los arrendamientos a los que corresponda, de acuerdo con lo dispuesto en el apartado 4, un período de extinción de cinco o diez años, la revisión de renta se hará de acuerdo con la tabla siguiente:

Actualización a partir de la entrada en vigor de la ley	Porcentaje exigible de la renta actualizada
1.º	10
2.º	20
3.º	35
4.º	60
5.º	100

4.ª En los arrendamientos comprendidos en el apartado 3, y en aquéllos a los que corresponda, de acuerdo con lo dispuesto en el apartado 4, un período de extinción de quince o veinte años, la revisión de renta se hará con arreglo a los porcentajes y plazos previstos en la regla 9.ª, a), del apartado 11 de la disposición transitoria segunda.

5.ª La renta actualizada absorberá las cantidades asimiladas a la renta desde la primera anualidad de la revisión.

Se consideran cantidades asimiladas a la renta a estos exclusivos efectos la repercusión al arrendatario del aumento de coste de los servicios y suministros a que se refiere el artículo 102 del texto refundido de la Ley de Arrendamientos Urbanos y la repercusión del coste de las obras a que se refiere el artículo 107 del citado texto legal.

6.ª A partir del año en que se alcance el 100 por 100 de actualización, la renta que corresponda pagar podrá ser actualizada por el arrendador o por el arrendatario conforme a la variación porcentual experimentada en los doce meses anteriores por el Índice General del Sistema de Índices de Precios de Consumo, salvo cuando el contrato contuviera expreso otro sistema de actualización, en cuyo caso será éste de aplicación.

7.ª Lo dispuesto en el presente apartado sustituirá a lo dispuesto para los arrendamientos de locales de negocio en el número 1 del artículo 100 del texto refundido de la Ley de Arrendamientos Urbanos de 1964.

8.ª Para determinar a estos efectos la fecha de celebración del contrato, se atenderá a aquella en que se suscribió, con independencia de que el arrendatario actual sea el originario o la persona subrogada en su posición.

7. El arrendatario podrá revisar la renta de acuerdo con lo dispuesto en las reglas 1.ª, 5.ª y 6.ªdel apartado anterior en la primera renta que corresponda pagar, a partir del requerimiento de revisión efectuado por el arrendador o a iniciativa propia.

En este supuesto, el plazo mínimo de duración previsto en el apartado 3 y los plazos previstos en el apartado 4, se incrementarán en cinco años.

Lo dispuesto en el párrafo anterior será también de aplicación en el supuesto en que la renta que se estuviera pagando en el momento de entrada en vigor de la ley fuera mayor que la resultante de la actualización prevista en el apartado 7.

8. La revisión de renta prevista para los contratos a que se refiere el apartado 3 y para aquellos de los contemplados en el apartado 4 que tengan señalado un período de extinción de quince o veinte años, no procederá cuando el arrendatario opte por la no aplicación de la misma.

Para ello, el arrendatario deberá comunicar por escrito al arrendador su voluntad en un plazo de treinta días naturales siguientes a la recepción del requerimiento de éste para la revisión de la renta.

Los contratos de arrendamiento respecto de los que el arrendatario ejercite la opción de no revisión de la renta, se extinguirán cuando venza la quinta anualidad contada a partir de la entrada en vigor de la presente ley.

D) Otros derechos del arrendador.

9. Para las anualidades del contrato que se inicien a partir de la entrada en vigor de esta ley, y hasta que se produzca la extinción del mismo, será también de aplicación a estos contratos lo previsto en el apartado 10 de la disposición transitoria segunda.

E) Otros derechos del arrendatario.

10. El arrendatario tendrá derecho a una indemnización de una cuantía igual a dieciocho mensualidades de la renta vigente al tiempo de la extinción del arrendamiento cuando antes del transcurso de un año desde la extinción del mismo, cualquier persona comience a ejercer en el local la misma actividad o una actividad afín a la que aquél ejercitaba. Se considerarán afines las actividades típicamente aptas para beneficiarse, aunque sólo sea en parte, de la clientela captada por la actividad que ejerció el arrendatario.

11. Extinguido el contrato de arrendamiento conforme a lo dispuesto en los apartados precedentes, el arrendatario tendrá derecho preferente para continuar en el local arrendado si el arrendador pretendiese celebrar un nuevo contrato con distinto arrendatario antes de haber transcurrido un año a contar desde la extinción legal del arrendamiento.

A tal efecto, el arrendador deberá notificar fehacientemente al arrendatario su propósito de celebrar un nuevo contrato de arrendamiento, la renta ofrecida, las condiciones esenciales del contrato y el nombre, domicilio y circunstancias del nuevo arrendatario.

El derecho preferente a continuar en el local arrendado conforme a las condiciones ofrecidas deberá ejercitarse por el arrendatario en el plazo de treinta días naturales a contar desde el siguiente al de la notificación, procediendo en este plazo a la firma del contrato.

El arrendador, transcurrido el plazo de treinta días naturales desde la notificación sin que el arrendatario hubiera procedido a firmar el contrato de arrendamiento propuesto, deberá formalizar el nuevo contrato de arrendamiento en el plazo de ciento veinte días naturales a contar desde la notificación al arrendatario cuyo contrato se extinguió.

Si el arrendador no hubiese hecho la notificación prevenida u omitiera en ella cualquiera de los requisitos exigidos o resultaran diferentes la renta pactada, la persona del nuevo arrendatario o las restantes condiciones esenciales del contrato, tendrá derecho el arrendatario cuyo contrato se extinguió a subrogarse, por ministerio de la ley, en el nuevo contrato de arrendamiento en el plazo de sesenta días naturales desde que el arrendador le remitiese fehacientemente copia legalizada del nuevo contrato celebrado seguido a tal efecto, estando legitimado para ejercitar la acción de desahucio por el procedimiento establecido para el ejercicio de la acción de retracto.

El arrendador está obligado a remitir al arrendatario cuyo contrato se hubiera extinguido, copia del nuevo contrato celebrado dentro del año siguiente a la extinción, en el plazo de quince días desde su celebración.

El ejercicio de este derecho preferente será incompatible con la percepción de la indemnización prevista en el apartado anterior, pudiendo el arrendatario optar entre uno y otro.

12. La presente disposición transitoria se aplicará a los contratos de arrendamiento de local de negocio para oficina de farmacia celebrados antes del 9 de mayo de 1985 y que subsistan el 31 de diciembre de 1999.

Apdo. 12 se añade. por Ley 55/1999, de 29 de diciembre, de Medidas fiscales, administrativas y del orden social. (BOE de 30-12-1999).

D.T. 4.ª Contratos de arrendamiento asimilados celebrados con anterioridad al 9 de mayo de 1985.

1. Los contratos de arrendamientos asimilados a los de inquilinato a que se refiere el artículo 4.2 del texto refundido de la Ley de Arrendamientos Urbanos de 1964 y los asimilados a los de local de negocio a que se refiere el artículo 5.2 del mismo texto legal, celebrados antes del 9 de mayo de 1985 y que subsistan a la entrada en vigor de la presente ley, continuarán rigiéndose por las normas del citado texto refundido que les sean de aplicación, salvo las modificaciones contenidas en los apartados siguientes de esta disposición transitoria.

2. Los arrendamientos asimilados al inquilinato se regirán por lo estipulado en la disposición transitoria tercera. A estos efectos, los contratos celebrados por la Iglesia Católica y por Corporaciones que no persigan ánimo de lucro, se entenderán equiparados a aquellos de los mencionados en la regla 2.ª del apartado 4 a los que corresponda un plazo de extinción de quince años. Los demás se entenderán equiparados a aquellos de los mencionados en la citada regla 2.ª a los que corresponda un plazo de extinción de diez años.

3. Los arrendamientos asimilados a los de local de negocio se regirán por lo estipulado en la disposición transitoria tercera para los arrendamientos de local a que se refiere la regla 2.ª del apartado 4 a los que corresponda una cuota superior a 190.000 pesetas.

4. Los arrendamientos de fincas urbanas en los que se desarrollen actividades profesionales se regirán por lo dispuesto en el apartado anterior.

D.T. 5.ª Arrendamientos de viviendas de protección oficial.

Los arrendamientos de viviendas de protección oficial que subsistan a la entrada en vigor de la presente ley continuarán rigiéndose por la normativa que les viniera siendo de aplicación.

Ver Real Decreto 2960/1976, de 12 de noviembre, por el que se aprueba el texto refundido de la Legislación de Viviendas de Protección Oficial; Decreto 2114/1968, de 24 de julio, por el que se aprueba el Reglamento de Viviendas de Protección Oficial; RDLey 31/1978, de 31 octubre, sobre Política de Viviendas de Protección Oficial y RD 3148/1978, de 10 noviembre (que lo desarrolla); Ver D.A. 1.ª de la LAU de 1994 y RD 727/1993, de 14 de mayo.

D.T. 6.ª Procesos judiciales.

1. El Título V de la presente ley será aplicable a los litigios relativos a los contratos de arrendamiento de finca urbana que subsistan a la fecha de entrada en vigor de esta ley.

2. Se exceptúa lo establecido respecto al valor de la demanda y a la conformidad de las sentencias, que será inmediatamente aplicable a los recursos de casación en los litigios sobre contratos de arrendamientos de local de negocio en los que la sentencia de la Audiencia Provincial se haya dictado después de la entrada en vigor de la presente ley.

Ver arts. 249.1.6.º y 7.º y 250.1.1.º de la LEC 1/2000.

Los artículos que componen el título V fueron derogados por la Ley 1/2000, de 7 de enero, de Enjuiciamiento Civil.

D.T. 7.ª Aplicación de las medidas en zonas tensionadas.

1. La regulación establecida en el apartado 7 del artículo 17 se aplicará a los contratos que se formalicen desde la entrada en vigor de la Ley 12/2023, de 24 de mayo, por el derecho a la vivienda, y una vez se encuentre aprobado el referido sistema de índices de precios de referencia, de acuerdo con lo previsto en la disposición adicional primera de la Ley 12/2023, de 24 de mayo, por el derecho a la vivienda y lo establecido en la disposición adicional segunda del Real Decreto-ley 7/2019, de 1 de marzo, de medidas urgentes en materia de vivienda y alquiler.

2. La resolución del Departamento ministerial competente en materia de vivienda que apruebe el referido sistema de índices de precios de referencia se realizará por ámbitos territoriales, considerando las bases de datos, sistemas y metodologías desarrolladas por las distintas comunidades autónomas y asegurando en todo caso la coordinación técnica.

Añadida por Ley 12/2023, de 24 de mayo, por el derecho a la vivienda. (BOE de 25-05-2023)

DISPOSICIONES DEROGATORIAS

D.DT. ÚNICA. Disposiciones que se derogan.

Quedan derogados, sin perjuicio de lo previsto en las disposiciones transitorias de la presente ley, el Decreto 4104/1964, de 24 de diciembre, por el que se aprueba el texto refundido de la Ley de Arrendamientos Urbanos de 1964; los artículos 8 y 9 del Real Decreto-ley 2/1985, de 30 de abril, sobre Medidas de Política Económica, y cuantas disposiciones de igual o inferior rango se opongan a lo establecido en esta ley.

También queda derogado el Decreto de 11 de marzo de 1949. Esta derogación producirá sus efectos en el ámbito territorial de cada Comunidad Autónoma cuando se dicten las disposiciones a que se refiere la disposición adicional tercera de la presente ley.

DISPOSICIONES FINALES

D.F. 1.ª Naturaleza de la ley.

La presente ley se dicta al amparo del artículo 149.1.8.ª de la Constitución.

D.F. 2.ª Entrada en vigor.

La presente ley entrará en vigor el día 1 de enero de 1995.

El apartado 3 de la disposición transitoria segunda entrará en vigor el día siguiente al de la publicación de la presente ley en el «Boletín Oficial del Estado».

Los traspasos de local de negocio producidos a partir de la fecha señalada en el párrafo anterior se considerarán producidos a partir de la entrada en vigor de la ley.

D.F. 3.ª Publicación por el Gobierno de los Índices de Precios al Consumo a que se refiere esta ley.

El Gobierno, en el plazo de un mes desde la entrada en vigor de la presente ley, publicará en el «Boletín Oficial del Estado» una relación de los Índices de Precios al Consumo desde el año 1954 hasta la entrada en vigor de la misma.

Una vez publicada la relación a que se refiere el párrafo anterior, el Instituto Nacional de Estadística, al anunciar mensualmente las modificaciones sucesivas del Índice de Precios al Consumo, hará constar también la variación de la proporción con el índice base de 1954.

D.F. 4.ª Compensaciones por vía fiscal.

El Gobierno procederá, transcurrido un año a contar desde la entrada en vigor de la ley, a presentar a las Cortes Generales un proyecto de ley mediante el que se arbitre un sistema de beneficios fiscales para compensar a los arrendadores, en contratos celebrados con anterioridad al 9 de mayo de 1985 que subsistan a la entrada en vigor de la ley, mientras el contrato siga en vigor, cuando tales arrendadores no disfruten del derecho a la revisión de la renta del contrato por aplicación de la regla 7.ª del apartado 11 de la disposición transitoria segunda de esta ley.

Ver Ley 35/2006, de 28 de noviembre, del Impuesto sobre la Renta de las Personas Físicas y de modificación parcial de las leyes de los Impuestos sobre Sociedades, sobre la Renta de no Residentes y sobre el Patrimonio.

Por tanto,

Mando a todos los españoles, particulares y autoridades, que guarden y hagan guardar esta Ley.

Madrid, 24 de noviembre de 1994.
JUAN CARLOS R.

El Presidente del Gobierno,
FELIPE GONZALEZ MARQUEZ

II.-
DECRETO 4104/1964, DE 24 DE DICIEMBRE, POR EL QUE SE APRUEBA EL TEXTO REFUNDIDO DE LA LEY DE ARRENDAMIENTOS URBANOS

–BOE n.º 312, de 29 de diciembre de 1964–

PREÁMBULO

El artículo 4.º, apartado a) de la Ley número 40/1964, de 11 de junio, autorizó al Gobierno para que, a propuesta del Ministro de Justicia, publicara, en el plazo de seis meses, un texto refundido de la Ley de Arrendamientos Urbanos. Al hacer uso de esta autorización se ha desistido de dar una nueva estructura al texto legal, más acomodada a la naturaleza, trascendencia y contenido de sus preceptos, así como a la lógica coordinación y subordinación que entre ellos existe, porque, bien meditadas las cosas, tal cambio radical en la sistemática de la Ley podría contribuir más a entorpecer y dificultar la misión del intérprete, habituado a encontrar la norma en el lugar en que durante tantos años la hallaba, que a simplificar el manejo de sus disposiciones. De aquí que, salvo en algunos casos excepcionales, se haya conservado fielmente el plan seguido por las Leyes de 22 de diciembre de 1955, según fue articulada por el Decreto de 13 de abril de 1956, y de 11 de junio último, habiéndose limitado la refundición a insertar en el texto articulado de la primera los preceptos modificados o adicionados por la segunda, a adaptar la numeración de las subdivisiones de algunos pocos artículos y la de ciertas disposiciones transitorias al orden expositivo estimado más correcto y a unificar la nomenclatura de las referencias internas de la Ley.

En su virtud, de conformidad con el dictamen del Consejo de Estado, a propuesta del Ministro de Justicia y previa deliberación del Consejo de Ministros en su reunión del día 23 de diciembre de 1964,

DISPONGO

ART. ÚNICO.

Se aprueba el siguiente «Texto Refundido de la Ley de Arrendamientos Urbanos», en uso de la autorización concedida al efecto por el artículo 4.º, apartado a), de la Ley número 40/1964, de 11 de junio.

CAPÍTULO I
Ámbito de aplicación de la ley, clases y características de los contratos que regula

ART. 1.

1. El arrendamiento que regula esta Ley es el de fincas urbanas, y comprende el de viviendas o inquilinato y el de locales de negocio, refiriéndose esta última denominación a los contratos de arriendo que recaigan sobre aquellas otras edificaciones habitables cuyo destino primordial no sea la vivienda, sino el de ejercerse en ellas, con establecimiento abierto, una actividad de industria, comercio o de enseñanza con fin lucrativo.

2. Regula, asimismo, los subarriendos y cesiones de viviendas y de locales de negocio, así como el arrendamiento de viviendas amuebladas.

3. El arrendamiento de fincas urbanas construidas al amparo de Leyes especiales protectoras se regirá por las normas particulares de éstas, y en lo no previsto en ellas, por las de la presente Ley, que se aplicará íntegramente cuando el arrendamiento deje de estar sometido a dichas disposiciones particulares. La excepción no alcanzará a cuestiones de competencia y procedimiento, en las que se estará por entero a lo dispuesto en esta Ley, sin perjuicio de lo prevenido en la segunda de sus disposiciones finales.

ART. 2.

1. Quedan excluidos de la presente Ley y se regirán por lo pactado y por lo establecido con carácter necesario en el Código Civil o en la legislación foral, en su caso, y en las Leyes procesales comunes, los arrendamientos, cesiones y subarriendos de viviendas o locales de negocio, con o sin muebles, de fincas cuyo arrendatario las ocupe únicamente por la temporada de verano, o cualquier otra, aunque los plazos concertados para el arrendamiento fueran distintos.

2. Igualmente quedan excluidos de lo dispuesto en esta Ley, rigiéndose por lo pactado y por las Leyes comunes, los arrendamientos de locales para casinos o círculos dedicados al esparcimiento o recreo de sus componentes o asociados.

3. Se excluye también el uso de las viviendas y locales que los porteros, guardas, asalariados, empleados y funcionarios tuvieren asignados por razón del cargo que desempeñen o del servicio que presten.

4. Asimismo quedan excluidos de esta Ley y se atemperarán a lo dispuesto en la vigente legislación sobre arrendamientos rústicos aquellos contratos en que, arrendándose una finca con casa-habitación, sea el aprovechamiento del predio con que cuente la finalidad primordial del arriendo. Se presumirá, salvo prueba en contrario, que el objeto principal del arrendamiento es la explotación del predio cuando la contribución territorial de la finca por rústica sea superior a la urbana.

Ver D.T. 3.B) de esta Ley. Ver RD 484/1984, de 29 de febrero, sobre cesión de viviendas arrendadas por empresas en virtud de relación laboral; Ver art. 285 de la Ley 36/2011, de 10 de octubre, reguladora de la jurisdicción social (lanzamiento del trabajador de la vivienda por razón de trabajo); Ver Ley 49/2003, de 26 de noviembre, de arrendamientos rústicos.

ART. 3.

1. El arrendamiento de industria o negocio, de la clase que fuere, queda excluido de esta Ley, rigiéndose por lo pactado y por lo dispuesto en la legislación civil, común o foral. Pero sólo se reputará existente dicho arrendamiento cuando el arrendatario recibiere, además del local, el negocio o industria en él establecido, de modo que el objeto del contrato sea no solamente los bienes que en el mismo se enumeren, sino una unidad patrimonial con vida propia y susceptible de ser inmediatamente explotada o pendiente para serlo de meras formalidades administrativas.

2. Cuando, conforme a lo dispuesto en el número anterior, el arrendamiento no lo fuere de industria o negocio, si la finalidad del contrato es el establecimiento por el arrendatario de su propio negocio o industria, quedará comprendido en la presente Ley y conceptuado como arrendamiento de local de negocio, por muy importantes, esenciales o diversas que fueren las estipulaciones pactadas o las cosas que con el local se hubieren arrendado, tales como viviendas, almacenes, terrenos, saltos de agua, fuerza motriz, maquinaria, instalaciones y, en general, cualquiera otra destinada a ser utilizada en la explotación del arrendatario.

3. No obstante lo dispuesto en el número 1, el arrendamiento de la industria o negocio de espectáculos que en 1 de enero de 1947 excediera de dos años de duración o que antes de la entrada en vigor de la presente Ley se haya celebrado por plazo igual o superior, quedará sujeto a las normas que esta Ley establece sobre prórroga obligatoria del arrendamiento de local de negocio, con las especialidades contenidas en el artículo 77, y a los particulares sobre la renta establecida en el artículo 104.

ART. 4.

1. El contrato de inquilinato no perderá su carácter por la circunstancia de que el inquilino, su cónyuge o pariente de uno u otro hasta el tercer grado, que con cualquiera de ellos conviva, ejerza en la vivienda o en sus dependencias una profesión, función pública o pequeña industria doméstica, aunque sea objeto de tributación.

2. Los locales ocupados por la Iglesia Católica, Provincia, Municipio, Entidades benéficas, Asociaciones piadosas, Sociedades o Entidades deportivas comprendidas en el artículo 32 de la Ley de Educación Física, Corporaciones de Derecho público y, en general, cualquier otra que no persiga lucro, se regirán por las normas del contrato de inquilinato.

Ver D.T. 4.ª de la LAU de 1994 (régimen de los contratos de arrendamiento asimilados a los de vivienda, celebrados antes del 9 de mayo de 1985).

ART. 5.

1. El contrato de arrendamiento de local de negocio no perderá su carácter por la circunstancia de que el arrendatario, su familia o personas que trabajen a su servicio tengan en él su vivienda.

2. Se regirán por las normas aplicables al arrendamiento de local de negocio:

1.º El de los locales ocupados por las personas a que se refiere el artículo 4.º, número 2, cuando estén destinados al ejercicio de actividades económicas.

2.º El de los depósitos y almacenes, en todo caso, aunque el arrendatario sea una de las personas señaladas en el artículo 4, número 2.

3.º El de los locales destinados a escritorios y oficinas cuando el arrendatario se valga de ellos para ejercer actividad de comercio, de industria o de enseñanza con fin lucrativo, o para el desarrollo de las actividades mencionadas en el apartado 1.º de este número, aunque dichos locales no se hallaren abiertos al público.

> *D.T. 4.ª de la LAU de 1994 (sobre duración de los contratos celebrados antes del 9 de mayo de 1985); Ver art. 30 de la LAU de 1964 (supresión del derecho de traspaso en los contratos regulado en el art. 5.2, 2, y 2.3 de esta ley).*

CAPÍTULO II
Naturaleza de los derechos que concede esta ley

ART. 6.

1. Los beneficios que la presente Ley otorga a los inquilinos de viviendas, con o sin muebles, y a los subarrendatarios de las mismas serán irrenunciables, considerándose nula y sin valor ni efecto alguno cualquier estipulación que los contradiga.

2. No obstante, serán renunciables, salvo el de prórroga, los concedidos a los que fueren de viviendas que, ocupadas por primera vez en las fechas que se indican, devengaren mensualmente en la respectiva fecha tope como renta del inquilinato una cantidad no inferior a la que seguidamente se expresa:

Hasta el 30 de septiembre de 1939, 500; del 1 de octubre de 1939 al 1 de enero de 1942, 1.000; del 2 de enero de 1942 al 31 de diciembre de 1946, 2.000; del 1 de enero de 1947 al 31 de diciembre de 1956, 3.000; del 1 de enero de 1957 al 31 de diciembre de 1959, 5.000, y a partir del 1 de enero de 1960, 6.000 pesetas.

La precedente escala será de aplicación en poblaciones de más de un millón de habitantes.

En las restantes se aplicarán en dicha escala las siguientes reducciones en los tipos de renta:

En poblaciones de menos de 20.000 habitantes, el 60 por 100; de 20.000 a 100.000, el 50 por 100; de 100.000 a 250.000, el 40 por 100; de 250.000 a 500.000, el 30 por 100, y de 500.000 a 1.000.000, el 20 por 100.

La renuncia a que se refiere este párrafo deberá ser expresa y escrita.

3. Serán asimismo renunciables los beneficios que la Ley confiere al arrendador, lo sea de vivienda o de local de negocio, y a los arrendatarios y subarrendatarios de estos últimos, salvo el de prórroga del contrato de arrendamiento, cuyo derecho no podrá ser renunciado por el arrendatario.

> *D.T. 2.ª D) 11 de la LAU de 1994 (actualización de las rentas de las viviendas suntuarias del artículo 6.2 de esta ley); Ver art. 33 de la Ley de hipoteca mobiliaria y prenda sin desplazamiento de posesión (ineficacia frente al acreedor de la renuncia por el arrendatario de los derechos derivados del contrato de arrendamiento, mientras subsista la hipoteca).*

ART. 7.

Los beneficios que la presente Ley concede serán aplicables a los inquilinos, arrendatarios y subarrendatarios extranjeros, siempre que éstos prueben la existencia del principio de reciprocidad en los países respectivos a favor de los inquilinos, arrendatarios y subarrendatarios españoles.

> *Ver art. 13 de la CE (sobre los derechos de los extranjeros en España); ver art. 13 de la LO 4/2000, de 11 de enero, sobre derechos y libertades de los extranjeros en España y su integración social (sobre los derechos en materia de vivienda).*

ART. 8.

En aquellos casos en que la cuestión debatida, no obstante referirse a las materias que esta Ley regula, no aparezca expresamente prescrita en la misma, los Tribunales aplicarán sus preceptos por analogía.

> *Ver art. 4.1 C.Civil (aplicación analógica de las normas).*

ART. 9.

El ejercicio de los derechos y el cumplimiento de las obligaciones previstas en esta Ley se acomodará a las reglas de la buena fe.

Los Jueces y Tribunales rechazarán las pretensiones que impliquen manifiesto abuso o ejercicio anormal de un derecho o constituyan medio para eludir la aplicación de una norma imperativa, que deberá prevalecer en todos los casos frente al fraude de la Ley.

> *Ver art. 7.1 y 7.2 C.Civil (buena fe y abuso de derecho).*

CAPÍTULO III
Del subarriendo

Sección Primera. Subarriendo de viviendas

ART. 10.

El subarriendo de vivienda exigirá siempre la autorización expresa y escrita del arrendador y la entrega al subarrendatario del mobiliario adecuado y suficiente para casa-habitación, salvo en el caso previsto en el artículo 18.

> *Ver arts. 18.2, 46, 114.2, y D.T. 4.ª de la LAU de 1964.*

ART. 11.

1. Las viviendas podrán subarrendarse total o parcialmente. El subarriendo total recaerá sobre todas las habitaciones, con inclusión de las destinadas a los servicios, y habrá de celebrarse con una sola persona. El subarriendo parcial podrá serlo de una o más habitaciones y con distintas personas.

2. Se presumirá, sin admitirse prueba en contrario, que es parcial el subarriendo cuando el inquilino siga habitando la vivienda y que es total cuando no permanezca en ella.

ART. 12.

1. El precio del subarriendo total no excederá del doble del que corresponda al arrendamiento, siendo a cargo del subarrendatario el pago de los suministros y servicios de la vivienda, incluso el de los que pudieran pertenecer al inquilino.

2. En el subarriendo parcial no podrá percibir el inquilino por cada habitación objeto del mismo un alquiler superior a la cantidad que resulte de dividir el doble de la renta asignada al piso por el número de habitaciones no destinadas a servicios con que cuente, ni aun a pretexto de hallarse comprendidos los de agua, luz, gas, calefacción, teléfono o cualquier otro de naturaleza análoga, los cuales serán siempre a cargo del subarrendador.

3. La determinación de la renta del arrendamiento para fijar la del subarriendo se hará tomando como base la que proceda conforme a esta Ley, aunque la que figure en el contrato del inquilino con el arrendador sea superior.

> *Ver D.A. 4.ª de la LAU de 1964 y art. 114.3 de la LAU de 1964.*

ART. 13.

1. La renta legal del subarriendo podrá elevarse o reducirse proporcionalmente al incremento o disminución que, conforme a esta Ley, experimente la renta del arrendamiento.

2. Durante la vigencia del contrato de subarriendo, total o parcial, podrá revisarse el precio a instancia del subarrendatario, y si ejercitada la oportuna acción resultare que paga cantidades superiores a las que autoriza esta Ley, podrá optar entre resolver el contrato con abono por el inquilino de lo indebidamente cobrado, o por esto último, sin resolución de aquél. En este caso, con preferencia a cualquier otro acreedor del inquilino, podrá el subarrendatario obtener el resarcimiento descontando al hacer sus pagos periódicos la mitad de lo que, periódicamente también, hubiese satisfecho de más, sin que hasta obtener el

completo abono de tales responsabilidades pueda ser compelido a abandonar la vivienda por vencimiento del contrato.

3. Si ejercitada la acción revisoria resultare el mobiliario insuficiente o inadecuado, el ocupante de la vivienda subarrendada podrá continuar en ella, obligando al inquilino a reponer los muebles que faltaren, con devolución de la mitad de lo que hubiere percibido por merced del subarriendo si el cumplimiento fuere parcial, y de toda ella, si total. Además, hasta que se complete o reponga el mobiliario, podrá limitar sus pagos al importe de la renta de arrendamiento y obtener el resarcimiento en el modo y con las ventajas establecidas en el número anterior, sin que en el interregno quepa tampoco obligarle a desocuparla por haber vencido el plazo del subarriendo.

4. Los plazos establecidos en los artículos 101 y 106 serán aplicables a la facultad que al subarrendador confiere el número 1 de este artículo y, en todo caso, a la acción revisoria del subarrendatario.

Ver art. 117 B) de la LAU de 1964.

ART. 14.

1. La autorización del arrendador para subarrendar no dará lugar al aumento de la renta; pero aquél tendrá derecho a participar en el precio del subarriendo en la cuantía que convenga con el inquilino, siempre que al autorizarle reserve su participación y fije la cuantía o porcentaje de ésta.

2. El arrendador y el subarrendador vendrán obligados a declarar a la Hacienda la participación en el precio del subarriendo que perciba el primero. Y cuando la cantidad declarada sea inferior a la que el arrendador perciba, o no se haya formulado declaración, el subarrendatario podrá reducir, en la cuantía no declarada, la renta del subarriendo, ejercitando el derecho y con los efectos que el artículo 103 concede al arrendatario.

ART. 15.

En los subarriendos totales o parciales, el arrendador podrá exigir del subarrendatario el abono directo de la renta y de su participación en el precio del subarriendo, en cuyo caso, al hacer éste el pago al subarrendador, hará el oportuno descuento. Cuando el arrendador no lo exigiere así, el pago hecho por el subarrendatario al inquilino será liberatorio, sin perjuicio de la acción que asista al arrendador contra el inquilino para reclamarle la renta y la participación que en su caso corresponda, pero no la resolución del contrato de arrendamiento por la falta de pago de aquélla.

ART. 16.

Compete al arrendador acción directa contra el subarrendatario para exigirle la reparación de los deterioros que éste hubiera causado dolosa o negligentemente en la vivienda, sin perjuicio de la que le asiste contra el inquilino, pudiendo ejercitarlas simultáneamente. El inquilino que resultare condenado podrá repetir contra el causante de los daños.

ART. 17.

1. El inquilino que subarriende total o parcialmente su vivienda no podrá, dentro de la misma o de distinta población, ceder otra en subarriendo, y si, a sabiendas de que incumple esta prohibición, el arrendador de la segunda vivienda consiente que sea subarrendada, el subarrendatario de ella, mientras la habite, tendrá acción contra ambos para exigir la resolución del contrato de inquilinato del subarrendador y el otorgamiento del mismo a su favor, bajo idénticas condiciones que en él figuren. Los casos de igualdad se resolverán en favor del subarrendatario que con mayor número de familiares habite en la vivienda.

2. Podrá el subarrendatario ejercitar la acción a que se refiere el número anterior si transcurridos tres meses desde la fecha de la notificación al arrendador del hecho que la determina, éste no ejercita la que le compete.

3. Cuando la prohibición que impone este artículo la vulnere el subarrendador sin el consentimiento del arrendador, podrá éste resolver el contrato de inquilinato; pero deberá respetar al subarrendatario en el disfrute de la vivienda por el tiempo que faltare de cumplir, sin que durante el mismo quepa exigirle otra cantidad como renta que la estipulada entre arrendador e inquilino. En tales casos, el subarrendador estará obligado además al abono de los daños y perjuicios que hubiere causado.

Ver art. 46 de esta Ley.

ART. 18.

1. No obstante lo dispuesto en el artículo 10, podrá el inquilino subarrendar parcialmente la vivienda sin necesidad de consentimiento del arrendador ni de prestación de mobiliario, siempre que no exceda de dos el número de subarrendatarios que con el cónyuge y los hijos sometidos a su potestad vayan a ocupar la vivienda, que no se altere el destino de ésta y que, en el término de treinta días naturales siguientes a la fecha de celebración del respectivo contrato de subarriendo, lo notifique el inquilino de modo fehaciente al arrendador con la expresión del nombre del subarrendatario.

2. Será de aplicación a estos subarriendos la limitación de renta que se establece en el número dos del artículo 12.

3. Por razones de higiene o moralidad podrán las autoridades administrativas limitar, en cada caso, el número de personas extrañas al inquilino que al amparo de este artículo ocupen la vivienda.

Ver D.A. 5.ª y art. 99.8 de esta Ley.

ART. 19.

En ningún caso el subarriendo de viviendas dará lugar a su transformación en local de negocio.

Ver art. 114.2 de esta Ley.

ART. 20.

El subarrendatario no podrá, a su vez, en ningún caso, celebrar contrato de subarriendo.

ART. 21.

1. Los preceptos de esta Sección no serán aplicables al inquilino que, al amparo de lo previsto en el número 1 del artículo 4.º, ejerza en la vivienda la industria doméstica de hospedaje.

2. Cuando los huéspedes sean más de dos, será necesaria la autorización expresa y escrita del arrendador.

Ver art. 99.7 y causa 3.ª del art. 114 de esta Ley.

Sección Segunda. Subarriendo de locales de negocio

ART. 22.

1. El subarriendo de locales de negocio exigirá siempre la autorización expresa y escrita del arrendador.

2. El precio del subarriendo de locales de negocio será libremente pactado.

3. Se aplicará a esta clase de subarriendos lo dispuesto en los artículos 15, 16 y 20 para el de viviendas.

Ver arts. 114.5 y 117 de la LAU de 1964

CAPÍTULO IV
Cesión de vivienda y traspaso de local de negocio

Sección Primera. Cesión de vivienda

ART. 23.

1. Queda prohibido el contrato de cesión de vivienda a título oneroso, aunque en él se comprenda mobiliario o cualquier otro bien o derecho.

2. La cesión gratuita no surtirá efectos frente al arrendador sin el consentimiento expreso del mismo.

ART. 24.

1. No obstante lo dispuesto en el artículo anterior, el inquilino que hubiere celebrado el contrato de arrendamiento podrá subrogar en los derechos y obligaciones propios del

mismo a su cónyuge, así como a sus ascendientes, descendientes, hermanos legítimos o naturales e hijos adoptivos menores de 18 años al tiempo de la adopción que con él convivan habitualmente en la vivienda arrendada con dos años de antelación, o de cinco años cuando de hermanos se trate. La convivencia por estos plazos no se exigirá cuando se trate del cónyuge.

2. Esta cesión deberá ser notificada de modo fehaciente al arrendador, para su eficacia, dentro de los dos meses de realizada.

3. Las Comunidades Autónomas se entienden subrogadas en los contratos de arrendamiento de los bienes inmuebles que se transfieran por la Administración del Estado y de sus Organismos autónomos, sin que tal subrogación implique alteración en las condiciones de los mismos.

4. Idéntica subrogación procede cuando la transferencia se haya producido previamente a favor de los Entes Preautonómicos en los términos previstos en la disposición final 4.ª de la Ley 32/1981, de 10 de julio.

5. Lo dispuesto en el párrafo 3.º será asimismo aplicable en el supuesto de que se transfiera la titularidad de los contratos de arrendamiento a favor del Estado, así como en aquellos en que la transferencia tenga lugar entre los Entes Territoriales.

Apdos. 3, 4 y 5 añadidos por Ley 2/1984, de 24 de enero, por la que se modifica el artículo 24 de la Ley de Arrendamientos Urbanos (BOE de 25-01-1984).

ART. 25.

1. La cesión de vivienda realizada por el inquilino dará derecho al arrendador que no la hubiere consentido expresamente para resolver el contrato de inquilinato; pero deberá también demandar al cesionario, quien podrá excepcionar aduciendo el consentimiento expreso del actor. Esta acción llevará implícito, si prosperase, el lanzamiento del cesionario, y no estará sujeta a caducidad sino en el caso de haberse notificado fehacientemente al arrendador por el cedente o cesionario el contrato de cesión. En tal supuesto, el plazo de caducidad será el de dos meses computados desde la fecha de la notificación. Caducada la acción, será aplicable lo dispuesto en el número 1 del artículo siguiente.

2. El cesionario lanzado de la vivienda por esta causa podrá obtener del cedente la devolución del precio que hubiese pagado por la cesión.

ART. 26.

1. Cuando el arrendador hubiere consentido la cesión, no prosperará la acción que le confiere el número 1 del artículo anterior, quedando subrogado el cesionario en los derechos y obligaciones del inquilino cedente.

2. De haber mediado precio, el cesionario, conservando la acción que para obtener su devolución le asiste, podrá dirigirla simultáneamente contra el arrendador y el cedente, y serán ambos responsables del pago, sean cuales fueren los pactos entre ellos.

ART. 27.

Los anteriores preceptos se aplicarán también cuando la cesión recaiga sobre los derechos y obligaciones del subarrendatario, en cuyo caso podrá resolverse el contrato de subarriendo a instancia del subarrendador o del arrendador que no la hubiere consentido, pero también deberá demandarse al cesionario, que podrá excepcionar conforme a lo dispuesto en el artículo 25, respondiendo del pago el arrendador y el inquilino, solidariamente con el subarrendatario, de haber consentido la cesión.

Ver art. 117.2.ª) de esta Ley.

ART. 28.

1. La acción que al amparo de los anteriores preceptos ejercite el cesionario no se suspenderá una vez emprendida, ni aun en el caso del artículo 362 de la Ley de Enjuiciamiento Civil.

2. Tampoco será aplicable el artículo 114 de la Ley de Enjuiciamiento Criminal en lo que respecta a la suspensión del pleito exclusivamente; pero para las responsabilidades civiles que en su caso se impongan en la causa, serán de abono las indemnizaciones que esta Sección establece, y viceversa.

Sección Segunda. Traspaso de local de negocio

ART. 29.

El traspaso de locales de negocio consistirá, a efectos de esta Ley, en la cesión mediante precio de tales locales, sin existencias, hecha por el arrendatario a un tercero, el cual quedará subrogado en los derechos y obligaciones nacidos del contrato de arrendamiento.

ART. 30.

El arrendatario de los locales expresados en los apartados 2.º y 3.º del artículo 5.2, no tendrá derecho de traspaso.

ART. 31.

1. Mientras subsista, no se reputará traspaso la asociación que, exclusivamente entre sí, realicen los hijos del titular arrendatario del local de negocio que hubiere fallecido, aunque forme parte de ella el cónyuge sobreviviente.

2. Tampoco se considerará traspaso la cesión que del local de negocio o del negocio mismo efectúe el arrendatario a una cooperativa u otra unidad sindical, constituida con mayoría de los productores obreros que en él estuvieran empleados, pero sí se reputará existente el traspaso cuando la que hubiere adquirido el local lo ceda a otro.

3. Cuando por ministerio de la Ley una empresa individual deba convertirse en cualquier forma de sociedad, no se reputará causado el traspaso del local de negocio que ocupare.

No se reputará causado el traspaso en los casos de transformación, fusión o escisión de sociedades o entidades públicas o privadas, pero el arrendador tendrá derecho a elevar la renta como si el traspaso se hubiese producido.

Apdo. 4 modificado por Ley 5/1990, de 29 de junio, sobre medidas en materia presupuestaria, financiera y tributaria. (BOE de 30-06-1990)

ART. 32.

Serán requisitos necesarios para la existencia legal del traspaso los siguientes:

1.º Que el arrendatario lleve legalmente establecido, precisamente en el local objeto del mismo, y explotándolo ininterrumpidamente, el tiempo mínimo de un año.

2.º Que el adquirente contraiga la obligación de permanecer en el local, sin traspasarlo, el plazo mínimo de otro año, y destinarlo durante este tiempo por lo menos, a negocio de la misma clase al que venía ejerciendo el arrendatario.

3.º La fijación de un precio cierto por el traspaso.

4.º Que el arrendatario notifique fehacientemente al arrendador o, en su defecto, a su apoderado, administrador y, en último término, al que materialmente cobre la renta, su decisión de traspasar y el precio convenido.

5.º Otorgarse el traspaso por escritura pública, en la cual deberá consignarse, bajo la responsabilidad del arrendatario, haber cumplido el requisito anterior y la cantidad por la que se ofreció el traspaso al arrendador.

6.º Que dentro de los ocho días siguientes al otorgamiento de la escritura, el arrendatario notifique de modo fehaciente al arrendador o, en su defecto, a las personas que menciona el apartado 4.º, la realización del traspaso, el precio percibido, el nombre y domicilio del adquirente y que éste ha contraído la obligación establecida en el apartado 2.º.

La falta de cualquiera de estos requisitos facultará al arrendador a no reconocer el traspaso.

Ver art. 114.6 de esta ley; ver D.T. 3.ª de la Ley 29/1994, 24 noviembre, de Arrendamientos Urbanos.

ART. 33.

1. En el caso de ejecución judicial o administrativa se notificará de oficio al arrendador la mejor postura ofrecida en la subasta o, en su caso, la cantidad por la que el ejecutante pretenda la adjudicación. La aprobación del remate o de la adjudicación quedará en suspenso hasta que transcurra el plazo señalado para ejercicio del derecho de tanteo.

2. En el mismo caso, la obligación de contraer el compromiso a que se refiere el apartado 2.º del artículo anterior se consignará en los edictos anunciadores de la subasta.

3. La entrega del local al rematante o adjudicatario llevará consigo el lanzamiento del ejecutado, en su caso.

ART. 34.

El adquirente por traspaso, transcurrido un año desde la fecha del otorgamiento de la escritura, estará facultado para realizarlo, con sujeción siempre a las reglas establecidas en esta Sección.

Ver D.T. 8.ª de la LAU de 24 de noviembre de 1964.

ART. 35.

1. Sin perjuicio de lo dispuesto en los artículos anteriores, se reconoce al arrendador de local de negocio el derecho de tanteo, que podrá utilizar dentro de los treinta días, a partir del siguiente a aquel en que el arrendatario le notifique su decisión de traspasar y el precio que le ha sido ofrecido.

2. Consecuentemente y hasta que transcurra este plazo, no podrá el arrendatario concertar con un tercero el traspaso.

Ver arts. 39 y 42 de la Ley de 24 de noviembre de 1964, de Arrendamientos Urbanos.

ART. 36.

1. También se reconoce en favor del arrendador el derecho de retracto sobre el local de negocio traspasado por el arrendatario cuando éste no le hubiere hecho la preceptiva oferta o hubiere realizado el traspaso por precio inferior al que le notificó.

2. Este derecho lo tendrá igualmente el arrendador cuando el traspaso del local se hiciera por dación o adjudicación en pago de deuda.

3. En cualquier caso será aplicable lo dispuesto en el artículo 1.518 del Código Civil.

4. La acción habrá de ejercitarla el arrendador precisamente dentro de los treinta días siguientes a contar de aquel en que le fuera notificada por el arrendatario la realización del traspaso. Y si la notificación no le hubiere sido hecha, así como en los casos de dación o adjudicación en pago, desde que tenga conocimiento de la transmisión y de sus condiciones esenciales.

ART. 37.

Los coarrendadores no podrán ejercitar los derechos de tanteo y retracto individualmente, pero si alguno de ellos no deseare usarlos se entenderá que renuncia en beneficio del coarrendador que quisiera tantear o retraer.

ART. 38.

El propietario que adquiera sin existencias el local de negocio, a virtud de los derechos de tanteo o retracto, no vendrá obligado a continuar ejerciendo industria o comercio en dicho local.

ART. 39.

1. El arrendador que no hubiere ejercitado su derecho de tanteo o de retracto dentro de los treinta días hábiles señalados en los artículos 35 y 36, sobre el local de negocio traspasado, podrá reclamar del arrendatario la participación en el precio que con él convenga.

2. De no haber acuerdo entre ellos, dicha participación será de un 30 por 100, si el local de negocio se construyó o habitó por primera vez antes del 18 de julio de 1936; de un 20 por 100, si después del 17 de julio de 1936 y antes del 2 de enero de 1942, y de un 10 por 100, de haberse construido o habitado por primera vez después del 1 de enero de 1942.

Estos porcentajes experimentarán el aumento de un 50 por 100 cuando el arrendatario, por traspaso de un local de negocio, lo traspasare a su vez antes de transcurrir tres años desde la fecha del otorgamiento de la escritura a que se refiere el apartado 5.º del artículo 32.

3. Las cantidades representativas de dichos porcentajes serán retenidas del precio del traspaso por el cesionario, para su abono al arrendador. En los casos de dación y adjudicación en pago de deudas, la entrega al arrendador de la participación en el precio será a cargo del adquirente.

ART. 40.

El tanteo, retracto y participación en el precio del traspaso a que se refiere esta Sección serán preferentes sobre cualquier otro derecho similar a excepción del de condueño del negocio.

Ver arts. 1.922 y ss. del C.Civil.

Ley de Arrendamientos Urbanos 1964

ART. 41.

1. Para que el traspaso del local de negocio obligue al arrendador cuando el arrendatario, al realizarlo, venda existencias, mercaderías, enseres o instalaciones de su propiedad que en él hubiere, o el negocio mismo, será menester que se observen las anteriores reglas, y además, que tanto en la preceptiva oferta al arrendador como en la escritura que solemnice la cesión, se consigne el precio del traspaso del local separadamente del que corresponda a los restantes bienes transmitidos.

2. En estos casos, y aunque la transmisión se debiera a dación o adjudicación en pago de deudas, conservará el arrendador los derechos de tanteo y retracto, bien que referidos al local exclusivamente, y si no hiciere uso de ellos, su participación recaerá también únicamente sobre el precio de traspaso del local.

3. Cuando el arrendador ejercite los derechos de tanteo o de retracto en los traspasos a que se refiere el número 1 de este artículo, tendrá derecho a deducir del precio atribuido al local los porcentajes de participación establecidos en el artículo 39. Pero si ejercita dichos derechos únicamente sobre el local, no podrá hacer deducción alguna.

ART. 42.

Cada traspaso que se efectúe conforme a lo dispuesto en esta Sección dará derecho al arrendador a aumentar la renta en la cuantía que convenga con el cesionario, o a falta de acuerdo en un 15 por 100 de la renta que satisfaga el arrendatario en el momento de realizarse el traspaso.

> Ver art. 31.1 de la Ley de hipoteca mobiliaria y prenda sin desplazamiento de la posesión, de 16 de diciembre de 1954.

CAPÍTULO V
Del arrendamiento de viviendas amuebladas

ART. 43.

El contrato por el que se arrienden conjuntamente la vivienda y el mobiliario adecuado y suficiente para servir de casa-habitación se regirá por los preceptos de los artículos siguientes y en todo lo demás por los generales de esta Ley.

> Con redacción idéntica al mismo artículo del texto anterior, regula el arrendamiento de viviendas amuebladas, ver art. 1.2 de esta Ley y téngase además en cuenta el Decreto de 26 de julio de 1956 (BOE de 11 de septiembre).

ART. 44.

1. En los contratos de esta clase se determinará separadamente la parte de renta correspondiente a la vivienda y al mobiliario. En su defecto, se entenderá que corresponde a éste la mitad de la renta total estipulada.

2. La parte de renta relativa al mobiliario no podrá exceder del importe de la renta que legalmente corresponda a la vivienda. Si excediere de este límite, el inquilino, mientras continúe vigente el arriendo, podrá pedir la revisión de la renta pactada o la novación del contrato, dejándolo subsistente sólo respecto de la vivienda, así como el reintegro de las cantidades que indebidamente hubiere abonado el arrendador por tal concepto.

> Idéntico al mismo artículo del texto anterior, y que en la Ley de 1946 su contenido se encontraba repartido en los arts. 57 (referido al último párrafo) y 58 y 59 para los párrafos primero y segundo, respectivamente, pero con diferente redacción.

ART. 45.

Si fuere insuficiente o inadecuado el mobiliario entregado al inquilino, éste, mientras subsista el contrato, podrá exigir del arrendador el complemento de aquél y el reintegro de las cantidades que indebidamente le hubiese abonado por dicha causa.

> Idéntico al mismo artículo del texto precedente y con antecedentes en el art. 59 de la Ley de 1946, salvo que en éste la acción revisoria podía ejercitarse «mientras permanezca en la vivienda el arrendatario» y ahora (y en la Ley de 1956) «mientras subsista el contrato» y en la Ley de 1946 el reintegro debía ser de la mitad de las cantidades pagadas, al paso que ahora y en la normativa precedente, se refiere a las cantidades pagadas, esto es, a la totalidad de las sumas abonadas.

ART. 46.

Ni aun con el consentimiento del arrendador podrán subarrendarse total o parcialmente las viviendas a que se refiere este capítulo, y si el subarriendo se concertase con autorización de aquél, podrán los subarrendatarios, mientras habiten las viviendas, con preferencia si fueren varios para el de más familia, ejercitar la acción que se regula en los números 1 y 2 del artículo 17.

Coincidente con el mismo artículo de la Ley de 1956 y con el párrafo primero del art. 61 de la Ley de 1946. Ver art. 17 de esta Ley.

CAPÍTULO VI
Derechos de tanteo y retracto del inquilino y del arrendatario de local de negocio

ART. 47.

1. En los casos de ventas por pisos, aunque se transmitan por plantas o agrupados a otros, podrá el inquilino o arrendatario utilizar el derecho de tanteo sobre el piso o locales que ocupare, en el plazo de sesenta días naturales, a contar del siguiente al en que se le notifique en forma fehaciente la decisión de vender o ceder solutoriamente la vivienda o local de negocio arrendado, el precio ofrecido por cada piso o local de negocio, las condiciones esenciales de la transmisión y el nombre, domicilio y circunstancias del comprador.

2. Cuando en la finca sólo existiere una vivienda o local de negocio, su arrendatario tendrá el mismo derecho.

3. De igual facultad gozará el inquilino en caso de adjudicación de vivienda por consecuencia de división de cosa común, exceptuados los supuestos de división y adjudicación de cosa común adquirida por herencia o legado, y de adquisiciones realizadas antes de 1 de enero de 1947.

En la escritura deberá consignarse el precio asignado a cada vivienda.

Ver diferencia entre el art. 47.1 LAU de 1964 y el art. 25.7 y 31 LAU de 1994, sobre viviendas arrendadas, que son vendidas conjuntamente con otras del mismo arrendador.

Ver D.T. 2.ª, A), 3.2 LAU de 1994 sobre retracto en caso de división de cosa común.

ART. 48.

1. En los mismos casos a que se refiere el artículo anterior podrá el inquilino o arrendatario ejercitar el derecho de retracto, con sujeción a lo dispuesto en el artículo 1.518 del Código Civil, cuando no se le hubiere hecho la notificación prevenida en el artículo precedente o se omitiere en ella cualquiera de los requisitos exigidos, resultare inferior el precio efectivo de la transmisión, menos onerosas las restantes condiciones esenciales de ésta o la transmisión se realizare a persona distinta de la consignada en la notificación para el tanteo.

2. El derecho de retracto caducará a los sesenta días naturales, contados desde el siguiente a la notificación que, en forma fehaciente, deberá hacer en todo caso el adquirente al inquilino o arrendatario de las condiciones esenciales en que se efectuó la transmisión, mediante entrega de copia de la escritura o documento en que fuere formalizada.

Ver arts. 1618 y ss. del C.Civil; arts. 37 de la Ley Hipotecaria; art. 55 de esta Ley.

Es muy importante tener en cuenta en materia de tanteo y retracto lo dispuesto en la D.T. 2.ª.A), 3.2 LAU de 1994.

ART. 49.

Los efectos de la notificación prevenida en el artículo 47 caducarán a los 180 días naturales siguientes a la misma. Pasado este plazo no podrá intentarse nuevamente la transmisión hasta transcurridos dos años desde la notificación del tanteo.

ART. 50.

El derecho de tanteo o retracto del inquilino o arrendatario tendrá preferencia sobre cualquier otro derecho similar, con excepción del de retracto reconocido al condueño de la vivienda o local de negocio transmitido.

Ver art. 1522 del C.Civil, así como la D.T. 2.ª.A), 3.2 de la LAU de 1994.

ART. 51.

1. El retrayente o el que hubiera adquirido por derecho de tanteo, así como su heredero o legatario, no podrá transmitir por actos intervivos el piso adquirido hasta que transcurran dos años desde la adquisición, salvo si hubiere venido a peor fortuna.

2. El incumplimiento de esta prohibición producirá la resolución del contrato originario y el de la segunda transmisión, a instancia de parte perjudicada.

ART. 52.

El adquirente por actos intervivos de una finca urbana compuesta de pisos o departamentos no podrá enajenar como fincas independientes los que al tiempo de la adquisición estuviesen arrendados hasta transcurridos cuatro años desde dicha adquisición, salvo si hubiere venido a peor fortuna.

Ver art. 53.1.1 de la LAU.

ART. 53.

1. Aparte de la acción de simulación que podrá ejercitar, si procediere, todo arrendatario o inquilino, podrá este último, cuando no hubiere ejercitado el derecho de tanteo o retracto, impugnar la transmisión efectuada en los casos siguientes:

1.º Cuando se hubiere infringido lo dispuesto en el artículo anterior.

2.º Cuando el precio de la transmisión, incluido, en su caso, el importe de las cargas exceda de la capitalización de la renta anual que en el momento de la transmisión pague el inquilino a los siguientes tipos:

Al 3 por 100, cuando hubiere sido ocupada la vivienda por primera vez antes de 1 de enero de 1942, y al 4,5 por 100 si lo fuere con posterioridad.

Sin embargo, no podrá ejercitarse la acción impugnatoria, cualquiera que sea el precio efectivo de la transmisión, cuando de la finca transmitida que conste de una sola vivienda formen parte terrenos de mayor valor que el que realmente corresponda a lo edificado.

2. La acción impugnatoria caducará a los sesenta días naturales, contados desde el siguiente de la notificación prevenida en el número 2 del artículo 48, cuya notificación será siempre obligatoria.

3. Caso de prosperar dicha acción, no podrá el adquirente negar la prórroga del contrato al inquilino impugnante fundándose en la causa primera del artículo 62.

Apdo. 1.1.º: ver arts. 95.2 y 123.4 de esta Ley.

ART. 54.

1. En las ventas por pisos a que se refiere este capítulo deberá respetarse el orden de prelación que establece el artículo 64 en cuantos casos hubiere en la finca pisos de características análogas, entendiéndose que la analogía existe cuando el inmueble contare con dos o más pisos de renta, superficie, orientación y altura semejantes o parecidas.

2. Del mismo modo, cuando la transmisión de viviendas se cause por donación, deberá respetarse lo dispuesto en el número anterior.

ART. 55.

1. Para inscribir en el Registro de la Propiedad los documentos de adquisición de las fincas urbanas a que se refiere este capítulo, deberá justificarse que han tenido lugar, en sus respectivos casos, las notificaciones prevenidas en los artículos 47 y 48, con los requisitos exigidos. La falta de justificación constituirá derecho subsanable con suspensión de la inscripción, pudiéndose tomar anotación preventiva con vigencia de 180 días naturales que se convertirá en inscripción si dentro de dicho plazo de vigencia se acreditare haberse practicado las notificaciones en forma legal.

2. Cuando el piso transmitido no estuviere arrendado, para que sea inscribible la adquisición, deberá el transmitente declararlo así en la escritura de venta, bajo pena de falsedad en documento público.

CAPÍTULO VII
Tiempo de duración de los contratos a que esta ley se refiere

ART. 56.

Durante el plazo estipulado en el contrato, el arrendatario o subarrendatario, lo sea de vivienda o de local de negocio, vendrá obligado al pago de la renta, y si antes de su terminación lo desaloja, deberá notificar su propósito por escrito al arrendador o subarrendador con treinta días de antelación, por lo menos, e indemnizarle con una cantidad equivalente a la renta que corresponda al plazo que, según el contrato, quedare por cumplir.

Véase D.T. 2.ª, C) de la LAU de 1994 (Otros derechos del arrendador), así como también los arts. 1566, 1581 y 1128 del Código Civil.Ténganse en cuenta los arts. 9 y 11 LAU de 1994 y la D.T. 3.ª E) de la LAU de 1994 (Otros derechos del arrendatario).

ART. 57.

Cualquiera que sea la fecha de la ocupación de viviendas, con o sin mobiliario, y locales de negocio, llegado el día del vencimiento del plazo pactado, éste se prorrogará obligatoriamente para el arrendador y potestativamente para el inquilino o arrendatario, aun cuando un tercero suceda al arrendador en sus derechos y obligaciones. Se aplicará igual norma en los casos de extinción de usufructo, sin perjuicio de lo prevenido en el artículo 114, causa 12.

ART. 58.

1. Al fallecimiento del inquilino titular del contrato de arrendamiento, su cónyuge, descendientes, con preferencia los hijos varones menores de edad, las hijas solteras y los mayores impedidos físicamente, hijos adoptivos que hubieran sido adoptados antes de cumplir los 18 años, ascendientes y hermanos, con preferencia las hermanas solteras, tanto en el parentesco legítimo como en el natural, que con aquél hubiesen convivido habitualmente en la vivienda con dos años de antelación a la fecha del fallecimiento, podrán subrogarse en los derechos y obligaciones del arrendamiento. No será necesaria la convivencia de los que estuviesen sometidos a la patria potestad del fallecido y, respecto al cónyuge bastará la mera convivencia sin exigencia en el plazo de antelación.

2. Cuando fueren varios los beneficiarios del derecho a que se refiere el número anterior, sólo uno de ellos podrá utilizarlo. A falta de acuerdo entre los mismos, se observará el orden de prelación establecido en el número anterior, con preferencia, dentro de cada grupo, de la proximidad de grado, de la legitimidad y, en su caso, del doble vínculo de la consanguinidad, resolviéndose los casos de igualdad a favor del que tuviere mayor número de cargas familiares, con prioridad del sexo femenino. Los padres septuagenarios serán preferibles a los descendientes.

3. En el caso de arrendamiento de local destinado por el arrendatario al ejercicio de su profesión facultativa y colegiada, al fallecimiento del titular del contrato podrán subrogarse en los derechos y obligaciones del arrendamiento, en primer lugar, su cónyuge, y en su defecto o renuncia, sus hijos, siempre que aquél o éstos ejerzan la misma profesión que el arrendatario fallecido y en el propio local.

4. La subrogación deberá notificarse fehacientemente al arrendador dentro de los 90 días siguientes a la fecha del fallecimiento del inquilino.

Si el arrendador no recibiese en tiempo tal notificación, podrá requerir a los ocupantes de la vivienda para que se le comunique la subrogación del beneficiario con advertencia de que, transcurridos treinta días sin recibir esta última notificación tendrá lugar la resolución del contrato de arrendamiento, lo que así efectivamente sucederá si no se notificare la subrogación en este último plazo.

Apdo. 1 declarado inconstitucional en la medida en que excluye del beneficio de la subrogación mortis causa a quien hubiera convivido de modo marital y estable con el arrendatario fallecido. Sentencia del Tribunal Constitucional 222/1992, 11 diciembre (BOE de 19-01-1993)

El párr. 4 es aplicable en la D.T. 1.ª (en cuanto a su art. 9), así como en la 2.ª, y en la 3.ª de la LAU de 1994.

Téngase en cuenta la D.T. 2.ª B) de la LAU de 1994.

ART. 59.

Al fallecimiento del subrogado en la vivienda por actos intervivos o mortis causa, sólo podrá continuar ocupándola con el mismo carácter su cónyuge o descendientes legítimos, naturales o adoptivos, sin que se autoricen ulteriores subrogaciones, debiendo observarse en cuanto a convivencia, orden de prelación y notificación, lo preceptuado en el artículo anterior.

Ver D.T. 10.ª de LAU de 1964; D.T. 2.ª LAU de 1994.

ART. 60.

1. Por el hecho de la muerte del arrendatario del local de negocio ocurrida vigente el contrato, aunque sea por prórroga legal, el heredero sustituirá en todos sus derechos y obligaciones al arrendatario fallecido.

2. A falta de heredero o de su deseo de sustituir al arrendatario fallecido, el socio podrá continuar el arrendamiento, aun en el supuesto de una sociedad civil. De este último beneficio disfrutarán las entidades españolas que absorban los negocios de sociedades extranjeras domiciliadas en España.

3. Lo dispuesto en los dos números anteriores será aplicable a dos transmisiones, de modo que fallecido el primer sustituto del arrendatario podrá tener lugar la segunda y última subrogación.

4. Cada transmisión que se efectúe conforme a este artículo dará derecho al arrendador a aumentar la renta en los términos expresados en el artículo 42.

Ver los apartados A), B), C) y D) y D.T. 3.ª LAU de 1994, sobre régimen normativo aplicable, extinción y subrogación, otros derechos del arrendador y actualización de la renta.

Estos procesos se rigen por la LEC 1/2000 a partir de su entrada en vigor.

ART. 61.

Lo dispuesto en los artículos 57 y siguientes no será de aplicación en los contratos de subarriendo de locales de negocio o de viviendas en que, salvo lo establecido para el de estas últimas en los casos que prevén los números 2 y 3 del artículo 13, sólo obligarán al subarrendador por el plazo pactado.

Ver D.T. 4.ª de esta norma.

CAPÍTULO VIII
Excepciones a la prórroga

Sección Primera. Disposición general

ART. 62.

No tendrá derecho el inquilino o arrendatario a la prórroga legal en los siguientes casos:

1.º Cuando el arrendador necesite para sí la vivienda o local de negocio o para que los ocupen sus ascendientes o descendientes legítimos o naturales.

2.º Cuando el arrendador proyecte el derribo de la finca para edificar otra que cuente, cuando menos, con un tercio más de las viviendas que, en aquélla hubiere y una, como mínimo si no las hubiere en el edificio que se pretende derribar, respetando al propio tiempo el número de los locales de negocio si en el inmueble a derribar los hubiere.

3.º Cuando la vivienda no esté ocupada durante más de seis meses en el curso de un año, o el local de negocio permanezca cerrado por plazo igual, a menos que la desocupación o cierre obedezca a justa causa.

4.º Cuando el inquilino ocupe dos o más viviendas en la misma población y el uso de todas ellas no sea indispensable para atender a sus necesidades. En este caso, si los arrendadores fuesen varios, el derecho de denegación de prórroga corresponderá al primero que lo ejercite; si fuere uno solo, corresponderá al inquilino el derecho de señalar la vivienda o viviendas que haya de desalojar, y si no lo hace dentro del plazo de treinta días siguientes al en que fuese requerido en forma fehaciente por el arrendador, podrá éste denegarle la prórroga respecto de cualesquiera de ellas. En el caso de que sólo una de las

Ley de Arrendamientos Urbanos 1964

viviendas la disfrute a título de arrendamiento, carecerá el inquilino de la dicha facultad de elección.

5.º Cuando el inquilino, en un plazo de seis meses inmediatamente anteriores a la fecha de la presentación de la demanda, hubiese tenido a su libre disposición, como titular de un derecho real de goce o disfrute, una vivienda desocupada y apta para la satisfacción de sus necesidades y de características análogas a la arrendada.

Número 1.º: ver arts. 63 y sigs. y arts. 70 y sigs. LAU de 1964.

Número 2.º: ver arts. 78 a 94 LAU de 1964.

Número 4.º: ver art. 17 LAU de 1964.

Número 5.º: ver D.T. 14.ª LAU de 1964.

En caso de reserva de derecho de retorno al amparo de los arts. 78 y siguientes en relación con el art. 62. 2º LAU de 1964, ver la D.A. 8.ª de la LAU de 1994.

Sección Segunda. De la causa primera de excepción a la prórroga

Subsección primera. Viviendas

ART. 63.

1. Si se tratase de vivienda, para que proceda la denegación de prórroga por la causa primera, el arrendador habrá de justificar la necesidad de la ocupación.

2. Se presumirá la necesidad, sin perjuicio de aquellos otros casos en que se demuestre, cuando la persona para la que se reclame la vivienda se halle en alguno de los casos siguientes:

1.º Si habitando fuera del término municipal en que se encuentre la finca necesitare domiciliarse en él.

2.º Cuando residiendo en la misma población en que radique la finca por aumento de sus necesidades familiares resultare insuficiente la vivienda que ocupe.

3.º En el caso de que contraiga matrimonio y deba residir en la localidad en que esté situada la finca.

4.º Cuando, domiciliado en el lugar en que se hallare la finca, por causas absolutamente ajenas a su voluntad se vea obligado a desalojar la vivienda que habitare.

3. Se presumirá, salvo prueba en contrario, no acreditada la necesidad cuando con seis meses de antelación a ser notificada la negativa de prórroga se hubiera desalojado vivienda de características análogas en edificio propiedad del arrendador o del familiar de éste para quien se reclame.

ART. 64.

1. En las fincas arrendadas por pisos, el arrendador que intentare la denegación al amparo del caso primero del artículo 62 deberá ejercitar su derecho sobre la vivienda que se halle habitualmente deshabitada, siempre que constituya medio adecuado a sus necesidades. En defecto de las de esta clase, sobre la que no sirva de hogar familiar; sucesivamente, sobre la ocupada por familia menos numerosa, y en último lugar, sobre las correspondientes a funcionarios públicos o del Movimiento, en activo o jubilados, pensionistas y quienes, además de vivir en ellas, ejerzan en las mismas profesión u oficio por el que satisfagan contribución. El clero secular ocupará, en el orden de prelación, el mismo lugar que el funcionario público.

Los casos de igualdad se resolverán en favor del inquilino más antiguo.

2. El derecho de los funcionarios y del clero secular que menciona el número anterior se entenderá referido al lugar de su destino.

3. A los efectos de lo dispuesto en el número 1 de este artículo, el arrendador, como acto previo a la denegación de prórroga, podrá requerir a los inquilinos para que manifiesten fehacientemente las circunstancias de posposición que en ellos concurren, y si no lo hicieren dentro de los treinta días siguientes se entenderá que aceptan las que les atribuye el arrendador, salvo prueba en contrario.

Apdo. 1 declarado inconstitucional en la medida en que la preferencia legal que establece en favor de los funcionarios públicos en activo vulnera el derecho a la igualdad del artículo 14 de la Constitución. Sentencia del Tribunal Constitucional 90/1995, 9 junio (BOE de 08-07-1995).

Ley de Arrendamientos Urbanos 1964

ART. 65.

1. La denegación de prórroga se practicará mediante requerimiento, en forma fehaciente, del arrendador al inquilino afectado, haciéndole saber el nombre de la persona que necesitare la vivienda, la causa de necesidad en que se funde y las circunstancias de posposición concurrentes en los demás inquilinos, todo ello con un año de antelación.

2. Para que el requerimiento sea válido no será preciso que la causa de necesidad exista en la fecha del requerimiento, pero sí al cumplirse el año del mismo.

3. El inquilino deberá contestar de modo fehaciente al arrendador dentro del plazo de treinta días hábiles si acepta o no la denegación de prórroga. En el primer caso, podrá el arrendador instar el lanzamiento, en su día, ante Juez competente, por los trámites de ejecución de sentencia en los juicios de desahucio. En el segundo, el inquilino deberá exponer las causas en que se funde su oposición, y si no lo hiciere dentro del referido plazo, podrá el arrendador anticipar el ejercicio de su acción y presentar su demanda transcurridos seis meses desde la fecha del requerimiento, entendiéndose, además reducida a la mitad la indemnización que pudiera corresponderle.

Ver arts. 70 y 76 LAU 1964 y D.T. 14.ª de ésta, así como las D.T. 1.ª a 4.ª de la LAU 1994.

ART. 66.

Si el inquilino desalojare la vivienda dentro de los seis meses siguientes a la fecha del requerimiento, deberá el arrendador indemnizarle con dos anualidades de renta, y sólo con una si la desalojare dentro del año. En ambos casos, el inquilino podrá reclamar mayor indemnización si justificare en el plazo de tres meses desde que hubiere desalojado que los perjuicios son superiores. Cuando sin mediar justa causa el inquilino dejare transcurrir el plazo de un año sin desalojar la vivienda, perderá todo derecho a indemnización.

ART. 67.

No obstante lo dispuesto en el artículo anterior, los Tribunales, atendidas las circunstancias personales de cada caso, podrán ampliar hasta por seis meses el plazo que para desalojar la vivienda se señala al inquilino y acordar el abono por el arrendador de indemnización, que no rebasará del importe de seis mensualidades de renta, si resultaren de equidad las razones en mérito de las cuales no desalojó aquél la vivienda dentro del año.

Ver D.T. 14.ª.3 de la LAU de 1994.

ART. 68.

1. Si durante los tres meses siguientes de haber desalojado la vivienda no fuese ocupada por la persona para quien se reclamó, podrá el inquilino recuperarla dentro de otro plazo igual, reputándose a estos efectos subsistentes el contrato primitivo, y hasta transcurridos tres años, contados desde la fecha en que el inquilino volviese a la vivienda, no podrá el arrendador intentar su ocupación.

2. Del mismo modo, si ocupada la vivienda por el arrendador o por persona para quien la reclamare fuese arrendada o cedido su goce o uso a un tercero dentro de los tres años siguientes, podrá el inquilino desalojado instar su recuperación, adquiriendo nuevamente vigencia el contrato primitivo. La acción para el ejercicio de este derecho se extinguirá a los tres meses siguientes a haber transcurrido los tres años. Hasta pasados tres años desde que el inquilino volviese a la vivienda no podrá el arrendador intentar de nuevo la ocupación con fundamento de esta causa.

3. Todo ello sin menoscabo del derecho del inquilino a reclamar los daños y perjuicios que le hubieren sido causados.

ART. 69.

El arrendador que sea propietario de una sola vivienda podrá ejercitar el derecho de denegación de prórroga con sujeción a las normas establecidas en los anteriores artículos.

Subsección segunda. Locales de negocio

ART. 70.

Para que proceda la primera causa de excepción a la prórroga de arrendamiento de local de negocio deberán concurrir los siguientes requisitos:

1.º Que se justifique debidamente la necesidad de la ocupación.

2.º Que se practique el requerimiento de denegación de prórroga en los términos prevenidos en el artículo 65.

3.º Que el que aspire a ocupar el local de negocio se halle establecido en actividad de comercio o industria con un año de antelación, cuando menos, a la fecha en que se practique el requerimiento.

4.º Que el arrendatario sea indemnizado por el arrendador en la cuantía que libremente convengan, y de no haber acuerdo, en la forma que establece el artículo 73, número 3, salvo que se tratase de arrendamiento comprendido en el número 2 del artículo 5.º, en que la indemnización será de dos anualidades de renta.

Ver art. 75 de la LAU de 1994.

ART. 71.

El mero deseo o la conveniencia para el arrendador de ampliar su negocio no será causa bastante para denegar la prórroga del arriendo.

ART. 72.

Cuando en una misma finca exista más de un local de negocio de análogas características que satisfaga las necesidades mercantiles o industriales del arrendador, deberá ejercitarse el derecho de denegación de prórroga contra el arrendatario más moderno.

ART. 73.

1. Cuando medie acuerdo entre arrendador y arrendatario sobre el importe de la indemnización a percibir por este último, deberá serle entregado en el plazo comprendido entre la notificación del arrendador y el día en que desaloje el local. Y si transcurrido dicho plazo el arrendador no realiza el pago, se tendrá por prorrogado el contrato sin que pueda volver a reclamar el local hasta transcurridos cinco años desde la fecha en que requirió al arrendatario, todo ello sin perjuicio de la acción que a éste compete para resarcirse de los daños y perjuicios que le hubieren sido causados.

2. Cuando el arrendatario que hubiere prestado conformidad al percibo de la indemnización convenida con el arrendador no desaloje el local dentro del plazo marcado, perderá el derecho a la misma y vendrá obligado a resarcirle de los perjuicios que su demora origine.

3. Si no mediare acuerdo sobre el importe de la indemnización a abonar por el arrendador, se determinará por la Junta de Estimación, que a estos efectos tendrá en cuenta el precio medio en traspaso de locales destinados al mismo negocio del arrendatario y sitos en la zona comercial en que éste se hallare, como también la existencia o inexistencia en la expresada zona de locales desalquilados y adecuados al referido negocio, además de cuantas circunstancias considere oportuno. El importe de la indemnización, cuando el arrendatario hubiere adquirido el local por traspaso, no será nunca inferior a lo que hubiese satisfecho por el mismo.

4. Será aplicable lo dispuesto en el número 1 cuando la indemnización a satisfacer por el arrendador la señale la Junta de Estimación, computándose el plazo para el pago y para que el arrendatario desaloje el local desde la fecha en que fuere notificada la resolución.

En relación con el n.º 3 de este artículo, ver art. 152 de esta Ley.

Ver D.T. 14.ª.

ART. 74.

El subarrendatario de local de negocio tendrá derecho a partir por igual con el arrendatario la indemnización que proceda cuando el arrendador use del derecho que este capítulo le reconoce en los anteriores artículos, exceptuándose aquellos casos en que por pacto expreso entre arrendatario y subarrendatario se disponga otra cosa.

ART. 75.

1. El local reclamado conforme al artículo 70 deberá ser ocupado y abierto al público por la persona para quien se interesó dentro de los seis meses de haber sido desalojado por el arrendatario; si la ocupación no se verificase en el plazo señalado, tendrá el arrendatario derecho a recuperarlo dentro de otro plazo igual, readquiriendo vigencia el contrato primitivo. Hasta transcurridos tres años, contados desde la fecha en que el arrendatario volviere al local, no podrá el arrendador intentar la ocupación.

2. Del mismo modo, si ocupado el local por el arrendador o por la persona para quien lo reclamare fuese arrendado o cedido su goce o uso a un tercero dentro del plazo de tres años, podrá el arrendatario desalojado instar su recuperación por volver a regir el contrato primitivo, extinguiéndose la acción para el ejercicio de este derecho a los tres meses siguientes al transcurso de los tres años. Hasta transcurridos tres años desde que el arrendatario recupere el local no podrá el arrendador intentar de nuevo la ocupación, cualquiera que sea la causa de necesidad en que se funde.

Subsección tercera. Disposición común a las viviendas y a los locales de negocio

ART. 76.

1. Cuando el Estado, la Provincia, el Municipio, la Iglesia Católica y las Corporaciones de Derecho Público tengan que ocupar sus propias fincas para establecer sus oficinas o servicios, no vendrán obligado a justificar la necesidad, bien se trate de viviendas o de locales de negocio, pero si a respetar lo dispuesto, tanto para éstos como para aquéllas, sobre preaviso, indemnizaciones y plazos para desalojar.

2. Para que las Corporaciones de Derecho Público gocen del beneficio de exención de prueba será requisito indispensable que tengan reconocido tal carácter por Ley y además que la declaración de necesidad se haga por el Ministro correspondiente.

3. De ser arrendatarios las entidades a que se refiere el número 1, será de aplicación lo establecido en las subsecciones anteriores, según se trate de locales que tengan la consideración de viviendas o de negocio en la presente Ley.

> Apdo. 1 declarado inconstitucional en cuanto a la mención de la "Iglesia Católica". Sentencia del Tribunal Constitucional 340/1993, 16 noviembre (BOE de 10-12-1993).

Subsección cuarta. Industria o negocio de espectáculos

ART. 77.

En los arrendamientos de industria o negocio de espectáculos sujetos a prórroga legal, conforme a lo dispuesto en el número 3 del artículo 3.º, no será exigible para su denegación el previo ejercicio de la industria a que se refiere el apartado 3.º del artículo 70, y la indemnización prevista en el apartado 4.º del mismo artículo será en todo caso la equivalente a una anualidad de renta.

Sección Tercera. De la causa segunda de excepción a la prórroga

ART. 78.

Para que proceda la segunda causa de excepción a la prórroga del contrato de arrendamiento de vivienda o local de negocio será necesario:

1.º Que el arrendador contraiga, comunicándolo por escrito al Gobernador civil de la provincia, el compromiso de que las obras de reedificación se realizarán en el plazo que previamente deberá ser señalado por dicha autoridad y que la reedificación se verificará de modo que la nueva finca cuente al menos con una tercera parte más del número de viviendas de que disponga aquélla, respetando al propio tiempo el número de locales de negocio si en el inmueble a derruir los hubiere. Y cuando la finca careciera de viviendas o las que existieran fueran dependencias del local o locales de negocio con que cuente, que se compromete a que la reedificada disponga de una o más viviendas susceptibles de ser utilizadas con independencia plena de los locales de negocio.

2.º Que autorizada que sea por el Gobernador civil la demolición, y con un año de antelación por lo menos al día en que proyecta iniciarla, lo notifique en forma fehaciente a todos los arrendatarios del inmueble, bien lo sean de vivienda o de local de negocio, insertando copia literal de la mencionada autorización del Gobernador y la expresión de la fecha en que han de ser iniciadas las respectivas obras.

> Ver art. 93 LAU.

ART. 79.

1. No prosperará la acción ejercitada al amparo de la causa segunda de excepción a la prórroga si el Gobernador civil de la provincia no autoriza la demolición del inmueble, sin que esta autorización, cuando la conceda, prejuzgue la procedencia de aquélla.

2. Los Gobernadores civiles, previos los asesoramientos que estimen oportunos, atendiendo a la normalidad o escasez de viviendas que hubiere en cada localidad, a las disponibilidades de mano de obra y de materiales de construcción y especialmente a la existencia o inexistencia de viviendas desalquiladas de renta semejante a las del inmueble que se fuere a derruir, concederán o denegarán sin ulterior recurso la referida autorización. Darán preferencia a las encaminadas a aumentar, en la mínima proporción que se establece, el número de viviendas de renta más económica, y caso de igualdad en la renta, a aquellas edificaciones en que el aumento fuere a ser mayor, con prioridad para las que resulten de más amplitud.

3. Caducado el plazo que para iniciar las obras de demolición hubiere conferido el Gobernador civil sin que fueran emprendidas, su autorización no producirá efecto alguno.

ART. 80.

1. Las obras de demolición habrán de iniciarse dentro de los dos meses siguientes a ser totalmente desalojada la finca.

2. Transcurrido este plazo sin empezarlas, los inquilinos y arrendatarios podrán volver a ocupar las viviendas y locales de negocio que en ella tuvieran, sin obligación de pago de las mensualidades transcurridas y con derecho a exigir del arrendador, por acción que caducará a los seis meses siguientes de haber vuelto a la finca, indemnización equivalente al importe de aquellas mensualidades.

ART. 81.

1. Los inquilinos y arrendatarios que deseen instalarse en el inmueble reedificado, antes de desalojar el que vaya a derruirse, suscribirán con el arrendador documento que detalle la extensión superficial de las viviendas o locales de negocio que ocupen, su renta, el número de unas y de otros que existan en el inmueble y un domicilio para oír las notificaciones que les haga el arrendador.

2. El incumplimiento de esta obligación, de ser imputable al arrendador, hará aplicable lo dispuesto en el artículo 87, y si al inquilino o arrendatario, implicará la pérdida de su derecho a instalarse en la finca reedificada.

3. Asimismo perderá el derecho de ocupación de vivienda o local de negocio en la finca reedificada y el arrendador quedará en libertad de disponer del que le corresponda, el inquilino o arrendatario que tenga a su disposición vivienda o local de negocio en el modo previsto en el apartado 5.º del artículo 62.

4. El inquilino o arrendatario que no desee instalarse en el inmueble reedificado entregará al arrendador documento expresivo de su decisión, y al momento de desalojar deberá ser indemnizado por aquél con el importe de seis mensualidades de la renta que viniere pagando.

5. En los casos en que edificaciones destinadas a viviendas o locales de negocio cuenten con más de cien años de antigüedad, cuyo grado de vetustez, deficiente estado de edificación y evidentes razones higiénicas y sociales hagan necesaria su renovación, el Gobernador civil, a solicitud del propietario, con audiencia de los inquilinos y arrendatarios, y habida cuenta además lo dispuesto en el número 2 del artículo 79, concederá o denegará la autorización para demoler. Caso de concederla, serán de aplicación las normas de esta sección para el derecho de retorno, pero con la modificación siguiente:

a) Los inquilinos podrán optar, en forma alternativa, por una indemnización en metálico no inferior a diez anualidades de la renta revalorizada, o porque el arrendador ponga a su disposición vivienda en renta adecuada a sus necesidades y posibilidades económicas, situada en la misma población, o bien por que se le reserve, para ocuparla el arrendamiento y en igualdad de condiciones que un tercero, una vivienda en la finca reconstruida.

b) El arrendatario, en los casos de locales de negocio tendrá derecho a optar entre una indemnización del 50 por 100 de lo que normalmente se abone por traspaso en locales similares de la misma zona, señalada por la Junta de Estimación, o, en su defecto, a ocupar en arrendamiento, en igualdad de condiciones que un tercero, un local de negocio en la finca reconstruida de análogas características al que venía disfrutando.

En todo caso, la obligación de desalojar quedará subordinada a la entrega o puesta a disposición del inquilino o arrendatario de las contraprestaciones a que hubiere optado, las que cuando impliquen reserva de vivienda o local de negocio en el inmueble reedificado se consignaren documentalmente antes de desalojar, dando lugar su incumplimiento por parte del propietario o por quien le hubiere sustituido en sus derechos y obligaciones a la adecuada indemnización de perjuicios.

Ver art. 15 del Reglamento Hipotecario. Conforme a este precepto, sin la constancia por nota marginal del derecho de retorno, éste no perjudicará a terceros adquirentes.

ART. 82.

1. Reconstruida la finca, se reservarán en ella a los inquilinos y arrendatarios con derecho a instalarse en la misma las viviendas y locales de negocio que a cada uno corresponda. Y en el domicilio que hubieren designado al efecto, el arrendador les notificará notarialmente que en el plazo de treinta días siguientes al recibo de la notificación pueden ocupar los que le hubiere asignado, detallando sus características, extensión, la renta y circunstancias que la determinan, así como el número total de viviendas y locales de negocio que existen en el inmueble.

2. Si los arrendatarios no ocuparen dentro del plazo los locales de negocio y viviendas que les hubiere asignado el arrendador, perderán el derecho a volver a la finca, y aquél quedará en libertad para alquilarlos a otros.

ART. 83.

1. Cada vivienda o local de negocio asignado, conforme al artículo anterior, dispondrá, por lo menos, de una extensión superficial no inferior a las tres cuartas partes de la correspondiente al que anteriormente ocupaba el inquilino o arrendatario, de iguales instalaciones y servicios, y estará situado a altura y posición análogas.

2. La analogía de posición se entenderá únicamente referida a la situación interior o exterior de la vivienda o local de negocio asignado.

Ver arts. 85, 87 y 89 de esta Ley.

ART. 84.

La renta exigible a los inquilinos y arrendatarios procedentes del inmueble derruido, cuando al reedificarse se cumplan todas las condiciones reclamadas en esta sección, será la que pagaren al momento de desalojar aquél, incrementada en un 5 por 100 del capital invertido en la reconstrucción, o sea, sin comprender el valor del solar, pero sí lo gastado en la demolición.

Ver arts. 85, 87 y 89 de esta Ley.

ART. 85.

Cuando las viviendas o locales de negocio asignados a los arrendatarios de que trata el artículo anterior no reúnan las características mínimamente exigidas por el artículo 83, aquéllos tendrán derecho a las reducciones de renta siguientes:

1.ª Un 10 por 100 si el local de negocio o la vivienda asignada está en planta distinta de la que ocupaba en el inmueble derruido. Ello sin perjuicio de lo establecido en el artículo siguiente para los arrendatarios de locales de negocio.

2.ª Si la superficie fuere inferior a la mínima exigida o contara con menos instalaciones y servicios que la vivienda o local de negocio anterior, la renta será la misma que la pagada en la finca derruida, y el 50 por 100 de ésta si la reducción de superficie equivale a más de la mitad.

3.ª El 40 por 100 de dicha renta anterior cuando ocupando en la finca demolida vivienda o local de negocio al exterior el asignado fuese interior.

Ver art. 89 de esta Ley.

ART. 86.

El arrendatario procedente de la finca demolida que ocupare en ella local de negocio sito en la planta baja y al exterior, tendrá derecho a ocupar local de igual situación y extensión superficial en la reconstruida cuando demostrare el perjuicio que a su explotación le cause la ocupación de otro de distinta situación, cuya acción, que caducará a los treinta días de haber ocupado el asignado por el arrendador, tendrá en cuanto al ocupante del local que correspondiese a dicho arrendatario los efectos establecidos en el número 2 del artículo 88.

Ver arts. 83, 86, 87 y 88 de esta Ley.

ART. 87.

Si al reedificar se incumpliere el compromiso contraído ante el Gobernador civil de la provincia por el arrendador, no será exigible otra renta a los inquilinos y arrendatarios procedentes del inmueble derruido que la que en éste pagaren; ello sin perjuicio de la aplicación, en su caso, de lo dispuesto en los artículos anteriores. Y la renta legal de los locales y viviendas de que puede libremente disponer el arrendador será la del local de negocio o, en su caso, vivienda que tuviera la renta más baja en el inmueble derruido, incrementada según la regla del artículo 84, pero reconociendo únicamente al capital invertido el interés del 2,50 por 100.

Ver arts. 81, 89 y 90 de esta Ley.

ART. 88.

1. Si el arrendador incumpliere la obligación de reserva que le impone el artículo 82, los inquilinos y arrendatarios procedentes del inmueble derruido podrán optar entre exigirle la indemnización de cinco anualidades de la renta que al desalojar pagasen o de reclamar las viviendas o locales de negocio que elijan en el inmueble reedificado por la renta que satisficieren en el derruido.

2. Esta acción llevará implícito el lanzamiento del ocupante de local de negocio o vivienda elegido, sin perjuicio del derecho de dicho ocupante a obtener del arrendador, de ignorar su incumplimiento, la indemnización de daños y perjuicios que proceda.

ART. 89.

Las acciones establecidas en los artículos 85, 87 y 88, así como la de impugnar la renta por simulación del capital invertido o de la superficie edificada, caducarán al año de reintegrarse en la finca el inquilino o arrendatario procedente del inmueble derruido. En el caso del número 1 del artículo 88, el plazo del año se contará desde que quede totalmente ocupada la finca reconstruida.

Ver arts. 81, 89 y 90 de esta Ley.

ART. 90.

La renta de todas las viviendas y locales de negocio de que pueda disponer el arrendador libremente será la que previene el artículo 97, salvo que incurriere en el incumplimiento a que se refiere el artículo 87, en cuyo supuesto se aplicará lo dispuesto en este artículo, y el arrendamiento quedará sujeto en todo caso a las disposiciones de la presente Ley.

ART. 91.

1. Cuando el derribo afectare a edificaciones provisionales, para que proceda la excepción segunda a la prórroga sólo será necesario que el arrendador participe su propósito de modo fehaciente a los inquilinos y arrendatarios con un año de antelación al día en que proyectare iniciar la demolición, y que al momento en que desalojen la finca indemnice a los primeros con seis mensualidades de renta y con la de un año a los arrendatarios de local de negocio.

2. Se reputarán edificaciones provisionales los barracones, casetas, chozas y chabolas y se presumirá que lo es, salvo prueba en contrario, cualquiera otra edificación de naturaleza análoga en cuya construcción no sea preceptiva, conforme a las disposiciones vigentes, la intervención de técnicos.

ART. 92.

El propietario que se proponga efectuar obras para elevar o adicionar la construcción, que tengan por objeto aumentar el número de viviendas y que hagan inhabitable temporalmente la vivienda o local de negocio ocupados por el inquilino o arrendatario, podrá realizarlas siempre que obtenga previamente autorización del Gobernador civil de la provincia y notifique fehacientemente a los inquilinos o arrendatarios su propósito y la concesión de la autorización gubernativa con seis meses de antelación, por lo menos, al día que proyecte comenzar las obras. Estas deberán iniciarse dentro de dos meses, a contar desde el día en que quede desalojada la vivienda o local de negocio, teniendo en otro caso el inquilino o arrendatario los derechos que le reconocen los artículos 80 y siguientes. El arriendo quedará en suspenso por el tiempo que duren las obras.

> *Ver art. 119 de esta Ley.*

ART. 93.

Lo dispuesto en los artículos 78 y siguientes será de aplicación aun en el caso de que el arrendador fuere el Estado, la Provincia, el Municipio, la iglesia Católica u otras Corporaciones de Derecho público.

ART. 94.

El cumplimiento de las obligaciones a que, conforme a este capítulo, queda sometido el derecho de negar la prórroga del contrato de arrendamiento de viviendas y locales de negocio por la segunda excepción que se establece será obligatorio aun en el caso de que cambie la persona del titular que hubiere comenzado a ejercitarlo, y si este cambio se produjere hallándose pendiente de consumación el derecho del arrendador, ejercitado al amparo de la primera causa de excepción a la prórroga, para que pueda proseguir en su ejercicio el nuevo titular será indispensable que la vivienda o local de negocio hubiere sido reclamado precisamente para él o para un ascendiente o descendiente que por consanguinidad lo fuere común de ambos.

CAPÍTULO IX
De la renta, su revisión y de la fianza

Sección Primera. Renta de las viviendas y locales de negocio en general

Subsección primera. Renta base

ART. 95.

1. La renta de las viviendas y locales de negocio cuyo arrendamiento subsista el día en que comience a regir esta Ley será la que en tal fecha cobrare el arrendador, con todos los incrementos que viniere percibiendo, revalorizada, en su caso, la de los locales de negocio y viviendas comprendidas en el número 2 del artículo 6, conforme a las disposiciones de los números 1 al 10 del artículo 96, y sujeta la de las restantes viviendas a lo prevenido en el número 11 del mismo artículo.

2. Las cantidades asimiladas a la renta, comprendida la diferencia en el coste de los servicios y suministros que viniere percibiendo el arrendador, seguirán haciéndose efectivas en tal concepto y deberán figurar separadamente en los recibos en tanto no queden absorbidas en la renta, conforme a las disposiciones del artículo siguiente.

> *Ver arts. 96, 99, 100.4, 101, 108 y 114 de esta Ley.*
> *Confróntese con art. 17 LAU 1994.*

ART. 96.

1. La renta de las viviendas comprendidas en el número 2 del artículo 6.° y de los locales de negocio en situación de prórroga legal se revalorizará, en su caso, a instancia del arrendador, multiplicando la contractual, aumentada con los incrementos legales que se indican en el número 2, por los índices señalados en el 3, ambos de este artículo.

2. Los incrementos legales a que se refiere el número anterior serán exclusivamente aquellos que el arrendador tenga derecho a cobrar en virtud de lo establecido en el artículo 118 de la Ley de 31 de diciembre de 1946, en relación con el Decreto de 17 de mayo de 1952, y en los Decretos de 6 de marzo de 1953, en relación con el de 9 de abril de 1954, 30 de noviembre de 1956, 22 de julio de 1958 y 6 de septiembre de 1961, háyanse o no aplicado en su día por el arrendador.

3. Los índices de revalorización a que se refiere el número 1 de este artículo serán los siguientes:

	Viviendas	Locales de negocio
Contratos celebrados hasta el 17 de julio de 1936, inclusive	4	3
Contratos celebrados hasta el 18 de julio de 1936 hasta el 31 de diciembre de 1941, ambos inclusive	3	2
Contratos celebrados desde el 1 de enero de 1942 hasta el 31 de diciembre de 1946, ambos inclusive	2	1,50
Contratos celebrados desde el 1 de enero de 1947 hasta el 31 de diciembre de 1951, ambos inclusive	1,50	1,30
Contratos celebrados desde el 1 de enero de 1952 hasta el 11 de mayo de 1956, ambos inclusive	1,25	1,20

Las rentas de los contratos concertados después del 11 de mayo de 1956, no serán objeto de revalorización, salvo lo dispuesto en la D.T. 17.

4. Al incremento que tenga lugar por la revalorización será aplicable la reducción del 10 por 100 en poblaciones de menos de 50.000 habitantes para viviendas y locales de negocio.

5. En los casos en que la suma de la renta legal y las cantidades asimiladas a ella sea igual o superior a la renta revalorizada, dicha suma constituirá la única renta, y en tal concepto tendrá que pagarla el inquilino o arrendatario en lo sucesivo.

En los demás supuestos, la diferencia entre renta legal y renta revalorizada será percibida por el arrendador a razón de un 10 por 100 de dicha diferencia en cada semestre, a partir de 1 de enero de 1965. Cuando la diferencia sea inferior al 25 por 100 de la renta legal, el aumento se hará efectivo en su totalidad el primer año.

6. En tanto no se efectúe el pago total, el inquilino o arrendatario estará obligado a satisfacer los aumentos de renta y las cantidades asimiladas a ésta previstos en esta Ley, siempre que la suma de la renta, aumentos y cantidades asimiladas no exceda del importe de la merced incrementada conforme a los números 1, 2, 3 y 4.

7. La cantidad que resulte de la revalorización irá adquiriendo el concepto de renta, a todos los efectos de esta Ley, a medida que el arrendador vaya percibiendo los aumentos autorizados por la misma, salvo en los supuestos previstos en los artículos 81, número 5, y 100, en que se considerará como renta la revalorizada.

8. El arrendador no podrá ejercitar los derechos derivados de la aplicación de los números precedentes en tanto no se halle al corriente de las obligaciones establecidas en el capítulo X respecto de la conservación de la finca, siempre que se hubiera declarado tal obligación por sentencia firme o bien por resolución administrativa que tenga carácter ejecutivo.

9. Lo establecido en los números anteriores se entiende sin perjuicio de la aplicación, en todo caso, de lo dispuesto en el artículo 100.

10. A los efectos de la aplicación de los números anteriores, se entenderá:

a) Por «renta contractual» la pactada inicialmente en el contrato que dio origen al arrendamiento. En los casos de duda se estará a la declarada a efectos fiscales.

b) Por «renta legal», la que, al comenzar a regir la presente Ley, cobrare el arrendador con todos los incrementos que viniere percibiendo, sin incluir las cantidades asimiladas a la renta.

c) Por «renta revalorizada», la que resulte de aplicar las reglas que se contienen en los números 1, 2, 3 y 4 del presente artículo.

11. En los arrendamientos de locales ocupados por el Estado, Provincia o Municipio que no estén destinados a vivienda la revalorización de la renta se hará con arreglo a los números 1, 2, 3 y 4 de este artículo, si bien el plazo a que se refiere el número 5.2.°, será anual en lugar de semestral.

12. En las viviendas no comprendidas en el número 2 del artículo 6, el Gobierno, teniendo en cuenta la evolución de las circunstancias económicas del país, determinará los porcentajes de incremento de la renta, así como la forma y plazos en que los mismos han de ser abonados por el inquilino, sin que en ningún caso pueda exceder la suma de tales incrementos de la cantidad que resultaría de aplicar a dichas viviendas los índices señalados en el número 3 del presente artículo, expresamente para viviendas, y debiendo comenzar su aplicación a partir de 1 de enero de 1965.

El Gobierno, una vez finalizada la revalorización total de la renta de estas viviendas, determinará igualmente la forma y proporción en que los inquilinos han de hacer efectivas las obligaciones a que se refieren los artículos 99, número 1; 102, número 1, y 108, números 1 y 2.

> Ver art. 18 LAU de 1994.

ART. 97.

La renta de las viviendas y locales de negocio que se arrienden después de la entrada en vigor de esta Ley será la que libremente estipulen las partes, aun cuando hubieren sido ocupados con anterioridad a esa fecha.

Subsección segunda. Elevación y reducción de la renta base

ART. 98.

La renta de las viviendas y locales de negocio a que se refieren los artículos anteriores podrá ser objeto de aumento o reducción por acuerdo de las partes.

> Ver art. 1255 del C.Civil.

ART. 99.

1. La renta de las viviendas y locales de negocio mencionados en el artículo 95 no podrá ser incrementada por la sola voluntad del arrendador, sino en los casos establecidos en esta Ley, y particularmente en los siguientes:

1.º Por creación o elevación de impuestos o arbitrios por el Estado, Provincia o Municipio que graven directamente la propiedad urbana. Las diferencias por estos conceptos podrán derramarse por el arrendador entre los inquilinos y arrendatarios en la forma fijada por las disposiciones vigentes.

2.º Cuando por expiración del plazo por el cual se concedió cesare la exención tributaria total o parcial que gozare la finca, en cuyo caso podrá el arrendador reclamar de sus inquilinos y arrendatarios la diferencia existente entre lo que le hubiere correspondido pagar sin dicha exención y lo que pagare al término de la misma.

3.º Si la Hacienda, en virtud de resolución firme dictada en expediente instruido de oficio por el Servicio de Catastro urbano, asignare a la vivienda o local de negocio una renta superior a la que satisfaga el inquilino. El importe de la elevación no podrá exceder, en estos casos, de la diferencia entre la renta que se pague y la asignada por la Hacienda. Y si la diferencia rebasare el 25 por 100 de la renta que se satisfaga, el exceso sólo podrá hacerse efectivo por anualidades sucesivas a razón de un 5 por 100, como máximo, sobre la renta que estuviere vigente al dictarse la resolución. Para la efectividad de este incremento será indispensable que en el expediente instruido por la Hacienda se conceda audiencia al inquilino o arrendatario, o se le notifique fehacientemente por el arrendador la existencia de dicho expediente, para que pueda comparecer en el mismo y formular alegaciones.

4.º Cuando se realicen obras conforme al artículo 114, causa 7.ª, párrafos 3.º y siguientes, en que el aumento será el que determine la autoridad judicial.

5.º Si el inquilino subroga en los derechos y obligaciones dimanantes del contrato de inquilinato a uno de los parientes señalados en el artículo 24. El importe de la elevación no podrá exceder, en este caso, del 15 por 100 de la renta.

6.º Cuando, sin haberse estipulado en el contrato, el inquilino, su cónyuge de uno u otro hasta el tercer grado que con cualquiera de ellos conviva ejerza en la vivienda o en sus dependencias una pequeña industria doméstica sujeta a tributación. La cuantía del aumento no podrá exceder del 15 por 100 de la renta a que se refiere el artículo 95.

7.º Cuando no se requiera, conforme al artículo 21, autorización expresa y escrita del arrendador para el ejercicio de la industria doméstica de hospedaje, en la que la participación del arrendador será del 10 por 100 por cada huésped. Cuando sea precisa la autorización del arrendador, el importe de la elevación se fijará de común acuerdo.

8.º Cuando el inquilino haga uso de la facultad prevista en el artículo 18, el importe de la elevación no podrá exceder por cada subarriendo del 20 por 100 de la renta vigente en la fecha de aquél.

9.º En los traspasos del artículo 42, en que, a falta de acuerdo, el aumento será del 15 por 100.

10.º Cuando el arrendatario de local de negocio lo destine a otra clase distinta del que viniere ejerciendo, en cuyo supuesto el aumento será del 10 por 100 de la renta.

2. En los contratos anteriores al 12 de mayo de 1956, comprendidos en el número 1 del artículo 96, una vez que la suma de la renta, de las cantidades asimiladas a ella y de sus incrementos alcance el límite de la renta revalorizada y se haya realizado el pago total a que se refiere el número 6 del mismo artículo, no regirán las causas de elevación de renta previstas en los apartados 1.º, 2.º y 3.º del número anterior, ni las repercusiones por aumento de coste de los servicios y suministros del artículo 102 ni la contribución a los gastos y pagos del artículo 108, salvo lo establecido en la disposición adicional 6.ª.

> *Apdo. 2 sin efecto por Real Decreto 1815/1977, de 17 de junio, por el que se aprueba el texto refundido de la Ley de Arrendamientos Urbanos, haciendo uso de la facultad contenida en la disposición adicional 6.ª del Decreto 4104/1964, de 24 de diciembre (BOE de 23-07-1977), estableciendo que los aumentos a que haya lugar como consecuencia de ello tendrán la consideración de cantidades asimiladas a renta y sólo procederán por causas producidas con posterioridad a la entrada en vigor del citado Real Decreto.*
>
> *Ver arts. 14, 60, 84, 100, 108, 11.ª y D.T. 4.ª y 5.ª LAU de 1964.*
>
> *Apdo. 1.4.º: ver arts. 108 y 112 LAU 1964.*
>
> *Apdo. 2: ver Real Decreto 1815/1977, de 17 de junio, cuyo art. 1 establece: «Queda sin efecto total lo prevenido en el n° 2 del art. 99 del texto refundido de la Ley de Arrendamientos Urbanos, aprobado por Decreto n° 4104/1964, de 24 de diciembre.*

ART. 100.

1. La renta y las cantidades asimiladas a ella de las viviendas comprendidas en el número 2 del artículo 6.º y de los locales de negocio que se encuentren en período de prórroga legal, se adaptarán cada dos años a las variaciones del coste de la vida, mediante Decreto aprobado en Consejo de Ministros, que aplicará a la renta revalorizada el índice ponderado fijado por la Dirección General de Estadística, si las partes no hubieren convenido de modo expreso otro sistema de actualización.

2. Si la adaptación implicare un aumento de la renta revisada; será deducible del incremento el importe de las elevaciones a que se refiere el artículo 99, número 1, apartados 1.º y 3.º, exigidas, en su caso, por el arrendador durante el bienio a que se contraiga la adaptación.

3. Si ésta implicare una reducción de la renta, no se aplicará a las viviendas comprendidas en el artículo 95, mientras no se dé el supuesto aludido en el número 2 del artículo 99.

4. La renta de las viviendas no comprendidas en el número 2 del artículo 6.º y los incrementos de la misma a que se refieren los artículos 95, 96, número 11, y 99, número 1, quedarán sujetos a igual régimen, pero mediante la ponderada aplicación de los índices de coste de la vida y de los sueldos y jornales y oída la Organización Sindical.

En cuanto a las cantidades asimiladas a la renta de estas viviendas, el arrendador podrá seguir haciéndolas efectivas, y no serán objeto de la adaptación hasta que el Gobierno, una vez finalizada la revalorización total de aquélla, haga uso de la facultad que le concede el párrafo 2.º del número 11 del artículo 96, y en la forma y proporción que determine.

> *Ver en D.T. 2.ª D) 11, regla 10.ª de la LAU de 1994, según la cual «lo dispuesto en el presente apartado sustituirá a los arrendamientos de vivienda en los números 1 y 4 del art. 100 del Texto Refundido de la LAU de 1964».*
>
> *Ver en D.T. 3.ª C) 6, regla 7.ª de la LAU de 1994: según la cual «lo dispuesto en el presente apartado sustituirá a lo dispuesto para los locales de negocio en el núm. 1 del art. 100 del Texto Refundido de la LAU de 1964».*

ART. 101.

1. La facultad del arrendador para elevar la renta o conceptos que a la misma se asimilan podrá ejercitarla en cualquier tiempo, pero sin que en ningún caso la elevación tenga efecto retroactivo.

2. El ejercicio de dicha facultad estará sujeto a las reglas siguientes:

1.ª El arrendador notificará por escrito al inquilino o arrendatario la cantidad que, a su juicio, deba pagar éste como aumento de renta y la causa de ello.

2.ª Dentro de los treinta días siguientes, el inquilino o arrendatario comunicará al arrendador, también por escrito, si acepta o no la obligación de pago propuesta, interpretándose su silencio como aceptación tácita.

3.ª Caso de aceptación expresa o tácita, el arrendador, al siguiente período de renta que proceda, podrá girar el recibo incrementándolo con la cantidad que hubiere propuesto, y su pago será obligatorio para el inquilino o arrendatario. El importe de la elevación habrá de figurar separadamente de la cantidad que constituía la renta anterior.

4.ª No obstante la aceptación tácita del inquilino o arrendatario, si la cantidad girada resultase superior a la que autoriza este capítulo, podrá aquél pedir la revisión de la renta satisfecha y la devolución de lo indebidamente pagado en el plazo señalado en el artículo 106.

5.ª Cuando el inquilino o arrendatario rechazare la elevación propuesta y ésta fuere legítima, el arrendador podrá optar entre reclamarle las diferencias desde el día en que debieron serle satisfechas, o resolver el contrato si fuera temeraria la oposición de aquél. No procederá la resolución si el demandado consignare, antes de contestar a la demanda, las diferencias reclamadas. En ambos casos la acción caducará dentro de los tres meses, a contar desde el día en que la negativa se hubiese producido.

Ver. D.T. 2.ª LAU 1994

ART. 102.

1. Los aumentos por coste de los servicios y suministros podrán ser exigidos por el arrendador a los inquilinos y arrendatarios comprendidos en el artículo 95 del modo fijado en las disposiciones vigentes.

2. Lo dispuesto en el número anterior se entiende sin perjuicio de la aplicación de lo prevenido en los artículos 96, número 6; 99, número 2, y 100, número 4.

Confrontar con art. 20 y D.T. 3.ª.C) 6, regla 6 LAU de 1994.

ART. 103.

Cuando la renta declarada a efectos fiscales sea inferior a la percibida, el inquilino o arrendatario podrá reducirla a la cuantía declarada, cuya reducción subsistirá hasta que el arrendador declare la renta que hubiera venido percibiendo y, en todo caso, durante el plazo mínimo de dos años.

Ver arts. 14.2 y 106 LAU de 1964, así como la D.T. n.º 18 de la misma.

Este artículo es inaplicable después de la entrada en vigor del nuevo régimen de exacción de la contribución territorial urbana, impuesto por el texto refundido de 12 de mayo de 1966.

Sección Segunda. Renta en casos especiales

ART. 104.

La renta de los arrendamientos incluidos en los números 2 y 3 del artículo 3 será revisable cada cinco años por la Junta de Estimación, a instancia del arrendador o del arrendatario, teniendo en cuenta al efecto cuantos factores puedan conducir a la determinación de la renta justa.

Sección Tercera. Fianza

ART. 105.

1. A la celebración de los contratos comprendidos en esta Ley será obligatoria la exigencia y prestación de fianza en cantidad equivalente a una mensualidad de renta en el arrendamiento o subarriendo total de viviendas y de dos en el arrendamiento de viviendas amuebladas y en el arrendamiento o subarriendo total de locales de negocio. En los subarriendos parciales la fianza será igual a la mitad de la renta que corresponda al arrendamiento.

2. Quedan exceptuados de esta obligación los arrendamientos de locales al Estado, Provincia o Municipio cuya renta haya de ser satisfecha con cargo a sus respectivos presupuestos.

Sección Cuarta. Caducidad de acciones

ART. 106.

1. Las acciones dimanantes de los derechos que reconoce este capítulo tendrán un plazo de caducidad de tres meses a partir del hecho que las motive.

2. Este plazo no será aplicable a los derechos establecidos en los artículos 101 y 103.

CAPÍTULO X
Obras de conservación y mejora

ART. 107.

Las reparaciones necesarias a fin de conservar la vivienda o local de negocio arrendado en estado de servir para el uso convenido serán de cargo del arrendador.

Ver D.T. 2.ª C), 10 y D.T. 3.ª D) en relación con obras necesarias en vivienda y en locales de negocio. Ver también el art. 108 LAU de 1964.

Confróntese con art. 21 LAU 1994.

ART. 108.

1. No obstante lo dispuesto en el artículo anterior, en las viviendas y locales de negocio relacionados en el artículo 95 podrá exigir el arrendador del inquilino o arrendatario, en compensación parcial del importe de las obras de reparación comprendidas en el artículo 107 o de las que realice por determinación de cualquier organismo o autoridad competente, el abono del 8 por 100 anual del capital invertido. Dicho porcentaje se distribuirá entre todos los inquilinos y arrendatarios, si aquéllas son comunes, o entre los afectados, si se limitan a la vivienda o local de negocio que ocupen, en proporción a las rentas que satisfagan, sin que en ningún caso pueda exceder el aumento, que no tendrá el concepto de renta y sí el de asimilado a ésta del 25 por 100 de la renta anual, el cual se hará efectivo por recibos complementarios mensuales.

2. Del mismo modo le asistirá al arrendador el derecho regulado en el número anterior sobre el importe de las contribuciones especiales establecidas por los Ayuntamientos y abonadas por el arrendador.

3. Lo dispuesto en los números anteriores se entiende sin perjuicio de la aplicación de lo prevenido en los artículos 95.2; 96.6; 99.2, y 100.4.

Apdo. 1, se eleva el porcentaje al 12 por 100 por Ley 46/1980, de 1 octubre (BOE de 13-10-1980).

Ver D.T. 2.ª, C), 10.3 y 10.4 de la LAU de 1994, sobre posibilidad de cargo del gasto de obras. Ver también D.T. 3.ª D) sobre esta materia.

Ver arts. 95, 97 y 107 de la LAU de 1964.

Confrontar con art. 21 LAU de 1994.

ART. 109.

1. A los efectos prevenidos en el precedente artículo, el arrendador, una vez terminadas las obras o pagadas las contribuciones especiales, notificará a los inquilinos o arrendatarios por escrito: la naturaleza y alcance de las mismas, su importe, el del porcentaje de interés que corresponda al capital invertido o pagado y la participación con que cada uno de aquéllos deba contribuir en la cantidad representativa de dicho interés.

2. En todo lo demás, relativo a la aceptación u oposición al aumento por los inquilinos o arrendatarios, se estará a lo dispuesto en las reglas 2.ª y 5.ª del artículo 101.2.

Ver D.T. 2.ª, de la LAU de 1994.

ART. 110.

1. Cualquiera que fuere la fecha en que haya sido habitada la finca, cuando requerido el arrendador para la ejecución de reparaciones necesarias ordenadas por autoridad competente, a fin de conservar la vivienda o local de negocio en estado de servir para su uso, dejare transcurrir treinta días sin comenzarlas, o tres meses sin terminarlas, el inquilino o arrendatario podrá ejecutarlas o proseguirlas por sí.

2. El inquilino o arrendatario podrá en todo momento realizar las reparaciones urgentes encaminadas a evitar daño inminente o incomodidad grave.

3. En ambos casos el arrendador vendrá obligado a abonar su importe de una sola vez al inquilino o arrendatario que lo hubiese satisfecho, dentro de los quince días siguientes en que fuere requerido para ello, sin perjuicio de recabar el aumento correspondiente en los términos prevenidos en el artículo 108, cuando sea de aplicación.

ART. 111.

Las obras de reparación que tengan su origen en daño doloso o negligentemente producido por el inquilino o arrendatario o por las personas que con él convivan, serán de su cargo, pudiendo el arrendador reclamarles su importe, sin perjuicio de ejercitar, cuando los daños fueren dolosos, la acción que autoriza la causa 7.ª del artículo 114.

Ver art. 1555.2, 1563 Y 1564 C.Civil, así como los arts. 1101 y 1902 y concordantes C.Civil.

ART. 112.

1. La realización de obras de mejora autorizará al arrendador para elevar la renta cuando las efectúe de acuerdo con el respectivo inquilino o arrendatario, o de los tres quintos de éstos cuando se trate de obras de mejora comunes.

2. Los inquilinos o arrendatarios no conformes vendrán también obligados a abonar la cuantía del aumento convenido por los demás con el arrendador en proporción a las rentas que, respectivamente, satisfagan.

3. No requerirá el acuerdo reclamado en el número 1 de este artículo la instalación por parte del arrendador de aquellos aparatos contadores de los servicios o suministros que existan en la vivienda o local de negocio.

4. Salvo estipulación escrita en contrario, las obras de mejora a que se refiere este artículo quedarán en beneficio de la finca.

Confrontar con art. 23.2.ª de la LAU 1994

ART. 113.

A los efectos de la distribución del aumento autorizado en los artículos 108 y 112, se reputará que el arrendador es inquilino o arrendatario de la vivienda o local que ocupe, así como de los desalquilados.

Ver art. 22.4 LEC.

CAPÍTULO XI
Causas de resolución y suspensión de los contratos a que se refiere esta ley

Sección Primera. Causas de resolución del arrendamiento

ART. 114.

El contrato de arrendamiento urbano, lo sea de vivienda o de local, de negocio, podrá resolverse a instancia del arrendador por alguna de las causas siguientes:

1.ª La falta de pago de la renta o de las cantidades que a ésta se asimilan.

Cuando proceda la resolución por esta causa se tendrá en cuenta lo dispuesto en los capítulos anteriores y en el Decreto de 17 de octubre de 1940, relativo a los obreros y empleados españoles que se encuentren en paro forzoso, así como las disposiciones complementarias cuya vigencia se reitera. La exención de pago, cuando proceda con arreglo al citado Decreto y disposiciones complementarias, se producirá aunque la renta de la vivienda rebase de 300 pesetas mensuales, siempre que la diferencia en más se deba a la aplicación de los aumentos que autoriza esta Ley, y comprenderá las cantidades que, según lo dispuesto en los dos capítulos precedentes, corresponda abonar al inquilino en situación de paro, de las cuales podrá resarcirse el arrendador por derrama, que se hará conforme al artículo 8.º de dicho Decreto. En estos casos, el arrendador deberá hacer las notificaciones de que tratan los dos capítulos anteriores a la Cámara de la Propiedad respectiva y ésta se subrogará en los derechos que se confieren al inquilino.

Cuando el inquilino que se hallare en la situación de paro a que se refiere el párrafo anterior tuviese subarrendada total o parcialmente la vivienda, al amparo de lo dispuesto en esta Ley, la exención de pago de renta se limitará a la diferencia que exista entre la merced del subarriendo o subarriendos y la del arrendamiento.

2.ª El haberse subarrendado la vivienda o el local de negocio o la tenencia de huéspedes, de modo distinto al autorizado en el capítulo III.

3.ª Cuando en el supuesto previsto en el artículo 21 o en los subarriendos parciales de vivienda, aunque se hubieren celebrado éstos con autorización expresa y escrita del arrendador, perciba el subarrendador rentas superiores a las que autoriza la presente Ley.

Notificado fehacientemente el arrendador por cualquiera de los subarrendatarios de ser abusiva la renta percibida por el subarrendador, dentro de los treinta días siguientes deberá ejercitar la acción resolutoria del arriendo, y si no lo hiciere, el subarrendatario que primero hubiere hecho la notificación, continúe o no en la vivienda, tendrá acción contra el arrendador y el subarrendador para subrogarse como inquilino en los derechos y obligaciones de dicho subarrendador, el cual será lanzado de la vivienda. Esta acción caducará a los tres meses de la fecha en que pudo ejercitarse.

El mismo derecho asistirá a los huéspedes de que trata el artículo 21.

4.ª Cuando concurra la causa 2.ª.A), del artículo 117, y requerido el subarrendador por el arrendador, dentro de los dos meses siguientes, no se hubiere ejercitado la acción resolutoria contra el subarrendatario.

5.ª La cesión de vivienda o el traspaso de local de negocio realizado de modo distinto del autorizado en el capítulo IV de esta Ley.

6.ª La transformación de la vivienda en local de negocio, o viceversa, o el incumplimiento por el adquirente en traspaso de la obligación que le impone el apartado 2.º del artículo 32.

7.ª Cuando el inquilino o arrendatario, o quienes con él convivan, causen dolosamente daños en la finca, o cuando lleven a cabo, sin el consentimiento del arrendador, obras que modifiquen la configuración de la vivienda o del local de negocio, o que debiliten la naturaleza y resistencia de los materiales empleados en la construcción.

Cuando el inquilino, antes de iniciar las obras, entregare o pusiere a disposición del arrendador la cantidad necesaria para volver la vivienda a su primitivo estado, no procederá esta causa si aquéllas no debilitan la naturaleza y resistencia de los materiales empleados en la construcción de la finca, y su cuantía no excede del importe de tres mensualidades de renta.

Cuando el arrendatario se proponga realizar obras en el local arrendado para mejora de sus instalaciones o servicios, adaptándolos a las necesidades de su negocio, y no obtenga el consentimiento del arrendador, podrá ser autorizado judicialmente para llevarlas a cabo, siempre que pruebe que las obras proyectadas no debilitan la naturaleza y resistencia de los materiales empleados en la construcción de la finca, y que no afectarán, una vez realizadas, al uso de ésta por los demás ocupantes, obligándose, además, a pagar la elevación de la renta que la autoridad judicial determine, si así lo pide el arrendador y aquélla lo estima justo.

Las obras realizadas quedarán en beneficio de la finca. El arrendatario estará obligado, respecto de las que no hayan supuesto mejora del inmueble, a reponer el local al estado anterior, si así lo exigiere el arrendador a la terminación del arriendo por cualquier causa, debiendo afianzar el cumplimiento de esta obligación, si también lo exigiere el arrendador, en la forma y cuantía que señale la autoridad judicial.

Se presumirá, salvo prueba en contrario, la necesidad de realizar las obras cuando las mismas vengan expresamente impuestas por decisión administrativa.

Las normas comprendidas en los tres párrafos anteriores serán de aplicación al arrendamiento de viviendas en cuanto a las obras que el inquilino se proponga realizar de su cuenta para establecer o mejorar las instalaciones o servicios.

8.ª Cuando en el interior de la vivienda o local de negocio tengan lugar actividades que de modo notorio resulten inmorales, peligrosas, incómodas o insalubres.

La resolución del contrato por causa de notoria incomodidad no procederá en los siguientes casos:

1.º Cuando los locales estuvieren arrendados con destino a oficinas o servicios del Estado, Provincia, Municipio, Iglesia Católica o Corporaciones de Derecho público.

2.º Cuando se destinaren a Colegios o Escuelas públicas o particulares, siempre que estas últimas se hallaren constituidas y desenvolvieren su labor ajustándose a las disposiciones vigentes.

3.º Cuando se dedicaren a consultorios públicos, casas de socorro e instituciones piadosas o benéficas de cualquier clase que fueren.

Esta acción podrá ejercitarse por el arrendador a su iniciativa o a la de cualquiera de los inquilinos o arrendatarios. La acción deberá obligatoriamente ejercitarla el arrendador cuando lo soliciten la mayoría de los inquilinos o arrendatarios que vivan en la finca, y si se desestima y fuere el arrendador condenado en costas, le asistirá el derecho de repetir contra aquellos inquilinos o arrendatarios que le hubiesen requerido para el ejercicio de dicha acción.

9.ª La expropiación forzosa del inmueble, dispuesta por autoridad competente, según resolución que no dé lugar a ulterior recurso.

En este caso podrá la administración proceder al lanzamiento por la vía administrativa, previa la indemnización a los inquilinos o arrendatarios de la finca expropiada, que nunca será inferior a las dispuestas en la sección segunda del capítulo VIII de esta Ley, declarándolas y haciéndolas efectivas por dicha vía administrativa. El lanzamiento en estos casos tendrá lugar previo apercibimiento por plazo que nunca será inferior al de dos meses.

10.º La declaración de ruina de la finca, acordada por resolución que no dé lugar a recurso y en expediente contradictorio tramitado ante la autoridad municipal, en el cual hubieren sido citados al tiempo de su iniciación todos los inquilinos y arrendatarios.

Cuando el peligro de ruina se declare inminente por la autoridad competente, aunque la resolución no fuere firme, podrá disponer la gubernativa que la finca sea desalojada.

11.º Por no cumplirse los requisitos o no reunirse las circunstancias exigidas en el capítulo VII para la prórroga forzosa del contrato o por concurrir alguna de las causas de denegación de la misma señaladas en el artículo 62.

12.º En los casos de extinción de usufructo, cuando el titular dominical pruebe que las condiciones pactadas para el arrendamiento por el usufructuario anterior fueron notoriamente gravosas para la propiedad.

Ver D.T. 2.ª 10.5 de la LAU de 1994.

Ver arts. 10, 21, 56 a 62, 117.4 y 129 de esta Ley.

Ver arts. 7 y 19 de la Ley de Propiedad Horizontal.

Ver art. 44 de la Ley Expropiación Forzosa.

Confrontar con art. 27.2 y 28 de la LAU 1994.

ART. 115.

El inquilino o arrendatario de local de negocio podrá resolver el contrato antes del tiempo pactado por cualquiera de las siguientes causas:

1.ª Las perturbaciones de hecho o de derecho que en la vivienda o local de negocio arrendado o en las cosas de uso necesario y común en la finca realice el arrendador, ello sin perjuicio de cualquier otra acción que pudiera asistirle.

2.ª Por no efectuar el arrendador las reparaciones necesarias, a fin de conservar la vivienda o el local de negocio, sus instalaciones o servicios o las cosas de uso necesario o común en la finca en estado de servir para lo pactado en el contrato.

3.ª La falta de prestación por el arrendador de los servicios propios de la vivienda o local de negocio, ya aparezcan especificadas en el contrato, ya resulten de las instalaciones con que cuente la finca.

Ver arts. 57, 107 y 117 b) de esta Ley.

Confróntese con art. 27.3 a) en relación con art. 21 LAU de 1994.

Confróntese con art. 1554.2.º y 3.º del C.Civil.

ART. 116.

Cuando se dé lugar a alguna de las causas de resolución de que trata el artículo anterior, el inquilino o arrendatario perjudicado podrá optar entre dar por terminado el contrato o exigir que cese la perturbación, que se ejecuten las reparaciones o que se presten los servicios o suministros, y, en cualquier caso, tendrá derecho, además, al abono por el arrendador de las indemnizaciones siguientes:

1.º En el primer caso del artículo anterior, a una cantidad que no podrá ser nunca inferior al importe de una mensualidad de renta, y que guardará proporción con la importancia o gravedad de la perturbación. Cuando ésta se debiere a obras encaminadas precisamente a aumentar el número de las viviendas con que cuente la finca, los inquilinos o arrendatarios no tendrán derecho al abono de indemnización alguna, pero sí a dejar en suspenso sus respectivos contratos, con los efectos establecidos en el artículo 119.

2.º En el 2.º caso del precedente artículo la cantidad que proceda, atendida la importancia y trascendencia del daño o incomodidad que la no reparación origina en el uso de la cosa arrendada.

3.º En el tercer caso del artículo anterior, sea cual fuere la causa de la no prestación, e incluso de ser debida a fuerza mayor, si el incumplimiento afectare al servicio de calefacción a cargo del arrendador y el mismo no se diere en absoluto o se prestare en forma notoria y ostensiblemente irregular o deficiente, la indemnización será del 20 por 100 del importe anual de la renta, salvo que esta prestación apareciere especificada separadamente en el contrato, en cuyo caso, de haberse satisfecho su precio, la indemnización será igual a lo que por él hubiere pagado. Y tanto en uno como en otro caso, si el arrendador hubiere percibido diferencias por el coste del servicio, vendrá obligado a reintegrarlas.

Cuando el incumplimiento de que trata el párrafo anterior resultare de entidad menor y el perjudicado demostrare haber tenido necesidad de emplear medios de calefacción supletorios, la indemnización se limitará al importe del gasto que le origine su entretenimiento, pero no la adquisición de aquéllos.

Si el incumplimiento del arrendador fuera total o afectare a los restantes servicios o suministros, la indemnización será igual al 5 por 100 del importe anual de la renta.

El derecho al percibo de las indemnizaciones a que se refiere este artículo en ningún caso eximirá de la obligación de pagar la renta y las cantidades que conforme a esta Ley se asimilan a ella.

Ver art. 107, 115 y 227 b) de esta Ley.

Sección Segunda. Causas de resolución del subarriendo

ART. 117.

Podrá resolverse el contrato de subarriendo por haberse resuelto a su vez el contrato de arrendamiento y además por las siguientes causas:

A. Para el subarrendador:

1.ª La falta de pago de la renta pactada por el subarriendo.

2.ª El subarriendo o la cesión realizados por el subarrendatario, sin perjuicio de lo dispuesto en el artículo 27.

3.ª La transformación de la vivienda subarrendada en local de negocio o viceversa.

4.ª En los casos 7.º y 8.º del artículo 114, sustituida la referencia a inquilino o arrendatario por la de subarrendatario.

5.ª El vencimiento del plazo contractual, sin perjuicio de lo dispuesto en los números 2 y 3 del artículo 13.

B. Para el subarrendatario:

Las señaladas en los números 2 y 3 del artículo 13 y las que según el artículo 115 permiten al inquilino o arrendatario de local de negocio obtener la resolución, entendiendo referidas la primera y la segunda a las perturbaciones y omisiones imputables al arrendador o al subarrendador, y la tercera, a los servicios y suministros a cargo de cualquiera de ambos.

Será aplicable además lo dispuesto en el artículo 116, y las indemnizaciones se calcularán sobre la merced que pague el subarrendatario, siendo su abono a cargo del subarrendador, quien, en su caso, podrá repetir contra el arrendador.

Ver arts. 13.2 y 3, 27, 114.4.º, 7.º y 8.º, 115 y 116 de esta Ley.

Sección Tercera. Causa de resolución común al arrendamiento y al subarriendo

ART. 118.

1. La pérdida o destrucción de la vivienda o local de negocio será causa común de resolución de todos los contratos a que se refiere este capítulo.

2. Se equipara a la destrucción el siniestro que para la reconstrucción de la vivienda o local de negocio haga preciso la ejecución de obras cuyo costo exceda del 50 por 100 de su valor real al tiempo de ocurrir aquél, sin que para esta valoración se tenga en cuenta la del suelo.

Ver arts. 1182 a 1186, 1563 y 1568 del CC.

Ver arts. 92 y 116.1 de esta Ley.

Confróntese con art. 26 LAU de 1994.

Sección Cuarta. Causa de suspensión de los contratos

ART. 119.

Cuando la autoridad competente disponga la ejecución de obras que impidan que la finca siga habitada, todos los contratos a que se refiere este capítulo se reputarán en suspenso por el tiempo que duren aquéllas, quedando asimismo suspendida por igual período la obligación de pago de rentas.

Ver arts. 92 y 116.1 de esta Ley.

Confróntese art. 26 LAU 1994.

CAPÍTULO XII
Jurisdicción, competencia, procedimiento y recursos

Sección Primera. Jurisdicción y competencia

ART. 120.

El conocimiento y resolución de los litigios que puedan suscitarse al amparo de esta Ley corresponderá a los Juzgados y Tribunales de la jurisdicción ordinaria.

ART. 121.

1. Aunque medie sumisión expresa a la jurisdicción de otro Juzgado será competente en todo caso el que correspondiere al lugar en que se hallare la finca, entrando el asunto a turno de reparto donde hubiere varios de igual categoría.

2. Para el conocimiento de todos los asuntos a que esta Ley se refiere en que sea parte el Estado o los establecimientos de instrucción y de Beneficencia general serán únicamente competentes los Juzgados de las poblaciones donde exista Audiencia.

ART. 122.

Los Jueces de Primera Instancia conocerán de cuantos litigios se promuevan en ejercicio de las acciones que se funden en derechos reconocidos por esta Ley.

Modificado por Ley 10/1992, de 30 de abril, de Medidas Urgentes de Reforma Procesal. (BOE de 05-05-1992).

ART. 123.

(SIN CONTENIDO)

Sin contenido por Ley 10/1992, de 30 de abril, de Medidas Urgentes de Reforma Procesal. (BOE de 05-05-1992).

Sección Segunda. Procedimiento de primera instancia

ART. 124.

Cuando el juicio se promueva para resolver el contrato de arrendamiento o de subarriendo de vivienda o local de negocio por falta de pago de la renta o de las cantidades que a tenor de los capítulos IX y X se asimilan a ella, se sustanciará conforme a lo dispuesto para el desahucio en los artículos 1.571 a 1.582 de la Ley de Enjuiciamiento Civil, pero se tendrá en cuenta lo dispuesto en el artículo 147.

ART. 125.

Cuando la acción ejercitada sea distinta de la que trata el artículo anterior, el proceso se sustanciará por las normas establecidas para los juicios de cognición.

Modificado por Ley 10/1992, de 30 de abril, de Medidas Urgentes de Reforma Procesal. (BOE de 05-05-1992).

ART. 126.

Cuando se accione de retracto, el procedimiento será el del Título XIX, del Libro II, de la Ley de Enjuiciamiento Civil, ajustándose, a lo prevenido en esta Ley especial de Arrendamientos Urbanos.

Modificado por Ley 10/1992, de 30 de abril, de Medidas Urgentes de Reforma Procesal. (BOE de 05-05-1992).

ART. 127.

1. Sin otra excepción que en los juicios de desahucio por falta de pago, podrá el actor acumular las acciones contra los distintos inquilinos de una misma finca, aunque lo sean por contratos diferentes, siempre que aquéllos se fundamenten en hechos comunes a todos ellos.

2. En igual caso podrá acumular las acciones que le competen contra los distintos arrendatarios de los locales de negocio existentes en el inmueble.

3. No obstante, unos y otros podrán litigar con representaciones y defensa diferentes.

Apdo. 1 modificado por Ley 10/1992, de 30 de abril, de Medidas Urgentes de Reforma Procesal. (BOE de 05-05-1992).

ART. 128.

El demandado podrá formular reconvención sobre materia propia de esta Ley, salvo que el juicio fuere de desahucio por falta de pago de las rentas o de las cantidades que a ellas se asimilan. Formulada la reconvención, se dará traslado al actor por término de tres días para que conteste concretamente sobre la reconvención así planteada.

> *Modificado por Ley 10/1992, de 30 de abril, de Medidas Urgentes de Reforma Procesal. (BOE de 05-05-1992).*

ART. 129.

1. De la demanda del arrendador instando la resolución del contrato por la causa 3.ª del artículo 114, cuando obedezca a la notificación a que se refiere el párrafo 2.º de dicha causa, deberá darse traslado al huésped o subarrendatario que hubiere hecho la notificación y éste se hallará activamente legitimado para ser parte en el juicio, coadyuvando con representación y defensa propias en la acción resolutoria, según escrito procesalmente articulado como tal demanda, del que se dará traslado al actor por igual plazo que para la contestación y previamente al que se otorgue al demandado para contestar a ambos escritos.

2. La sentencia podrá decretar la resolución del arriendo tanto en razón a lo alegado por el demandante como por el coadyuvante en la acción, valorando el Juez en conciencia las pruebas practicadas.

3. Si el arrendador notificado silencia en su demanda este extremo y en virtud de ello no es emplazado el notificante, podrá éste durante el año siguiente a la sentencia firme que se hubiere dictado ejercitar la acción subrogatoria establecida en el párrafo 2.º de la causa 3.ª del artículo 114, que llevará implícito el lanzamiento del inquilino, aunque sea persona distinta del que subarrendó.

Sección Tercera. Recursos

ART. 130.

(SIN CONTENIDO)

> *Sin contenido por Ley 10/1992, de 30 de abril, de Medidas Urgentes de Reforma Procesal. (BOE de 05-05-1992).*

ART. 131.

Contra la sentencia dictada se dará recurso de apelación.

> *Modificado por Ley 10/1992, de 30 de abril, de Medidas Urgentes de Reforma Procesal. (BOE de 05-05-1992).*

ARTS. 132 A 134.

(DEROGADOS)

> *Derogados por Ley 10/1968, 20 junio, sobre atribución de competencia en materia civil a las Audiencias Provinciales. (BOE de 21-06-1968).*

ART. 135.

Contra la sentencia que dicte la Audiencia Provincial no se dará ulterior recurso. Por excepción, en los litigios sobre contratos de arrendamiento de local de negocio, cuya renta contractual exceda de un millón de pesetas, se dará el recurso de casación por las causas y trámites establecidos en la Ley de Enjuiciamiento Civil. No se dará recurso de casación cuando la sentencia se haya dictado en juicio de desahucio por falta de pago.

> *Modificado por Ley 10/1992, de 30 de abril, de Medidas Urgentes de Reforma Procesal. (BOE de 05-05-1992).*

ARTS. 136 A 139.

(DEROGADOS)

> *Derogado por Ley 18/1974, 27 junio, sobre modificación y derogación de determinados artículos del texto refundido de la Ley de Arrendamientos Urbanos. (BOE de 29-06-1974)*

ART. 140.

Los recursos interpuestos al amparo de los precedentes artículos tendrán tramitación preferente, tanto ante los Juzgados de Primera Instancia y las Audiencias como ante el Tribunal Supremo.

Modificado por Ley 18/1974, 27 junio («B.O.E.», 29 junio).

ART. 141.

(SIN CONTENIDO)

Sin contenido por Ley 10/1992, de 30 de abril, de Medidas Urgentes de Reforma Procesal. (BOE de 05-05-1992).

Sección Cuarta. Ejecución de sentencias

ART. 142.

La sentencia dictada en el juicio a que se refiere el artículo 124 se ejecutará según lo establecido en la Sección tercera, título XVII, libro II de la Ley Procesal, pero se tendrá en cuenta lo dispuesto en el artículo 107, y además que los plazos del artículo 1.596 de la Ley de Enjuiciamiento Civil se entenderán exclusivamente referidos a las viviendas y locales de negocio y ampliados a dos meses en uno y otro caso, que serán excepcionalmente prorrogables por otros dos cuando el Juez, por razones de equidad o personales del demandado, lo considere procedente.

Modificado por Ley 10/1992, de 30 de abril, de Medidas Urgentes de Reforma Procesal. (BOE de 05-05-1992).

ART. 143.

1. La ejecución de la sentencia dictada en el proceso mencionado en el artículo 125, de figurar en ella pronunciamiento que obligue a desalojar la vivienda se acomodará asimismo a los trámites señalados para el lanzamiento en la sección cuarta, título XVII, libro II de la Ley de Enjuiciamiento Civil, y los plazos para desalojar serán de cuatro meses, prorrogados excepcionalmente por el Juez por otros dos, todo ello sin perjuicio de lo establecido en la causa 10.ª del artículo 110, en el supuesto a que se refiere.

2. De no figurar en la sentencia pronunciamiento que obligue a desalojar la vivienda, su ejecución se ajustará a los trámites de las dictadas en juicio verbal.

ART. 144.

En los restantes casos la sentencia se ejecutará conforme a lo dispuesto en la Ley Procesal común.

Modificado por Ley 10/1992, de 30 de abril, de Medidas Urgentes de Reforma Procesal. (BOE de 05-05-1992).

Sección Quinta. Disposiciones comunes y generales

ART. 145.

En cuanto a representación y defensa regirán las disposiciones actualmente vigentes en los juicios respectivos, si bien cuando el interesado, en los casos en que la Ley lo autoriza, no haga uso del derecho de comparecer y defenderse por sí mismo, habrá de valerse de Abogado o Procurador.

ART. 146.

La cuantía litigiosa la determinará la renta anual, para cuya fijación se estará siempre a lo pactado por escrito, computándose, en su caso, los aumentos que autorice esta Ley. En defecto de estipulación escrita, a la que resulte del último pago realizado por el inquilino o arrendatario que sea parte en la litis, y de ser dudosa o imposible la determinación de la renta, se estimará ésta no superior a 5.000 pesetas anuales.

ART. 147.

En los procesos a que se refieren los artículos 120 y 142 se tendrán en cuenta las reglas siguientes:

1.ª El demandado podrá enervar la acción si en cualquier momento anterior a ser notificado de la sentencia que no dé lugar a ulterior recurso, él u otra persona en su nombre, aunque obre sin su consentimiento, paga al actor o pone a su disposición en el Juzgado el importe de las cantidades en cuya inefectividad se sustente la demanda y el de las que en dicho instante debiere.

Sólo cuando el pago o la consignación se realice hasta el mismo día señalado para el juicio y antes de su celebración, podrá éste proseguirse por las costas, y en tal caso, si el demandado intentare acreditar el ofrecimiento de las rentas al actor con anterioridad a la presentación de su demanda, se admitirán otras pruebas procedentes en derecho, además de las que autoriza el párrafo 2.º del artículo 1.579 de la Ley procesal. Lo mismo se hará cuando, aun sin mediar el pago o la consignación, la acción se inspirare en la falta de abono de las diferencias o participaciones a que se refieren los capítulos IX y X y el demandado impugne su legitimidad.

2.ª En los arrendamientos de vivienda, cualquiera que fuere su renta, y en los de local de negocio, si no excede de 12.000 pesetas anuales, podrá el demandado rehabilitar de plena vigencia el contrato y evitar el lanzamiento si hasta el momento mismo en que fuera a practicarse, él u otra persona en su nombre, aunque obre sin su consentimiento, paga al actor o pone a su disposición, depositándolo incluso en poder del encargado de ejecutar la diligencia, que en todo caso lo tomará y dará recibo, el importe de las cantidades que por principal debiera en dicho instante, el 25 por 100 del mismo y los intereses legales, a contar éstos desde la fecha de la demanda, en las sumas vencidas.

En tales casos se suspenderá el lanzamiento, y de haberse hecho cargo el Juzgado de las sumas pagadas por el demandado, requerirá al actor para que dentro del quinto día las reciba, procediendo a ingresarlas en el establecimiento correspondiente si transcurrido dicho plazo no lo hace.

Dentro de los diez días siguientes podrá el demandante instar que, de cuenta del demandado, se tasen las costas y gastos legítimos que con ocasión del juicio hubiere realizado. Practicada la tasación, de resultar su importe igual o superior al 25 por 100 depositado por el demandado, se le entregará al demandante; más si fuere inferior, se reintegrará al demandado la diferencia, archivándose sin más las actuaciones, tanto en uno como en otro caso, sin perjuicio del derecho del actor a reclamar la diferencia ejercitando la oportuna acción personal.

Cuando el actor deje transcurrir los diez días sin instar la tasación, el Juzgado, de oficio y a cargo del demandado, liquidará las costas judiciales exclusivamente, y entregando a este último la diferencia, si la hubiere, archivará asimismo las actuaciones.

3.ª Cuando por la reiteración con que se haga uso del beneficio a que la precedente regla se refiere resulte aplicable el artículo 9.º de la presente Ley, no tendrá efectos enervatorios la consignación efectuada, a cuyo fin el actor podrá, en el curso del litigio, alegar dicha reiteración y practicar prueba para acreditarla.

ART. 148.

1. Será requisito indispensable para que el inquilino, arrendatario o subarrendatario puedan disfrutar de los plazos que para desalojar la vivienda o local de negocio establece este capítulo, que paguen o consignen la renta que hubieren venido abonando a la iniciación del litigio, en el plazo y modo previstos en el contrato. En otro caso no disfrutarán de más plazos que los establecidos en el artículo 1.596 de la Ley de Enjuiciamiento Civil.

2. Igualmente en todos los procesos que lleven aparejado el lanzamiento, para que el inquilino o arrendatario puedan utilizar los recursos de que trata la sección tercera de este capítulo, habrán de acreditar, al interponerlos, tener satisfechas las rentas vencidas con arreglo a lo que vinieren pagando a la iniciación del litigio o consignarlas en el Juzgado o Tribunal.

3. Lo dispuesto en los dos párrafos precedentes no será de aplicación en los casos de exención de pago de la renta contemplados en la causa primera del artículo 114.

4. Durante la sustanciación de los recursos interpuestos por el inquilino o arrendatario vendrán éstos obligados al pago o consignación de la renta. El incumplimiento de esta obligación dará lugar a la caducidad del recurso siempre que, requerido por el Juez o Tribunal que conozca del mismo, no cumpliere tal obligación en el término de cinco días.

ART. 149.

1. (*Sin contenido*)
2. (*Sin contenido*)
3. En los juicios de desahucio por falta de pago, las costas se impondrán al del demandado cuando se declare haber lugar al mismo o que éste hubiere procedido de no mediar el pago o la consignación, y al actor en caso contrario.

> *Apdos. 1 y 2 sin contenido por Ley 10/1992, de 30 de abril, de Medidas Urgentes de Reforma Procesal. (BOE de 05-05-1992).*

ART. 150.

La Ley de Enjuiciamiento Civil será subsidiariamente aplicable en materia de procedimiento.

ART. 151.

Cuando la acción, aunque propia de la relación arrendaticia urbana, no se fundamente en derechos reconocidos en esta Ley, el litigio se sustanciará conforme a lo dispuesto en las Leyes procesales comunes.

Sección Sexta. De la Junta de Estimación

ART. 152.

1. La Junta de Estimación a que se refiere esta Ley se constituirá, bajo la presidencia del Juez municipal o comarcal, según proceda, del término o comarca correspondiente al lugar en que radique la finca. Serán Vocales de esta Junta un propietario de finca urbana sita en el mismo término municipal que el inmueble y un comerciante o industrial clasificado en la misma tarifa y epígrafe tributario que el arrendatario o que explote negocio análogo. La Delegación de Hacienda, la Cámara de la Propiedad Urbana y la Organización Sindical facilitarán al Juez las relaciones de unos y otros. En caso de no existir en el término municipal o comarcal personas que reúnan las expresadas condiciones, podrá el Juez disponer que dichos Vocales sean de otro, preferentemente de los colindantes. Todos serán designados por el Juez mediante insaculación por sorteo entre los incluidos en las relaciones reclamadas, pudiendo recusarlos las partes una sola vez y por el solo hecho de formular la recusación.

2. La Junta de Estimación actuará a instancia de parte mediante escrito dirigido al Juez municipal o comarcal y habrá de emitir resolución dentro de los treinta días de ser aquél presentado adoptándose los acuerdos por mayoría.

En caso de conformidad de los dos Vocales y siempre que la valoración resultare manifiestamente desproporcionada y contradictoria respecto de los dictámenes y peritaciones solicitadas por el Presidente de la Junta, podrá éste decidir sin atenerse al acuerdo adoptado en tales casos por los Vocales en resolución motivada.

3. Se oirá a las partes por término común de diez días, dentro del cual formularán sus alegaciones y aportarán pruebas, pudiendo, además, disponer el Juez las diligencias o peritaciones que considere necesarias, corriendo los gastos que se originen por mitad a cargo del arrendador y del arrendatario, quienes, en todo caso, habrán de abonar en la misma forma una cantidad equivalente al 0,50 por 100 del importe de la valoración efectuada, en su caso, y del 3 por 100 de la renta anual fijada cuando la revisión de la misma se trate. Las cantidades así recaudadas se destinarán a cubrir los gastos que origine la actuación de las Juntas de Estimación, en la forma que disponga el Gobierno.

4. Las resoluciones que dicte la Junta de Estimación serán definitivas y ejecutorias sin ulterior recurso, pero podrán ser impugnadas en el juicio declarativo correspondiente, dentro de los tres meses siguientes a su notificación.

DISPOSICIONES TRANSITORIAS

D.T. 1.ª

1. Sin otras excepciones que las que resulten de sus propios preceptos, lo dispuesto en esta Ley será de aplicación no sólo a los contratos que se celebren a partir de su vigencia, sino también a los que en dicho momento se hallaren en vigor.

2. Sin embargo, cuando a la promulgación de la Ley de Bases de 22 de diciembre de 1966 el inquilino o arrendatario hubiere accedido de modo fehaciente, con fecha posterior a la celebración del contrato, a desalojar definitivamente la vivienda o local de negocio, no será de aplicación lo dispuesto en la misma.

D.T. 2.ª

1. El ejercicio de los derechos reconocidos en la legislación precedente, cuando se hubiese iniciado extrajudicial o judicialmente antes de la vigencia de la presente Ley, se regirá en todos sus aspectos y consecuencias por aquella legislación.

2. Si el procedimiento judicial estuviere iniciado a la entrada en vigor de la presente Ley, serán aplicables las normas procesales de la legislación anterior, siendo de aplicación en los restantes casos el procedimiento judicial establecido en la presente.

D.T. 3.ª

Los arrendamientos comprendidos en el número 2 del artículo 2.° quedan prorrogados por el plazo de un año, a contar de la vigencia de esta Ley, transcurrido el cual se podrán ejercitar las acciones pertinentes con sujeción al Derecho común, si bien para el desahucio por vencimiento del término deberá mediar el oportuno requerimiento con antelación de seis meses.

D.T. 4.ª

a) Cuando una vivienda o local de negocio se hallare total o parcialmente subarrendada en 1 de octubre de 1946 por plazo no inferior al de seis meses, precisamente anteriores a esta fecha, aunque el arrendador no hubiere autorizado el subarriendo, si antes de ese día no promovió el desahucio por dicha causa, no podrá a su amparo obtener la resolución del contrato hasta que cambie la persona del subarrendatario. Y el cambio no se entenderá causado si se tratare de viviendas, porque a la muerte del subarrendatario prosigan el subarriendo sus familiares dentro del segundo grado que con él convivieren con tres meses de anterioridad al óbito, siendo de aplicación, cuando lo subarrendado fuere un local de negocio, lo establecido en el artículo 60, bien que referido a la persona del subarrendatario.

En los casos a que se refiere el párrafo anterior, el arrendador, a partir de la vigencia de esta Ley, y mientras subsista el subarriendo, podrá exigir del inquilino o arrendatario un sobreprecio equivalente al 80 por 100 más del importe de la renta que en 1 de octubre de 1946 pagare, de ser aquel total conforme a las prescripciones del capítulo III, y del 40 por 100 si parcial. La falta de pago de estos porcentajes se reputará como inefectividad de la renta, y serán exigibles con independencia de cualquier otro aumento que autorice esta Ley.

b) El arrendador que por escrito y con anterioridad a la vigencia de los preceptos de esta Ley hubiera autorizado el subarriendo total o parcial, no tendrá derecho a participar en el precio del mismo, ni a reclamar los sobreprecios establecidos en la letra anterior, pero sí al pago de lo que hubiere pactado por consentirlo.

c) Aunque por escrito y en fecha anterior a la vigencia de los preceptos de esta Ley contare el inquilino con la autorización del arrendador para ceder o traspasar su vivienda, no podrá cederla más que a las personas que menciona el artículo 24, entendiéndose sustituida esta facultad por la de subarriendo total, que comprenderá el parcial. Tampoco en estos casos tendrá el arrendador derecho al percibo de participación alguna en los precios del subarriendo ni a exigir el aumento que autoriza el párrafo a) de esta Disposición.

d) Siempre que el arrendador perciba sobreprecio por el subarriendo en virtud de lo establecido en la letra a) de esta Disposición, o en los casos de las dos letras anteriores, tendrá los derechos y obligaciones que le asignan los capítulos III y XI, pero no le asistirá acción resolutoria del contrato de inquilinato, aunque cambie la persona del subarrendatario, y la facultad que le otorga el artículo 15 se limitará al importe de la renta y del sobreprecio, si se hallare autorizado a percibirlo, y al de la renta exclusivamente en los casos que fueren de aplicación las dos letras anteriores de esta Disposición.

e) El arrendador que hallándose en el caso de la letra a) de esta Disposición, y sin serle de aplicación lo dispuesto en las b) y c), se abstuviere de percibir sobreprecio alguno, además de poder obtener la resolución del contrato de inquilinato al producirse el cambio del subarrendatario en el modo exigido en la letra a) citada, tendrá los derechos que confiere esta Ley al arrendador que autorice el subarriendo, sin que le sean exigibles las obligaciones que impone al mismo.

f) El subarrendador deberá cumplir siempre las obligaciones que le impone esta Ley, y le asistirán las acciones que le competen a tenor de la misma, salvo contra el arrendador que se hallare en el caso de la letra anterior, y la resolutoria del contrato de subarriendo por expiración del plazo pactado para el mismo, que no procederá en los celebrados con anterioridad a la vigencia de los preceptos de la Ley de 31 de diciembre de 1946, por ser de aplicación, en cuanto a ellos, ya sean totales o parciales, la prórroga obligatoria para el subarrendador y facultativa para el subarrendatario, o para los que por muerte de éste le continuaren.

El subarrendatario, sea cual fuere la fecha del subarriendo, disfrutará de las acciones que le confiere esta Ley, salvo las referidas al arrendador que se hallare comprendido en la letra anterior de esta Disposición.

g) El beneficio de prórroga otorgado a los subarrendatarios en los párrafos anteriores cesará en los casos 1.º, 3.º, 4.º y 5.º del artículo 62, siendo de aplicación los siguientes preceptos del capítulo VIII, que desarrollan el caso 1.º, sustituyéndose la mención que se hace de arrendador e inquilino o arrendatario por la de «subarrendador» y «subarrendatario», respectivamente, y reduciéndose, en todo caso, el plazo de preaviso y el importe de la indemnización a tres meses. Será también aplicable el artículo 64 y lo dispuesto en el artículo 72, de ser varios los locales que hubiere subarrendado el reclamante.

D.T. 5.ª

Las variaciones introducidas en el capítulo III sólo serán aplicables a los supuestos en él previstos que se produzcan a partir de la vigencia de la presente Ley.

Las situaciones jurídicas creadas al amparo de lo dispuesto en el artículo 27 del texto articulado de la Ley de 31 de diciembre de 1946 subsistirán únicamente mientras sigan conviviendo con el inquilino las mismas personas extrañas a su familia que con él convivieren el día en que entre en vigor esta Ley, pero con obligación para el inquilino de notificar en forma fehaciente al arrendador en el término de cuatro meses, contados desde el siguiente al día antes indicado, el nombre de aquellas personas y de los hijos que con cada una de ellas convivan. El porcentaje autorizado en el párrafo 1.º del referido artículo quedará elevado a partir de la vigencia de la presente Ley al 20 por 100 de la renta, sin perjuicio de cualquier otro aumento autorizado por este texto legal; si se incumpliera por el inquilino la obligación de notificar en el plazo señalado, el porcentaje se elevará al 30 por 100.

D.T. 6.ª

Las situaciones jurídicas producidas al amparo de los capítulos IV y V del texto articulado de la Ley de 31 de diciembre de 1946 subsistirán con la extensión y en los términos que les reconociera la legislación precedente, pero sujetándose, en cuanto al ejercicio de las acciones encaminadas a hacerlas valer, a lo dispuesto en la presente Ley.

D.T. 7.ª

Las modificaciones introducidas en el artículo 25 en el plazo de caducidad de la acción resolutoria del contrato por cesión, y en el cómputo del mismo no serán de aplicación a las verificadas antes de la entrada en vigor de esta Ley.

D.T. 8.ª

El arrendatario de local de negocio que con anterioridad a la vigencia de los preceptos de esta Ley tuviere reconocido por escrito el derecho de traspaso, podrá ejercitarlo libremente y sin someterse a lo dispuesto en el capítulo IV; pero el inmediato adquirente por traspaso habrá de cumplir lo ordenado en este último capítulo.

D.T. 9.ª

Los porcentajes de participación a que se refiere el artículo 39.2, se mantendrán mientras la renta no quede totalmente revalorizada a tenor del artículo 96, pero una vez alcanzado el límite de la revalorización el porcentaje de participación será de un 25 por 100 en el precio del traspaso, que experimentará el aumento del 50 por 100 a que se refiere el último inciso del citado artículo 39.2.

D.T. 10.ª

Los beneficios reconocidos en los artículos 58 y 59 serán aplicables a los contratos de inquilinato vigentes en el momento de empezar a regir esta Ley cualquiera que sea el número de subrogaciones que se hubiesen producido con anterioridad.

Se concede un plazo de cuatro meses, siguientes a la fecha indicada en el párrafo anterior, para notificar al arrendador cuál es la persona titular del arriendo a virtud de subrogación nacida al amparo de la legislación precedente.

D.T. 11.ª

Las dos subrogaciones a que se refiere el número 3 del artículo 60 serán aplicables a los contratos de arrendamiento de locales de negocio actualmente vigentes, cualquiera que hubiere sido el número de las subrogaciones anteriores.

D.T. 12.ª

Lo dispuesto en el número 4.º del artículo 58 y en el 3.º del 60 será aplicable aunque el fallecimiento del inquilino, del arrendatario o de alguno de sus sucesivos herederos subrogados hubiere ocurrido antes de la vigencia de esta Ley, salvo que en la fecha de su entrada en vigor hubiere recaído sentencia firme que declare resuelto el contrato.

D.T. 13.ª

El plazo a que se refiere el apartado 3.º del artículo 62 deberá computarse a partir de fecha posterior a la vigencia de esta Ley.

D.T. 14.ª

Cuando con anterioridad a la vigencia de la presente Ley se hubiera arrendado un local construido para servir de casa-habitación, con el fin de ejercer en el actividad industrial, comercial o de enseñanza, con fin lucrativo, aunque a tenor de lo dispuesto en este texto legal merezca el arrendamiento la calificación de «local de negocio», podrá el arrendador negarse a la prórroga, al amparo de la causa 1.ª del artículo 62, cumpliendo lo establecido en los artículos 63, 64, 65, 67, 68, 73, números 1 y 2, y 74, que serán aplicables con las siguientes modificaciones:

a) Cuando el arrendatario no tuviera en él su casa-habitación, a efectos del orden de prelación del artículo, el local se entenderá situado entre las viviendas que no sirvan de hogar familiar y la ocupada por familia menos numerosa. Mas si le sirviere de casa-habitación, se considerará comprendido en el grupo de las viviendas correspondientes a quienes, habitando en ellas, ejerzan en las mismas profesión u oficio que sea objeto de tributación.

b) El artículo 65 será de aplicación, salvo en lo relativo a la indemnización que percibirá el arrendatario, lo cual se establecerá según lo dispuesto en los artículos 70.4.º, o, en su caso, 73.4 y siguientes, cuyos preceptos se aplicarán sin otra modificación que en cuanto al plazo en que deberá ocuparse el local, para lo que se estará a lo prevenido en el artículo 68.

Será competente el Juez de Primera Instancia para conocer de las demandas que se promuevan al amparo de lo dispuesto en esta Disposición.

D.T. 15.ª

Las nuevas asimilaciones a locales de negocio establecidas en el número 2 del artículo 5.º sólo surtirán efecto a partir de la entrada en vigor de esta Ley, en los términos, respecto de la renta, previstos en el artículo 96, si bien el plazo a que se refiere el número 5, párrafo 2.º, será anual en lugar de semestral.

D.T. 16.ª

Las modificaciones introducidas por el artículo 99 serán de aplicación cuando los hechos en él previstos se hayan iniciado después de la vigencia de la presente Ley, salvo lo preceptuado en los apartados 3.º y 6.º del número 1 del mismo, que serán aplicables aun cuando la asignación por la Hacienda de renta superior a la satisfecha por el inquilino o arrendatario o la aplicación de la vivienda al destino especificado en el referido apartado 6.º hubieren tenido lugar antes de la entrada en vigor de esta Ley.

D.T. 17.ª

Sin perjuicio de lo prevenido en el artículo 1.º, las rentas de los arrendamientos de vivienda y local de negocio concertados después de 11 de mayo de 1956 y antes de 1 de julio de 1964, una vez que lleven cinco años de prórroga legal, podrán ser elevadas en los porcentajes que señale el Gobierno, previo informe de la Organización Sindical y audiencia del Consejo de Estado, teniendo en cuenta a estos efectos la variación de los índices ponderados de vida publicados por el Instituto Nacional de Estadística, correspondientes al período comprendido entre el año en que el contrato entró en la fase de prórroga legal y el día 30 de junio de 1964, en función de la variación que puedan experimentar sueldos y jornales y en consideración al destino del local arrendado y fecha de su primera ocupación.

D.T. 18.ª

La renta de las viviendas y locales de negocio que hubiere sido objeto de reducción al amparo de lo dispuesto en el artículo 133 del texto articulado de la Ley de Arrendamientos Urbanos de 31 de diciembre de 1946 podrá ser incrementada por el arrendador, a partir de la entrada en vigor de esta Ley, en la misma cantidad a que ascendió la reducción, siempre que concurran los requisitos a que se refiere el artículo 103 de este texto legal, que, a partir de la vigencia de esta Ley, será aplicable con efectos retroactivos.

D.T. 19.ª

Las variaciones introducidas por el artículo 105 sólo serán aplicables a los contratos que se perfeccionen después de la entrada en vigor de esta Ley.

D.T. 20.ª

En los contratos a que se refieren los números 2 y 3 del artículo 3 que estuvieren en vigor el día en que comience a regir la presente Ley, de no haber acuerdo entre los interesados para revisar la renta, podrá serlo, a instancia del arrendador, dentro de los seis meses, a partir del día indicado por la Junta de Estimación prevista en el capítulo XII. Si el arrendatario considera gravosa la renta asignada por la Junta, podrá desistir del arrendamiento dentro de los treinta días siguientes de serle notificada, cualquiera que fuere el plazo que, conforme al contrato, le quedare por cumplir; pero en todo caso vendrá obligado al abono de la señalada desde el día de la notificación hasta aquel en que entregare al arrendador el objeto del arrendamiento.

D.T. 21.ª

Las modificaciones efectuadas en el capítulo XI sólo serán aplicables a los hechos previstos en él, cuya producción se haya iniciado después de la entrada en vigor de la presente Ley.

DISPOSICIONES ADICIONALES

D.A. 1.ª

Hasta que el Gobierno, por considerar aumentada la disponibilidad de viviendas, decrete lo contrario, ningún local destinado anteriormente a hogar familiar podrá ser dedicado en lo sucesivo, de modo principal, a otros fines.

Los Ayuntamientos se abstendrán de otorgar licencias de obras para instalación de nuevos establecimientos mercantiles e industriales en edificios ya construidos, así como toda clase de permisos y autorizaciones encaminadas a la apertura de los mismos, sin que se acredite previamente, y con certificado expedido por la Fiscalía de la vivienda correspondiente, que no se produce la transformación prohibida por esta Disposición. El mismo documento exigirán las Delegaciones de Hacienda antes de autorizar la correspondiente alta en la contribución.

Cuando la prohibición establecida en esta disposición se infringiere, entrará en aplicación lo dispuesto en los párrafos 2 y siguientes de la letra b) de la segunda de estas disposiciones adicionales, aunque el Gobierno no haya hecho uso de la autorización a que el mismo se refiere.

D.A. 2.ª

Queda autorizado el Gobierno para que, si las circunstancias lo aconsejan, disponga por Decreto la adopción gradual, en todo o en parte del territorio nacional y plazas de soberanía, de las siguientes medidas:

a) El alquiler obligatorio de aquellas viviendas que, susceptibles de ser ocupadas, no lo fueran por nadie. A tales fines, el Gobernador civil de la provincia, comprobando sumariamente las denuncias que se le formulen, concederá al propietario el plazo de un mes para que se ocupen, precisamente como casa-habitación y no como escritorio, oficina, depósito, almacén o local de negocio. Y transcurrido dicho plazo sin hacerlo, dentro de los quince días que sigan, acordará aquella autoridad que sea ocupada por el primer aspirante a inquilino, en turno riguroso de antigüedad, que se hallare dispuesto a pagar como renta la exigida por el arrendador, si no fuera superior a la última declarada a fines fiscales o a la que sirva de base al tributo, de no haberse formulado declaración, y el aspirante advendrá inquilino de la vivienda, con los derechos y deberes que le impone esta Ley, aunque el arrendador se niegue a otorgarle contrato, en cuyo caso la renta se determinará conforme a los datos fiscales que se expresan.

b) El desahucio por causa de necesidad social de aquellas viviendas ocupadas que, sin mediar justa causa, se hallaren habitualmente deshabitadas, o el de las que no sirvan de casa-habitación, oficinas o local de negocio del arrendador, o si se hallaren alquiladas, de su inquilino o arrendatario. Los Tribunales, al resolver, tendrán en cuenta, además de aquellas circunstancias personales del demandado que determinen la existencia o inexistencia de causa justa, lo siguiente:

1.º Si es realmente útil la ocupación en razón a la proximidad o alejamiento del núcleo urbano en que la escasez de viviendas se produce; y

2.º Si por ser la vivienda de características parecidas o semejantes a las que normalmente sirven en la localidad de casa-habitación, permanentemente ocupada, procede acordar que así sea.

El desahucio lo instará el Ministerio Fiscal a excitación del Gobernador civil de la provincia y previa sumaria investigación de la denuncia que hará esta Autoridad. Se deducirá ante el Juez de Primera Instancia respectivo y habrán de ser llamados al juicio, como parte demandada, el propietario o titular, y de hallarse alquilada la vivienda, también el inquilino. Su tramitación se acomodará a lo dispuesto en el capítulo XII para los procedimientos atribuidos a la competencia de aquellos Juzgados cuando se ejercita ante ellos acción resolutoria del contrato; pero las costas, si la demanda se desestima, no se impondrán nunca al actor. Cuando se estime la demanda por sentencia firme y ejecutoria se procederá al lanzamiento del ocupante en el plazo de quince días improrrogables.

Para su efectiva ocupación o, en su caso, alquiler, se aplicará lo prevenido en la letra a) de esta disposición.

Tan luego se adopte alguna de las medidas de que trata la presente disposición se procederá a la constitución en los Gobiernos Civiles de un registro público y gratuito de aspirantes a inquilinos, que comprenderá todos los de la provincia que en tal caso se hallaren, clasificados por localidades, y en el cual figurará, junto a cada aspirante, la renta que estuviere dispuesto a pagar.

El Gobierno podrá disponer además la adopción de cuantas medidas fueren necesarias para la mayor eficacia de las que se dejan enunciadas.

Lo dispuesto en la letra b) de esta disposición se entiende sin perjuicio de lo previsto en el apartado 3.º del artículo 62.

D.A. 3.ª

El Gobierno, previo informe de la Organización Sindical, con audiencia del Consejo de Estado, y teniendo en cuenta las mutaciones habidas en la economía nacional, podrá elevar o reducir el tope de la renta señalada en el número 2 del artículo 6.º, para que los inquilinos de viviendas ocupadas por primera vez a partir de 1 de enero de 1960 puedan renunciar válidamente a los beneficios concedidos por esta Ley.

D.A. 4.ª

Mientras subsistan las actuales circunstancias de escasez de viviendas, y hasta que el Gobierno disponga la vigencia plena del número 2 del artículo 12, la división que en el mismo se establece para la fijación de la merced del subarriendo parcial se hará tomando como dividendo el cuádruplo de la renta.

D.A. 5.ª

El Gobierno podrá disponer que quede sin efecto la acción impugnatoria regulada en el artículo 53 y la facultad prevista en el artículo 18 sobre subarriendos sin consentimiento del arrendador, cuando considere que las circunstancias así lo aconsejan.

D.A. 6.ª

El Gobierno también podrá disponer que quede sin efecto total o parcialmente lo prevenido en el número 2 del artículo 99 cuando resulte contrario a la equidad que el arrendador continúe soportando por sí solo las cargas a que dicho precepto se refiere, así como para determinar la forma y proporción en que los inquilinos y arrendatarios deban contribuir al levantamiento de dichas cargas.

D.A. 7.ª

Se autoriza al Gobierno para extender la derrama establecida en el artículo 8.º del Decreto de 17 de octubre de 1940, en la cuantía, forma y proporción que se estimen oportunas, a las Cámaras Oficiales de Comercio, Industria y Navegación y otros Organismos que puedan considerarse afectados.

D.A. 8.ª

El Gobierno, a propuesta del Ministro de Justicia, podrá dictar por Decreto, además de aquellas disposiciones expresamente citadas en esta Ley, las que considere necesarias para la mejor ejecución, desarrollo y cumplimiento de los preceptos de la misma.

DISPOSICIONES FINALES

D.F. 1.ª

1 El presente texto refundido entrará en vigor el día 1 de enero de 1965, rigiendo en esta materia hasta el 30 de junio de 1964 el texto articulado de la Ley de Bases de Arrendamientos Urbanos de 22 de diciembre de 1955, aprobado por Decreto de 13 de abril de 1956, y a partir de 1 de julio de 1964, el referido texto articulado, con las modificaciones y adiciones introducidas en él por la Ley de 11 de junio de 1964, todo ello hasta la entrada en vigor del presente texto refundido.

2. La fecha de entrada en vigor de la Ley a que se refieren los artículos 3.º, número 3, 95, 96 y 97 y las disposiciones transitorias 7.ª, 11, 12 y 15 a 18 de este texto refundido es la de 1 de julio de 1964.

D.F. 2.ª

Quedan derogadas todas las disposiciones especiales dictadas en materia de arrendamientos urbanos, con excepción de las contenidas en las Leyes especiales protectoras de la construcción de fincas urbanas y sus disposiciones complementarias, de las demás aludidas en la presente Ley y de las siguientes: Ley de 23 de septiembre de 1939 en los casos cuya aplicación está establecida; Decretos de 3 de febrero, 13 de abril y 25 de mayo de 1945 y 21 de marzo de 1952, sobre competencia y procedimiento administrativo de desahucio; Decreto de 3 de octubre de 1947, sobre aplicación y cumplimiento de la letra a) de la D.T. 23 del texto articulado de la Ley de 31 de diciembre de 1946; Decreto de 22 de septiembre y Orden de 23 de octubre de 1947 y Decreto de 22 de abril de 1949, con normas singulares sobre arrendamientos de fincas urbanas en la ciudad de Cádiz; Decreto de 11 de marzo de 1949 sobre «papel de fianzas»; Orden de 12 de diciembre de 1947 sobre destino y aplicación de las cantidades a que se refiere el artículo 96 del texto articulado antes citado; Orden de 22 de febrero y Decreto de 26 de mayo de 1950, aclaratorio de los artículos 71 y 79, respectivamente, del mismo texto articulado; Ley de 16 de diciembre de 1954 sobre hipoteca mobiliaria y prenda sin desplazamiento de posesión; Decreto de 26 de julio de 1956 por el que se desarrolla lo dispuesto en los artículos 98, número 1.º, y 102 del presente texto articulado; Decreto-ley de 14 de septiembre y Decreto de 28 de septiembre de 1956 sobre aplicación de la D.T. 8.ª del mismo texto; Decretos de 30 de noviembre de 1956 y 22 de julio de 1958, dictados en aplicación de la disposición adicional 6.ª del texto articulado aprobado por Decreto de 13 de abril de 1956; Ley de 12 de mayo de 1956 y disposiciones complementarias sobre ordenación urbanística; Decreto de 22 de febrero de 1957, aclaratorio del artículo 7.º de este texto articulado; Decreto de 18 de octubre de 1957 sobre instalación de antenas receptoras de televisión; Decretos de 28 de marzo de 1958, 29 de enero de 1959 y 15 de diciembre de 1960, sobre aplicación de las medidas señaladas en el apartado b) de la disposición adicional 2.ª del texto articulado últimamente citado; Ley de 24 de abril y Decreto de 22 de julio de 1958 sobre préstamos a los inquilinos para la adquisición de sus viviendas; Decreto de 10 de octubre de 1958 sobre facultades de los Gobernadores civiles en materia de vivienda; Decreto de 31 de octubre de 1958, complementario del artículo 62, número 3.º, del mismo texto; Decreto de 8 de enero de 1959 sobre aplicación del artículo 76 y de la disposición adicional 1.ª de igual texto; Decreto de 17 de noviembre de 1960 sobre viviendas construidas al amparo de la Ley de 25 de junio de 1935; Decreto de 6 de septiembre de 1961 sobre revisión quinquenal de las rentas, y artículo 32 de la Ley 77, de 23 de diciembre de 1961 y sobre educación física.

Seguirán igualmente en vigor las disposiciones dictadas para la defensa del patrimonio artístico o histórico nacional.

LEGISLACIÓN SUSTANTIVA CIVIL

III.-
CÓDIGO CIVIL
–BOE n.º 206 de 25 de julio de 1889–

(Extracto: arts. 1542 a 1574 y 1580 a 1582)

(...)

TÍTULO VI
Del contrato de arrendamiento

CAPÍTULO I
Disposiciones generales

ART. 1542.

El arrendamiento puede ser de cosas, o de obras o servicios.

ART. 1543.

En el arrendamiento de cosas, una de las partes se obliga a dar a la otra el goce o uso de una cosa por tiempo determinado y precio cierto.

ART. 1544.

En el arrendamiento de obras o servicios, una de las partes se obliga a ejecutar una obra o a prestar a la otra un servicio por precio cierto.

ART. 1545.

Los bienes fungibles que se consumen con el uso no pueden ser materia de este contrato.

CAPÍTULO II
De los arrendamientos de fincas rústicas y urbanas

Sección 1.ª Disposiciones generales

ART. 1546.

Se llama arrendador al que se obliga a ceder el uso de la cosa, ejecutar la obra o prestar el servicio; y arrendatario al que adquiere el uso de la cosa o el derecho a la obra o servicio que se obliga a pagar.

ART. 1547.

Cuando hubiese comenzado la ejecución de un contrato de arrendamiento verbal y faltare la prueba del precio convenido, el arrendatario devolverá al arrendador la cosa arrendada, abonándole, por el tiempo que la haya disfrutado, el precio que se regule.

ART. 1548.

Los progenitores o tutores, respecto de los bienes de los menores, y los administradores de bienes que no tengan poder especial, no podrán dar en arrendamiento las cosas por término que exceda de seis años.

Modificado por Ley 8/2021, de 2 de junio, por la que se reforma la legislación civil y procesal para el apoyo a las personas con discapacidad en el ejercicio de su capacidad jurídica. (BOE de 03-06-2021).

ART. 1549.

Con relación a terceros, no surtirán efecto los arrendamientos de bienes raíces que no se hallen debidamente inscritos en el Registro de la Propiedad.

ART. 1550.

Cuando en el contrato de arrendamiento de cosas no se prohíba expresamente, podrá el arrendatario subarrendar en todo o en parte la cosa arrendada, sin perjuicio de su responsabilidad al cumplimiento del contrato para con el arrendador.

ART. 1551.

Sin perjuicio de su obligación para con el subarrendador, queda el subarrendatario obligado a favor del arrendador por todos los actos que se refieran al uso y conservación de la cosa arrendada en la forma pactada entre el arrendador y el arrendatario.

ART. 1552.

El subarrendatario queda también obligado para con el arrendador por el importe del precio convenido en el subarriendo que se halle debiendo al tiempo del requerimiento, considerando no hechos los pagos adelantados, al no haberlos verificado con arreglo a la costumbre.

ART. 1553.

Son aplicables al contrato de arrendamiento las disposiciones sobre saneamiento contenidas en el título de la compraventa.

En los casos en que proceda la devolución del precio, se hará la disminución proporcional al tiempo que el arrendatario haya disfrutado de la cosa.

Sección 2.ª De los derechos y obligaciones del arrendador y del arrendatario

ART. 1554.

El arrendador está obligado:

1.º A entregar al arrendatario la cosa objeto del contrato.

2.º A hacer en ella durante el arrendamiento todas las reparaciones necesarias a fin de conservarla en estado de servir para el uso a que ha sido destinada.

3.º A mantener al arrendatario en el goce pacífico del arrendamiento por todo el tiempo del contrato.

ART. 1555.

El arrendatario está obligado:

1.º A pagar el precio del arrendamiento en los términos convenidos.

2.º A usar de la cosa arrendada como un diligente padre de familia, destinándola al uso pactado; y, en defecto de pacto, al que se infiera de la naturaleza de la cosa arrendada según la costumbre de la tierra.

3.º A pagar los gastos que ocasione la escritura del contrato.

ART. 1556.

Si el arrendador o el arrendatario no cumplieren las obligaciones expresadas en los artículos anteriores, podrán pedir la rescisión del contrato y la indemnización de daños y perjuicios, o sólo esto último, dejando el contrato subsistente.

ART. 1557.

El arrendador no puede variar la forma de la cosa arrendada.

ART. 1558.

Si durante el arrendamiento es necesario hacer alguna reparación urgente en la cosa arrendada que no pueda diferirse hasta la conclusión del arriendo, tiene el arrendatario obligación de tolerar la obra, aunque le sea muy molesta, y aunque durante ella se vea privado de una parte de la finca.

Si la reparación dura más de cuarenta días, debe disminuirse el precio del arriendo a proporción del tiempo y de la parte de la finca de que el arrendatario se vea privado.

Si la obra es de tal naturaleza que hace inhabitable la parte que el arrendatario y su familia necesitan para su habitación, puede éste rescindir el contrato.

ART. 1559.

El arrendatario está obligado a poner en conocimiento del propietario, en el más breve plazo posible, toda usurpación o novedad dañosa que otro haya realizado o abiertamente prepare en la cosa arrendada.

También está obligado a poner en conocimiento del dueño, con la misma urgencia, la necesidad de todas las reparaciones comprendidas en el número 2.° del artículo 1554.

En ambos casos será responsable el arrendatario de los daños y perjuicios que por su negligencia se ocasionaren al propietario.

ART. 1560.

El arrendador no está obligado a responder de la perturbación de mero hecho que un tercero causare en el uso de la finca arrendada; pero el arrendatario tendrá acción directa contra el perturbador.

No existe perturbación de hecho cuando el tercero, ya sea la Administración, ya un particular, ha obrado en virtud de un derecho que le corresponde.

ART. 1561.

El arrendatario debe devolver la finca, al concluir el arriendo, tal como la recibió, salvo lo que hubiese perecido o se hubiera menoscabado por el tiempo o por causa inevitable.

ART. 1562.

A falta de expresión del estado de la finca al tiempo de arrendarla, la ley presume que el arrendatario la recibió en buen estado, salvo prueba en contrario.

ART. 1563.

El arrendatario es responsable del deterioro o pérdida que tuviere la cosa arrendada, a no ser que pruebe haberse ocasionado sin culpa suya.

ART. 1564.

El arrendatario es responsable del deterioro causado por las personas de su casa.

ART. 1565.

Si el arrendamiento se ha hecho por tiempo determinado, concluye el día prefijado sin necesidad de requerimiento.

ART. 1566.

Si al terminar el contrato, permanece el arrendatario disfrutando quince días de la cosa arrendada con aquiescencia del arrendador, se entiende que hay tácita reconducción por el tiempo que establecen los artículos 1577 y 1581, a menos que haya precedido requerimiento.

ART. 1567.

En el caso de la tácita reconducción, cesan respecto de ella las obligaciones otorgadas por un tercero para la seguridad del contrato principal.

ART. 1568.

Si se pierde la cosa arrendada o alguno de los contratantes falta al cumplimiento de lo estipulado, se observará respectivamente lo dispuesto en los artículos 1182 y 1183 y en los 1101 y 1124*.

(Nota: En las primeras ediciones del Código Civil no se citaban los dos últimos artículos, que aparecen añadidos tanto en la Colección Legislativa como en la última edición oficial de la versión original.)

ART. 1569.

El arrendador podrá desahuciar judicialmente al arrendatario por alguna de las causas siguientes:

1.ª Haber expirado el término convencional o el que se fija para la duración de los arrendamientos en los artículos 1577 y 1581.

2.ª Falta de pago en el precio convenido.

3.ª Infracción de cualquiera de las condiciones estipuladas en el contrato.

4.ª Destinar la cosa arrendada a usos o servicios no pactados que la hagan desmerecer; o no sujetarse en su uso a lo que se ordena en el número 2.º del artículo 1555.

ART. 1570.

Fuera de los casos mencionados en el artículo anterior, tendrá el arrendatario derecho a aprovechar los términos establecidos en los artículos 1577 y 1581.

ART. 1571.

El comprador de una finca arrendada tiene derecho a que termine el arriendo vigente al verificarse la venta, salvo pacto en contrario y lo dispuesto en la Ley Hipotecaria.

Si el comprador usare de este derecho, el arrendatario podrá exigir que se le deje recoger los frutos de la cosecha que corresponda al año agrícola corriente y que el vendedor le indemnice los daños y perjuicios que se le causen.

ART. 1572.

El comprador con pacto de retraer no puede usar de la facultad de desahuciar al arrendatario hasta que haya concluido el plazo para usar del retracto.

ART. 1573.

El arrendatario tendrá, respecto de las mejoras útiles y voluntarias, el mismo derecho que se concede al usufructuario.

ART. 1574.

Si nada se hubiere pactado sobre el lugar y tiempo del pago del arrendamiento, se estará, en cuanto al lugar, a lo dispuesto en el artículo 1171; y, en cuanto al tiempo, a la costumbre de la tierra.

(…)

Sección 4.ª Disposiciones especiales para el arrendamiento de predios urbanos

ART. 1580.

En defecto de pacto especial, se estará a la costumbre del pueblo para las reparaciones de los predios urbanos que deban ser de cuenta del propietario. En caso de duda se entenderán de cargo de éste.

ART. 1581.

Si no se hubiese fijado plazo al arrendamiento, se entiende hecho por años cuando se ha fijado un alquiler anual, por meses cuando es mensual, por días cuando es diario.

En todo caso cesa el arrendamiento, sin necesidad de requerimiento especial, cumplido el término.

Legislación Sustantiva Civil

ART. 1582.

Cuando el arrendador de una casa, o de parte de ella, destinada a la habitación de una familia, o de una tienda, o almacén, o establecimiento industrial, arrienda también los muebles, el arrendamiento de éstos se entenderá por el tiempo que dure el de la finca arrendada.

(...)

Legislación
Sustantiva Civil

IV.-
REAL DECRETO LEGISLATIVO 1/2020, DE 5 DE MAYO, POR EL QUE SE APRUEBA EL TEXTO REFUNDIDO DE LA LEY CONCURSAL

–BOE n.º 127 de 7 de mayo de 2020–

(Extracto: arts. 168, 242.15.º, 244, 270.4.º, 271.1 y 429)

LIBRO PRIMERO
DEL CONCURSO DE ACREEDORES

(...)

TÍTULO III
De los efectos de la declaración de concurso

(...)

CAPÍTULO IV
De los efectos sobre los contratos

(...)

Sección 3.ª Del derecho a la rehabilitación de contratos

(...)

ART. 168. Rehabilitación de contratos de arrendamientos urbanos.

1. La administración concursal podrá enervar la acción de desahucio ejercitada contra el deudor con anterioridad a la declaración del concurso, así como rehabilitar la vigencia del contrato de arrendamiento urbano hasta el momento mismo de practicarse el efectivo lanzamiento.

2. La notificación a la otra parte del ejercicio de la facultad de rehabilitación del contrato o de enervación de la acción de desahucio del contrato deberá realizarse por la administración concursal con previo o simultáneo pago con cargo a la masa de todas las rentas y conceptos pendientes, así como con el compromiso de satisfacer las posibles costas procesales causadas hasta ese momento.

3. El ejercicio de los derechos a que se refiere este artículo podrá realizarse aunque el arrendatario ya hubiera enervado el desahucio en ocasión anterior.

(...)

TÍTULO IV
De la masa activa
(…)

CAPÍTULO VI
De los créditos contra la masa activa
(…)

Sección 1.ª De los créditos contra la masa activa

ART. 242. Créditos contra la masa.

Son créditos contra la masa:

(…)

15.º Los créditos que, en los casos de pago de créditos con privilegio especial sin realización de los bienes o derechos afectos, en los de rehabilitación de contratos o de enervación de desahucio y en los demás previstos en esta ley, correspondan por las cantidades debidas y las de vencimiento futuro a cargo del concursado.

(…)

(…)

Sección 2.ª Del régimen de los créditos contra la masa activa

ART. 244. Pago de los créditos contra la masa.

El pago de créditos contra la masa se hará con cargo a los bienes y derechos no afectos al pago de créditos con privilegio especial.

(…)

TÍTULO V
De la masa pasiva
(…)

CAPÍTULO III
De la clasificación de los créditos concursales
(…)

Sección 2.ª De los créditos privilegiados

Subsección 1.ª De los créditos con privilegio especial

ART. 270. Créditos con privilegio especial.

Son créditos con privilegio especial:

(…)

4.º Los créditos por contratos de arrendamiento financiero o de compraventa con precio aplazado de bienes muebles o inmuebles, a favor de los arrendadores o vendedores y, en su caso, de los financiadores, sobre los bienes arrendados o vendidos con reserva de dominio, con prohibición de disponer o con condición resolutoria en caso de falta de pago

(…)

Legislación
Sustantiva Civil

ART. 271. Requisitos del privilegio especial.

1. Los créditos a que se refieren los números 1.º a 5.º del artículo anterior deberán tener constituida la respectiva garantía antes de la declaración de concurso con los requisitos y formalidades establecidos por la legislación específica para que sea oponible a terceros, salvo que se trate de los créditos con hipoteca legal tácita o de los refaccionarios de los trabajadores.

(...)

(...)

TÍTULO IX
Del pago a los acreedores concursales

(...)

ART. 429. Deducción para pagos de créditos contra la masa.

Antes de proceder al pago de los créditos concursales, la administración concursal deducirá de la masa activa los bienes y derechos necesarios para satisfacer los créditos contra esta.

(...)

V.-
LEY HIPOTECARIA, APROBADA POR DECRETO DE 8 DE FEBRERO DE 1946 POR EL QUE SE APRUEBA LA NUEVA REDACCIÓN OFICIAL DE LA LEY HIPOTECARIA

–BOE n.º 58, de 27 de febrero de 1946–

(Extracto: arts. 2, 8 y 107)

TÍTULO I
Del Registro de la Propiedad y de los títulos sujetos a inscripción

(…)

ART. 2.

En los Registros expresados en el artículo anterior se inscribirán:

Primero. Los títulos traslativos o declarativos del dominio de los inmuebles o de los derechos reales impuestos sobre los mismos.

Segundo. Los títulos en que se constituyan, reconozcan, transmitan, modifiquen o extingan derechos de usufructo, uso, habitación, enfiteusis, hipoteca, censos, servidumbres y otros cualesquiera reales.

Tercero. Los actos y contratos en cuya virtud se adjudiquen a alguno bienes inmuebles o derechos reales, aunque sea con la obligación de transmitirlos a otro o de invertir su importe en objeto determinado.

Cuarto. Las resoluciones judiciales en que se declaren la ausencia o el fallecimiento o afecten a la libre disposición de bienes de una persona, y las resoluciones a las que se refiere el párrafo segundo del artículo 755 de la Ley de Enjuiciamiento Civil. Las inscripciones de resoluciones judiciales sobre medidas de apoyo realizadas en virtud de este apartado se practicarán exclusivamente en el Libro sobre administración y disposición de bienes inmuebles.

Quinto. Los contratos de arrendamiento de bienes inmuebles, y los subarriendos, cesiones y subrogaciones de los mismos.

Sexto. Los títulos de adquisición de los bienes inmuebles y derechos reales que pertenezcan al Estado, o a las corporaciones civiles o eclesiásticas, con sujeción a lo establecido en las leyes o reglamentos.

> *Ordinal cuarto modificado por Ley 8/2021, de 2 de junio, por la que se reforma la legislación civil y procesal para el apoyo a las personas con discapacidad en el ejercicio de su capacidad jurídica. (BOE de 03-06-2021).*

(…)

TÍTULO II
De la forma y efectos de la inscripción
(…)

ART. 8.

Cada finca tendrá desde que se inscriba por primera vez un número diferente y correlativo.

Las inscripciones que se refieran a una misma finca tendrán otra numeración correlativa y especial.

Se inscribirán como una sola finca bajo un mismo número:

1.º. El territorio, término redondo o lugar de cada foral en Galicia o Asturias, siempre que reconozcan un solo dueño directo o varios proindiviso, aunque esté dividido en suertes o porciones, dadas en dominio útil o foro a diferentes colonos, si su conjunto se halla comprendido dentro de los linderos de dicho término.

Se estimará único el señorío directo para los efectos de la inscripción, aunque sean varios los que, a título de señores directos, cobren rentas o pensiones de un foral o lugar, siempre que la tierra aforada no se halle dividida entre ellos por el mismo concepto.

2.º. Toda explotación agrícola, con o sin casa de labor, que forme una unidad orgánica, aunque esté constituida por predios no colindantes, y las explotaciones industriales que formen un cuerpo de bienes unidos o dependientes entre sí.

3.º. Las fincas urbanas y edificios en general, aunque pertenezcan a diferentes dueños en dominio pleno o menos pleno.

4.º. Los edificios en régimen de propiedad por pisos cuya construcción esté concluida o, por lo menos, comenzada.

En la inscripción se describirán, con las circunstancias prescritas por la Ley, además del inmueble en su conjunto, sus distintos pisos o locales susceptibles de aprovechamiento independiente, asignando a éstos un número correlativo, escrito en letra y la cuota de participación que a cada uno corresponde en relación con el inmueble. En la inscripción del solar o del edificio en conjunto se harán constar los pisos meramente proyectados.

Se incluirán además aquellas reglas contenidas en el título y en los estatutos que configuren el contenido y ejercicio de esta propiedad.

La inscripción se practicará a favor del dueño del inmueble constituyente del régimen o de los titulares de todos y cada uno de sus pisos o locales.

5.º. Los pisos o locales de un edificio en régimen de propiedad horizontal, siempre que conste previamente en la inscripción del inmueble la constitución de dicho régimen.

(…)

TÍTULO V
De las hipotecas

Sección 1.º De la hipoteca en general.

(…)

ART. 107.

Podrán también hipotecarse:

1.º. El derecho de usufructo, pero quedando extinguida la hipoteca, cuando concluya el mismo usufructo por un hecho ajeno a la voluntad del usufructuario. Si concluyere por su voluntad, subsistirá la hipoteca hasta que se cumpla la obligación asegurada, o hasta que venza el tiempo en que el usufructo habría naturalmente concluido a no mediar el hecho que le puso fin.

2.º. La mera propiedad, en cuyo caso, si el usufructo se consolidare con ella en la persona del propietario, no sólo subsistirá la hipoteca, sino que se extenderá también al mismo usufructo, como no se haya pactado lo contrario.

3.º. Los bienes anteriormente hipotecados, aunque lo estén con el pacto de no volverlos a hipotecar.

4.º. El derecho de hipoteca voluntaria, pero quedando pendiente la que se constituya sobre él, de la resolución del mismo derecho.

5.º. Los derechos de superficie, pastos, aguas, leñas y otros semejantes de naturaleza real.

6.º. Las concesiones administrativas de minas, ferrocarriles, canales, puentes y otras obras destinadas al servicio público, y los edificios o terrenos que, no estando directa y exclusivamente destinados al referido servicio, pertenezcan al dominio particular, si bien se hallen agregados a aquellas obras, quedando pendiente la hipoteca, en el primer caso, de la resolución del derecho del concesionario.

7.º. Los bienes vendidos con pacto de retro o a carta de gracia, si el comprador o su causahabiente limita la hipoteca a la cantidad que deba recibir en caso de resolverse la venta, dándose conocimiento del contrato al vendedor, a fin de que si se retrajeren los bienes antes de cancelarse la hipoteca, no devuelva el precio sin conocimiento del acreedor, a no mediar para ello precepto judicial.

8.º. El derecho de retracto convencional, si bien el acreedor no podrá repetir contra los bienes hipotecados sin retraerlos previamente en nombre del deudor, en el tiempo en que éste tenga derecho y anticipando la cantidad que para ello fuere necesaria.

Si el vendedor ejercita el derecho de retracto no sólo subsistirá la hipoteca, sino que ésta recaerá directamente sobre los bienes retraídos.

9.º. Los bienes litigiosos, si la demanda origen del pleito se ha anotado preventivamente, o si se hace constar en la inscripción que el acreedor tenía conocimiento del litigio, pero en cualquiera de los dos casos la hipoteca quedará pendiente de la resolución del pleito.

10.º. Los bienes sujetos a condiciones resolutorias expresas, quedando extinguida la hipoteca al resolverse el derecho del hipotecante.

11.º. Los pisos o locales de un edificio en régimen de propiedad horizontal inscritos conforme a lo que determina el artículo octavo.

12.º El derecho del rematante sobre los inmuebles subastados en un procedimiento judicial. Una vez satisfecho el precio del remate e inscrito el dominio en favor del rematante, la hipoteca subsistirá, recayendo directamente sobre los bienes adjudicados.

(…)

Legislación Sustantiva Civil

VI.-
REGLAMENTO HIPOTECARIO, APROBADO POR
DECRETO DE 14 DE FEBRERO DE 1947

–BOE n.º 106 de 16 de abril de 1947–

(Extracto: arts. 15, 16.2 y 218)

TÍTULO PRIMERO
Del Registro de la Propiedad y de los títulos sujetos a inscripción

(…)

Bienes y derechos inscribibles y títulos sujetos a inscripción

ART. 15.

Los inquilinos y arrendatarios que tengan derecho de retorno al piso o local arrendado, ya sea por disposición legal o por convenio con el arrendador, podrán hacerlo constar en el Registro de la Propiedad mediante nota al margen de la inscripción de dominio de la finca que se reedifique. Sin esta constancia no perjudicará a terceros adquirentes el expresado derecho. Para extender la nota bastará solicitud del interesado, acompañada del contrato de inquilinato o arriendo y el título contractual judicial o administrativo del que resulte el derecho de retorno. Transcurridos cinco años desde su fecha, las expresadas notas se cancelarán por caducidad.

ART. 16.

Primero. (*Anulado*)
Segundo. El derecho de elevar una o más plantas sobre un edificio o el de realizar construcciones bajo su suelo, haciendo suyas las edificaciones resultantes, que, sin constituir derecho de superficie, se reserve el propietario en caso de enajenación de todo o parte de la finca o transmita a un tercero, será inscribible conforme a las normas del apartado 3.º. del artículo 8 de la Ley y sus concordantes. En la inscripción se hará constar:
a) Las cuotas que hayan de corresponder a las nuevas plantas en los elementos y gastos comunes o las normas para su establecimiento.
b) (*Anulada*)
c) (*Anulada*)
d) Las normas de régimen de comunidad, si se señalaren, para el caso de hacer la construcción.

(…)

TÍTULO QUINTO
De las hipotecas

Sección 1.ª De la hipoteca en general

(...)

Distribución del crédito hipotecario

(...)

ART. 218.

Cuando los diferentes pisos o departamentos de una casa pertenezcan a diversos propietarios, conforme a lo establecido en el artículo 396 del Código Civil, podrán acordar los dueños de aquéllos la constitución de una sola hipoteca sobre la totalidad de la finca, sin que sea necesaria la previa distribución entre los pisos.

Esta hipoteca se inscribirá en la forma siguiente:

a) Si los pisos estuvieren inscritos bajo el mismo número que la casa a que pertenezcan, se inscribirán en el mismo número de ésta.

b) Si la casa estuviera inscrita en su conjunto y, además e independientemente, lo estuvieren bajo número diferente, todos los pisos o departamentos de la misma, se hará una inscripción extensa de la hipoteca en el mismo número que tenga la casa en el Registro, e inscripciones concisas en el número que corresponda a cada piso.

c) Si estuvieren inscritos los pisos separadamente, pero no el edificio en su conjunto, se practicará la inscripción extensa en el número que corresponda a cualquiera de aquéllos, extendiéndose las inscripciones concisas en los demás.

El acreedor hipotecario sólo podrá hacer efectivo su derecho en estos casos, dirigiéndose contra la totalidad del edificio.

(...)

Legislación
Sustantiva Civil

VII.-
LEY DE HIPOTECA MOBILIARIA Y PRENDA SIN DESPLAZAMIENTO DE POSESIÓN DE 16 DE DICIEMBRE DE 1954

–BOE n.º 352, de 18 de diciembre de 1954–

(Extracto: arts. 19 a 33)

TÍTULO SEGUNDO
De la hipoteca mobiliaria

(...)

CAPÍTULO II
De la hipoteca de establecimientos mercantiles

ART. 19.

Para que puedan ser hipotecados los establecimientos mercantiles deberán estar instalados en local de negocio del que el titular sea dueño o arrendatario, con facultad de traspasar.

ART. 20.

La hipoteca comprenderá, necesariamente, el derecho de arrendamiento sobre el local si lo tuviere el hipotecante y, en su defecto, los establecidos en el artículo veintiocho de esta Ley. Asimismo comprenderá las instalaciones fijas o permanentes siempre que pertenezcan al titular del establecimiento.

ART. 21.

También comprenderá la hipoteca, si no se estableciere otra cosa, los siguientes bienes, que se describirán en la escritura pública correspondiente:

a) El nombre comercial, rótulo del establecimiento, marcas distintivas y demás derechos de propiedad industrial e intelectual.

b) Las máquinas, mobiliario, utensilios y demás instrumentos de producción y trabajo.

Los bienes a que se refiere este artículo quedarán afectos a la hipoteca siempre que se den las circunstancias siguientes:

- Que sean de la propiedad del titular del establecimiento;
- Que su precio de adquisición esté pagado, y
- Que se hallen destinados de modo permanente a satisfacer las necesidades de la explotación mercantil o industrial.

ART. 22.

La hipoteca se extenderá, mediante pacto, a las mercaderías y materias primas destinadas a la explotación propia del establecimiento cuando concurrieran los dos primeros requisitos exigidos en el párrafo último del artículo anterior.

Quedarán a salvo los derechos del comprador, de conformidad con el artículo ochenta y cinco del Código de Comercio, pero el deudor viene obligado a tener en el establecimiento mercaderías o materias primas en cantidad y valor igual o superior al que se haya determinado en la escritura de hipoteca, reponiéndolas debidamente con arreglo a los usos del comercio.

El acreedor tendrá derecho a inspeccionar el giro y tráfico del establecimiento, en la forma y plazo estipulados, sin estorbar, en ningún caso, su normal desenvolvimiento.

ART. 23.

Se entenderán incluidas en el artículo quinto las indemnizaciones que debe satisfacer el arrendador del inmueble al arrendatario con arreglo a la Ley de Arrendamientos Urbanos.

El arrendador no quedará liberado, en cuanto a las cantidades debidas al arrendatario, si el acreedor hipotecario que le hubiese notificado oportunamente su crédito no presta su conformidad al acuerdo que fije el importe de dichas indemnizaciones.

El acreedor tendrá, en todo caso, personalidad para exigir la intervención de la Junta de Estimación.

ART. 24.

La escritura de constitución de hipoteca deberá contener, además de las circunstancias expresadas en el artículo trece, las relativas a la renta y demás estipulaciones del arrendamiento, a todos los efectos legales, y en especial a los del artículo veintiocho.

La hipoteca constituida se notificará por acta notarial al arrendador o al propietario del local en que se hallare instalado el establecimiento que se hipoteca. Esta notificación se hará a instancia del acreedor o del deudor.

ART. 25.

El acreedor podrá ejercitar los derechos que correspondan al arrendatario para exigir que cesen las perturbaciones de hecho o de derecho, o para que se ejecuten las reparaciones necesarias en el local arrendado, cuando el deudor o hipotecante no las ejercitare, siempre que hubieren transcurrido ocho días desde que fue requerido para ello por el acreedor.

ART. 26.

El propietario del local de negocio a quien se le hubiere notificado la constitución de la hipoteca deberá trasladar al acreedor las notificaciones previstas en los artículos ciento dos y siguientes de la Ley de Arrendamientos Urbanos.

ART. 27.

El hipotecante está obligado a continuar el comercio o industria en el establecimiento hipotecado con arreglo a los usos del comercio y a participar al acreedor, dentro de los ocho días, cualquier acto o novedad dañosa.

ART. 28.

Si la hipoteca se hubiere constituido por el mismo propietario del local, el adjudicatario, en caso de ejecución, adquirirá, de pleno derecho, la cualidad de arrendatario con sujeción a lo pactado en la escritura de hipoteca.

ART. 29.

El acreedor podrá, aunque no haya transcurrido el plazo estipulado en el contrato, dar por vencida la obligación por cualquiera de las siguientes causas:

Primera.- Modificación de la clase de comercio o industria del establecimiento hipotecado, si no se pactare otra cosa.

Segunda.- Incumplimiento de las obligaciones establecidas en el artículo veintisiete y en especial la falta de pago del alquiler, cargas sociales y fiscales y primas de seguros.

Tercera.- Enajenación por el deudor, sin consentimiento del acreedor, de alguno de los bienes hipotecados, excepto las mercaderías, de conformidad con el artículo veintidós.

Cuarta.- Extinción del derecho de arrendamiento del local.

Quinta.- Resolución por sentencia firme del contrato de arrendamiento.

Sexta.- El término del contrato por cualquiera otra causa reconocida en la Ley.

Séptima.- El transcurso de seis meses desde la notificación notarial por el arrendador de la resolución gubernativa que acuerde la demolición del inmueble.

Octava.- La disminución en un veinticinco por ciento del valor de las mercaderías o materias primas hipotecadas, si el deudor no las repusiere, de conformidad con el artículo veintidós.

Novena.- Cualquiera otra causa especialmente fijada por la Ley o estipulada en la escritura de hipoteca al efecto de dar por vencida la obligación.

ART. 30.

El acreedor que abonare los descubiertos mencionados en el número segundo del artículo veintinueve podrá hacer efectivo su importe, con los intereses legales, al mismo tiempo que la deuda garantizada dentro de la cantidad máxima señalada para costas y gastos en la escritura de hipoteca.

ART. 31.

El arrendador que hubiere dado su conformidad con la hipoteca tendrá derecho al aumento de la renta vigente en un cinco por ciento, con independencia de lo que le corresponde según la Ley de Arrendamientos Urbanos. Si posteriormente se traspasare el local, el arrendador tendrá derecho a incrementar en un diez por ciento la participación que le corresponda en el traspaso con arreglo a dicha Ley. Ambos derechos serán ejercitables después de la constitución de cada hipoteca consentida.

Esta conformidad podrá prestarse en el momento de constituirse la hipoteca o en escritura posterior.

La sentencia declarando la resolución del contrato de arrendamiento por cualquiera de las causas señaladas en los números segundo al quinto y décimo del artículo ciento cuarenta y nueve de la Ley de Arrendamientos Urbanos, deberá ser notificada en forma auténtica por el arrendador al acreedor, así que fuere firme, y no será ejecutiva hasta que transcurran treinta días a partir de la notificación.

Durante este plazo podrá el acreedor hacer efectiva la acción hipotecaria.

El propietario del inmueble tendrá el derecho de retracto respecto de la adquisición que hiciere el adjudicatario en la subasta, y si no la ejercitare tendrá los derechos establecidos en el párrafo primero de este artículo.

Si el acreedor no entabla el procedimiento ejecutivo dentro del indicado plazo de treinta días, el arrendador recuperará el local objeto del arrendamiento resuelto y el acreedor podrá ejercitar la acción hipotecaria sobre los restantes bienes hipotecados.

ART. 32.

El arrendador que no hubiere dado su conformidad a la hipoteca, con arreglo al artículo anterior, podrá ejercitar libremente las acciones resolutorias reconocidas en los números segundo a quinto y décimo del artículo ciento cuarenta y nueve de la Ley de Arrendamientos Urbanos. El acreedor podrá mostrarse parte en el procedimiento.

El deudor que maliciosamente hubiere dado lugar a dicha resolución incurrirá en la responsabilidad civil y en la penal que procediere.

Extinguido, por cualquier causa, el derecho de arrendamiento del hipotecante sobre el local, subsistirá íntegramente la hipoteca sobre los demás bienes hipotecados.

ART. 33.

No surtirá efecto alguno en perjuicio del acreedor la renuncia de los derechos derivados del contrato de arrendamiento hecha por el arrendatario durante la subsistencia de la hipoteca, si ésta se hubiere notificado en la forma prevista en el artículo veinticuatro.

(...)

VIII.-
REAL DECRETO 297/1996, DE 23 DE FEBRERO, SOBRE INSCRIPCIÓN EN EL REGISTRO DE LA PROPIEDAD DE LOS CONTRATOS DE ARRENDAMIENTOS URBANOS
–BOE n.º 64, de 14 de marzo de 1996–

El apartado 2 de la disposición adicional segunda de la Ley 29/1994, de 24 de noviembre, de Arrendamientos Urbanos, dispone que se establecerán reglamentariamente los requisitos de acceso de los contratos de arrendamientos urbanos al Registro de la Propiedad.

En el desarrollo de esta disposición adicional se ha tenido en cuenta que no hay motivos ni bases legales bastantes para estimar alterados los principios generales de nuestro ordenamiento inmobiliario registral, que exigen, como regla, la titulación pública de los derechos inscribibles y su reflejo en el Registro por medio del asiento principal de inscripción. Por lo demás, se ha estimado que el fomento de esta inscripción por medio de las normas facilitadoras de este Real Decreto debe alcanzar a todos los arrendamientos urbanos, sean de vivienda o de uso distinto a ésta, a cuyo fin se ha incluido una reducción de los aranceles notariales y registrales del 25 por 100.

En su virtud, a propuesta del Ministro de Justicia e Interior, de acuerdo con el Consejo de Estado y previa deliberación del Consejo de Ministros en su reunión del día 23 de febrero de 1996,

DISPONGO:

ART. 1. Ámbito de aplicación.

El presente Real Decreto será de aplicación exclusivamente a la inscripción en el Registro de la Propiedad de los arrendamientos urbanos celebrados a partir del día 1 de enero de 1995.

ART. 2. Títulos inscribibles.

Serán títulos suficientes para practicar la inscripción del arrendamiento en el Registro de la Propiedad la escritura pública notarial o la elevación a escritura pública del documento privado de este contrato.

ART. 3. Descripción de la finca.

1. Cuando la finca arrendada conste inscrita bajo folio registral independiente, se consignarán por el Notario, incluso si no aparecen reflejados en el documento privado del contrato, todos los datos sobre la población, calle, número y situación dentro del edificio de la finca arrendada, superficie y linderos de ésta. Se consignarán también los datos de inscripción en el Registro de la Propiedad y, en su caso, el número correlativo que tuviere asignado la finca arrendada en la propiedad horizontal, así como la cuota de comunidad correspondiente a la misma cuando se haya pactado que los gastos generales sean a cuenta del arrendatario.

2. Si la finca arrendada no coincide con la que tiene abierto folio registral y es una parte de ésta, se describirá aquélla con las mismas circunstancias expresadas en el apartado anterior, pero no será necesario describir el resto del edificio o vivienda.

ART. 4. Otros datos del título.

Se harán constar en éste, además de la identidad de los contratantes, la duración pactada, la renta inicial del contrato y las demás cláusulas que las partes hubieran libremente acordado.

ART. 5. Modificaciones posteriores.

Los títulos señalados en el artículo 2 permitirán la inscripción en el Registro de la Propiedad de los subarriendos, cesiones, subrogaciones, prórrogas y cualesquiera otras modificaciones de los arrendamientos inscritos.

ART. 6. Inscripción en el Registro.

1. El contrato inicial y sus modificaciones serán objeto de asiento de inscripción en el folio registral abierto a la finca arrendada.

2. No será obstáculo que suspenda la inscripción del contrato la circunstancia de que la finca arrendada no forme folio registral independiente en el Registro, siempre que el edificio en su conjunto o la totalidad de la finca figuren inscritos a nombre del arrendador. Bastará en este caso, sin necesidad de segregación o de constitución previa de la propiedad horizontal, que la finca arrendada haya quedado suficientemente delimitada con expresión de su superficie, situación y linderos. La inscripción se practicará entonces en el folio abierto para la totalidad del edificio o de la finca.

No obstante, cuando a juicio del Registrador, la claridad de los asientos así lo requiera, o cuando lo solicite el presentante, la inscripción del arrendamiento de parte de la finca registral se practicará en folio independiente, bajo el mismo número y el de orden correlativo que le corresponda. La apertura del nuevo folio se hará constar por nota de referencia al margen de la inscripción de dominio.

ART. 7. Cancelación.

1. Conforme a lo dispuesto en el artículo 353, apartado 3, del Reglamento Hipotecario, se cancelarán de oficio por el Registrador de la Propiedad las inscripciones de los arrendamientos urbanos de duración inferior a cinco años, cuando hayan transcurrido ocho años desde la fecha inicial del contrato y no conste la prórroga convencional de éste.

2. Por el mismo procedimiento se cancelarán de oficio las inscripciones de los demás arrendamientos urbanos, una vez que haya transcurrido el plazo pactado y no conste en el Registro la prórroga del contrato.

3. La copia del acta notarial por la que el arrendatario notifica al arrendador su voluntad de no renovar el contrato, en los casos comprendidos en el párrafo primero del artículo 10 de la Ley 29/1994, será título suficiente para la cancelación del arrendamiento.

4. Del mismo modo podrá cancelarse la inscripción en los supuestos comprendidos en dicho párrafo primero del artículo 10 de la Ley 29/1994, mediante la presentación de la copia del acta notarial por la que el arrendador notifique al arrendatario su voluntad de no renovar el contrato, siempre que la notificación se haya hecho en tiempo oportuno y personalmente por el Notario en la forma prevenida por el artículo 202 del Reglamento Notarial.

ART. 8. Reducción de aranceles.

Los contratos de arrendamiento de fincas urbanas que se destinen a vivienda o a usos distintos del de vivienda, así como sus modificaciones, se beneficiarán de una reducción del 25 por 100 de los honorarios notariales y registrales que resulten de aplicación conforme al número 2 de sus respectivos aranceles.

DISPOSICIONES FINALES

D.F. 1.ª Normativa supletoria.

En todo lo no previsto en este Real Decreto seguirán aplicables las normas notariales y registrales en vigor.

D.F. 2.ª Entrada en vigor.

El presente Real Decreto entrará en vigor el mismo día de su publicación en el «Boletín Oficial del Estado».

Dado en Madrid a 23 de febrero de 1996.
JUAN CARLOS R.

El Ministro de Justicia e Interior,
JUAN ALBERTO BELLOCH JULBE

LEGISLACIÓN PROCESAL

IX.- LEY ORGÁNICA 6/1985, DE 1 DE JULIO, DEL PODER JUDICIAL

–BOE n.º 157, de 2 de julio de 1985–

(Extracto: arts. 22.a) y 82.2 a 4, 84 y 85)

LIBRO I
DE LA EXTENSIÓN Y LÍMITES DE LA JURISDICCIÓN Y DE LA PLANTA Y ORGANIZACIÓN DE LOS JUZGADOS Y TRIBUNALES

TÍTULO I
De la extensión y límites de la jurisdicción

(…)

ART. 22.

Con carácter exclusivo, los Tribunales españoles serán competentes en todo caso y con preferencia de cualquier otro, para conocer de las pretensiones relativas a las siguientes materias:

a) Derechos reales y arrendamientos de bienes inmuebles que se hallen en España. No obstante, en materia de contratos de arrendamiento de bienes inmuebles celebrados para un uso particular durante un plazo máximo de seis meses consecutivos, serán igualmente competentes los órganos jurisdiccionales españoles si el demandado estuviera domiciliado en España, siempre que el arrendatario sea una persona física y que éste y el propietario estén domiciliados en el mismo Estado.

b) ...
c) ...
d) ...
e) ...

> *Modificado por Ley Orgánica 7/2015, de 21 de julio, por la que se modifica la Ley Orgánica 6/1985, de 1 de julio, del Poder Judicial. (BOE de 22-07-2015).*

(…)

TÍTULO IV
De la composición y atribuciones de los órganos jurisdiccionales
(…)

CAPÍTULO IV
De las Audiencias Provinciales
(…)

ART. 82.

(…)

2. Las Audiencias Provinciales conocerán en el orden civil:

1.º De los recursos que establezca la ley contra las resoluciones dictadas en primera instancia por las Secciones Civiles de los Tribunales de Instancia de la provincia.

Para el conocimiento de los recursos contra resoluciones de las Secciones Civiles de los Tribunales de Instancia que se sigan por los trámites del juicio verbal por razón de la cuantía, la Audiencia se constituirá con un solo magistrado o magistrada, mediante un turno de reparto.

2.º De los recursos que establezca la ley contra las resoluciones dictadas en primera instancia por las Secciones de Familia, Infancia y Capacidad y en materia civil, por las Secciones de Violencia sobre la Mujer y las Secciones de Violencia contra la Infancia y la Adolescencia de los Tribunales de Instancia de la provincia. A fin de facilitar el conocimiento de estos recursos, y atendiendo al número de asuntos existentes, podrán especializarse una o varias de sus Secciones de conformidad con lo previsto en el artículo 82 bis **y 80.3** de la presente ley orgánica.

3.º De los recursos que establezca la ley contra las resoluciones dictadas en primera instancia por las Secciones de lo Mercantil de los Tribunales de Instancia, salvo las que se dicten en incidentes concursales en materia laboral. Asimismo, conocerán de los recursos contra aquellas resoluciones que agoten la vía administrativa dictadas en materia de propiedad industrial por la Oficina Española de Patentes y Marcas.

3. Asimismo, la Sección o Secciones de la Audiencia Provincial de Alicante especializadas en materia mercantil conocerán, además, en segunda instancia y de forma exclusiva, de todos aquellos recursos a los que se refiere el artículo 133 del Reglamento (UE) 2017/1001 del Parlamento Europeo y del Consejo de 14 de junio de 2017 sobre la marca de la Unión Europea y el Reglamento (CE) 6/2002, del Consejo, de 12 de diciembre de 2001, sobre los dibujos y modelos comunitarios. En el ejercicio de esta competencia extenderán su jurisdicción a todo el territorio nacional, y a estos solos efectos se denominarán Tribunales de Marca de la Unión Europea.

4. Corresponde igualmente a las Audiencias Provinciales el conocimiento:

1.º De las cuestiones de competencia en materia civil y penal que se susciten entre los jueces, las juezas, los magistrados y las magistradas de un mismo o distinto Tribunal de Instancia de la provincia.

2.º De las recusaciones de sus magistrados y magistradas, cuando la competencia no esté atribuida a la Sala especial existente a estos efectos en los Tribunales Superiores de Justicia.

Modificado por la Ley Orgánica 1/2025, de 2 de enero, de medidas en materia de eficiencia del Servicio Público de Justicia. (BOE 03-01-25).

(…)

TÍTULO IV
De la composición y atribuciones de los órganos jurisdiccionales
(…)

CAPÍTULO V
De los Tribunales de Instancia y del Tribunal Central de Instancia

ART. 84.

1. Habrá un Tribunal de Instancia en cada partido judicial, con sede en su capital, de la que tomará su nombre.

2. Los Tribunales de Instancia estarán integrados por una Sección Única, de Civil y de Instrucción. En los supuestos determinados por la Ley 38/1988, de 28 de diciembre, de Demarcación y de Planta Judicial, el Tribunal de Instancia se integrará por una Sección Civil y otra Sección de Instrucción.

Además de las anteriores, los Tribunales de Instancia podrán estar integrados por alguna o varias de las siguientes Secciones:

a) De Familia, Infancia y Capacidad.

b) De lo Mercantil.

c) De Violencia sobre la Mujer.

d) De Violencia contra la Infancia y la Adolescencia.

e) De lo Penal.

f) De Menores.

g) De Vigilancia Penitenciaria.

h) De lo Contencioso-Administrativo.

i) De lo Social.

3. Cada Tribunal de Instancia contará con una Presidencia. Las Secciones del Tribunal de Instancia contarán con una Presidencia de Sección cuando concurran las siguientes circunstancias:

a) Que en el Tribunal de Instancia hubiere dos o más Secciones.

b) Que en la Sección de que se trate existan ocho o más plazas judiciales.

c) Que el número total de plazas judiciales del Tribunal de Instancia sea igual o superior a doce.

4. El ejercicio de la función jurisdiccional corresponde a los jueces, las juezas, los magistrados y las magistradas destinados o destinadas en las diferentes Secciones que integren los Tribunales de Instancia. Su adscripción a las referidas Secciones será funcional. Conforme a criterios de racionalización del trabajo, los jueces, las juezas, los magistrados y las magistradas destinados o destinadas en una Sección del Tribunal de Instancia podrán conocer de los asuntos de nuevo ingreso de otras Secciones que lo integren, siempre que se trate de asuntos del mismo orden jurisdiccional. Esta asignación se realizará mediante acuerdo del Consejo General del Poder Judicial, a propuesta de la Presidencia del Tribunal y oída la Junta de Jueces y Juezas del orden jurisdiccional al que se refiera. Cuando la asignación se acuerde para cubrir ausencias provocadas por la concesión de comisiones de servicio o licencias de larga duración, podrá afectar a los asuntos de nuevo ingreso o a aquellos de los que esté conociendo el juez, la jueza, el magistrado o la magistrada que se encuentre en alguna de tales situaciones. Dichos acuerdos deberán publicarse en el "Boletín Oficial del Estado".

5. Se podrá establecer que algunas de las Secciones que integren los Tribunales de Instancia extiendan su jurisdicción a uno o varios partidos judiciales de la misma provincia, o de varias provincias limítrofes dentro del ámbito de un mismo Tribunal Superior de Justicia.

6. En el Tribunal de Instancia se podrá nombrar a dos de sus jueces, juezas, magistrados o magistradas, conforme a un turno anual preestablecido y público, para que, junto con aquel o aquella a quien le hubiere sido turnado el asunto inicialmente, se encarguen de la instrucción de un determinado proceso penal o conozcan en primera instancia de un procedimiento de cualquier orden jurisdiccional cuando, en atención al volumen, la especial complejidad o el número de intervinientes de un procedimiento, tal nombramiento favorezca el ejercicio de la función jurisdiccional. En estos casos, para la adopción de cuantas resoluciones se dictaren en el curso del proceso, actuará como ponente aquel o aquella a quien le hubiere sido turnado el asunto inicialmente. Estos jueces, juezas, magistrados o magistradas conocerán de dicho procedimiento hasta su completa terminación, sin perjuicio de que se les puedan seguir repartiendo otros asuntos.

> *Modificado por la Ley Orgánica 1/2025, de 2 de enero, de medidas en materia de eficiencia del Servicio Público de Justicia. (BOE 03-01-25).*

ART. 85.

Con carácter general, en los Tribunales de Instancia, las Secciones Civiles o las Civiles y de Instrucción que constituyan una Sección Única extenderán su jurisdicción a un partido judicial.

Estas Secciones conocerán, en el orden civil:

1.º En primera instancia, de los juicios que no vengan atribuidos por esta ley a otros órganos judiciales.

2.º De los actos de jurisdicción voluntaria en los términos que prevean las leyes.

3.º De los recursos que establezca la ley contra las resoluciones de los jueces y las juezas de paz del partido.

4.º De las cuestiones de competencia en materia civil entre los jueces y las juezas de paz del partido.

5.º De las solicitudes de reconocimiento y ejecución de sentencias y demás resoluciones judiciales extranjeras y de la ejecución de laudos o resoluciones arbitrales extranjeros, a no ser que, con arreglo a lo acordado en los tratados y otras normas internacionales, corresponda su conocimiento a otra Sección o Tribunal.

Modificado por la Ley Orgánica 1/2025, de 2 de enero, de medidas en materia de eficiencia del Servicio Público de Justicia. (BOE 03-01-25).

(…)

X.- LEY 1/2000, DE 7 DE ENERO, DE ENJUICIAMIENTO CIVIL
–BOE n.º 7, de 8 de enero de 2000–

(Extracto: arts. 22, 45 a 47, 52.1 –1.º y 7.º–, 249.1 –6.º y 7.º– y 2, 250.1 –1.º y 2.º– y 2, 251 –reglas 1.ª, 2.ª, 3.ª, 8.ª y 9.ª–, 438, 439.1 y 3, 440.3, 441.1 y 3, 444.2 y 3, 449.1, 2 y 6, 455, 456, 477, 494, 509 a 512, 661 y 675)

TÍTULO I
DE LA COMPARECENCIA Y ACTUACIÓN EN JUICIO
(...)

CAPÍTULO IV
Del poder de disposición de las partes sobre el proceso y sobre sus pretensiones
(...)

ART. 22. Terminación del proceso por satisfacción extraprocesal o carencia sobrevenida de objeto. Caso especial de enervación del desahucio.

1. Cuando, por circunstancias sobrevenidas a la demanda y a la reconvención, dejare de haber interés legítimo en obtener la tutela judicial pretendida, porque se hayan satisfecho, fuera del proceso, las pretensiones del actor y, en su caso, del demandado reconviniente o por cualquier otra causa, se pondrá de manifiesto esta circunstancia y, si hubiere acuerdo de las partes, se decretará por el Letrado de la Administración de Justicia la terminación del proceso, sin que proceda condena en costas.

2. Si alguna de las partes sostuviere la subsistencia de interés legítimo, negando motivadamente que se haya dado satisfacción extraprocesal a sus pretensiones o con otros argumentos, el Letrado de la Administración de Justicia convocará a las partes, en el plazo de diez días, a una comparecencia ante el Tribunal que versará sobre ese único objeto. Terminada la comparecencia, el tribunal decidirá mediante auto, dentro de los diez días siguientes, si procede, o no, continuar el juicio, imponiéndose las costas de estas actuaciones a quien viere rechazada su pretensión.

En el caso de que el interés legítimo que se alegara se circunscribiera a la satisfacción de las costas causadas, el letrado de la Administración de Justicia dará cuenta al tribunal, que acordará mediante auto, previa audiencia de la otra parte, la terminación del proceso, pudiendo condenar al pago de las costas conforme a los criterios establecidos en el artículo 395 de esta Ley.

Contra este auto cabrá interponer recurso de apelación.

3. Contra el auto que ordene la continuación del juicio no cabrá recurso alguno. Contra el que acuerde su terminación, cabrá recurso de apelación.

4. Los procesos de desahucio de finca urbana o rústica por falta de pago de las rentas o cantidades debidas por el arrendatario terminarán mediante decreto dictado al efecto por el letrado de la Administración de Justicia si, requerido aquél en los términos previstos en el apartado 5 del artículo 438, paga al actor o pone a su disposición en el Tribunal o notarialmente, dentro del plazo conferido en el requerimiento, el importe de las cantidades reclamadas en la demanda y el de las que adeude en el momento de dicho pago enervador del desahucio. Si el demandante se opusiera a la enervación por no cumplirse los anteriores requisitos, se citará a las partes a la vista prevenida en el artículo 443 de esta Ley, tras la

cual el Juez dictará sentencia por la que declarará enervada la acción o, en otro caso, estimará la demanda habiendo lugar al desahucio.

Lo dispuesto en el párrafo anterior no será de aplicación cuando el arrendatario hubiera enervado el desahucio en una ocasión anterior, excepto que el cobro no hubiera tenido lugar por causas imputables al arrendador, ni cuando el arrendador hubiese requerido de pago al arrendatario por cualquier medio fehaciente con, al menos, treinta días de antelación a la presentación de la demanda y el pago no se hubiese efectuado al tiempo de dicha presentación.

5. La resolución que declare enervada la acción de desahucio condenará al arrendatario al pago de las costas devengadas, salvo que las rentas y cantidades debidas no se hubiesen cobrado por causas imputables al arrendador.

Apdo. 2 modificado por Ley Orgánica 1/2025, de 2 de enero, de medidas en materia de eficiencia del Servicio Público de Justicia. (BOE 03-01-2025). Esta modificación entró en vigor el 3 de abril de 2025.

Apdo. 4, párrafo primero, modificado por Real Decreto-ley 6/2023, de 19 de diciembre, por el que se aprueban medidas urgentes para la ejecución del Plan de Recuperación, Transformación y Resiliencia en materia de servicio público de justicia, función pública, régimen local y mecenazgo. (BOE de 20-12-2023). En vigor desde el 20 de marzo de 2024.

(...)

TÍTULO II
DE LA JURISDICCIÓN Y DE LA COMPETENCIA.

(...)

CAPÍTULO II
De las reglas para determinar la competencia

Sección 1.ª De la competencia objetiva

ART. 45. Competencia de los Juzgados de Primera Instancia.

Corresponde a los Juzgados de Primera Instancia el conocimiento, en primera instancia, de todos los asuntos civiles que por disposición legal expresa no se hallen atribuidos a otros tribunales. Conocerán, asimismo, dichos Juzgados de los asuntos, actos, cuestiones y recursos que les atribuye la Ley Orgánica del Poder Judicial.

Modificado por Ley Orgánica 7/2022, de 27 de julio, de modificación de la Ley Orgánica 6/1985, de 1 de julio, del Poder Judicial, en materia de Juzgados de lo Mercantil. (BOE de 28-07-2022).

ART. 46. Especialización de algunos Juzgados de Primera Instancia.

Los Juzgados de Primera Instancia a los que, de acuerdo con lo establecido en el artículo 98 de la Ley Orgánica del Poder Judicial, se les haya atribuido el conocimiento específico de determinados asuntos, extenderán su competencia, exclusivamente, a los procesos en que se ventilen aquéllos, debiendo inhibirse a favor de los demás tribunales competentes, cuando el proceso verse sobre materias diferentes. Si se planteara cuestión por esta causa, se sustanciará como las cuestiones de competencia.

ART. 47. Competencia de los jueces y juezas de paz.

1. A los jueces y juezas de paz corresponde el conocimiento, en primera instancia, de los asuntos civiles de cuantía no superior a 150 euros que no estén comprendidos en ninguno de los casos a que, por razón de la materia, se refiere el apartado 1 del artículo 250.

2. También les corresponde el conocimiento de los expedientes de conciliación civil de cuantía inferior a 10.000 euros, en los términos previstos por el título IX de la Ley 15/2015, de 2 de julio, de la Jurisdicción Voluntaria.

3. Asimismo serán competentes para conocer de los actos de conciliación a los que se refiere el artículo 804 de la Ley de Enjuiciamiento Criminal siempre que el hecho hubiera sucedido en el municipio donde desempeñen sus funciones y la persona requerida tenga su domicilio en ese mismo municipio.

Modificado por Ley Orgánica 1/2025, de 2 de enero, de medidas en materia de eficiencia del Servicio Público de Justicia. (BOE 03-01-2025). Esta modificación entró en vigor el 3 de abril de 2025.

(...)

Sección 2.ª De la competencia territorial

(...)

ART. 52. Competencia territorial en casos especiales.

1. No se aplicarán los fueros establecidos en los artículos anteriores y se determinará la competencia de acuerdo con lo establecido en el presente artículo en los casos siguientes:

1.º En los juicios en que se ejerciten acciones reales sobre bienes inmuebles será tribunal competente el del lugar en que esté sita la cosa litigiosa. Cuando la acción real se ejercite sobre varias cosas inmuebles o sobre una sola que esté situada en diferentes circunscripciones, será tribunal competente el de cualquiera de éstas, a elección del demandante.

2.º ...

3.º ...

4.º ...

5.º ...

6.º ...

7.º En los juicios sobre arrendamientos de inmuebles y en los de desahucio, será competente el tribunal del lugar en que esté sita la finca.

8.º ...

9.º ...

10.º ...

11.º ...

12.º ...

13.º ...

14.º ...

15.º ...

16.º ...

17.º ...

(...)

(...)

TÍTULO I
DE LAS DISPOSICIONES COMUNES A LOS PROCESOS DECLARATIVOS

CAPÍTULO I
De las reglas para determinar el proceso correspondiente

(...)

ART. 249. Ámbito del juicio ordinario.

1. Se decidirán en el juicio ordinario, cualquiera que sea su cuantía:

1.º ...

2.º ...

3.º ...

4.º ...

5.º ...

6.º Las que versen sobre cualesquiera asuntos relativos a arrendamientos urbanos o rústicos de bienes inmuebles, salvo que se trate de reclamaciones de rentas o cantidades debidas por el arrendatario o del desahucio por falta de pago o por extinción del plazo de la relación arrendaticia, o salvo que sea posible hacer una valoración de la cuantía del objeto del procedimiento, en cuyo caso el proceso será el que corresponda a tenor de las reglas generales de esta Ley.

7.º Las que ejerciten una acción de retracto de cualquier tipo.

8.º ...

2. Se decidirán también en el juicio ordinario las demandas cuya cuantía exceda de quince mil euros y aquéllas cuyo interés económico resulte imposible de calcular, ni siquiera de modo relativo.

Modificado por Real Decreto-ley 6/2023, de 19 de diciembre, por el que se aprueban medidas urgentes para la ejecución del Plan de Recuperación, Transformación y Resiliencia en materia de servicio público de justicia, función pública, régimen local y mecenazgo. (BOE de 20-12-2023). En vigor desde el 20 de marzo de 2024.

ART. 250. Ámbito del juicio verbal.

1. Se decidirán en juicio verbal, cualquiera que sea su cuantía, las demandas siguientes:

1.° Las que versen sobre reclamación de cantidades por impago de rentas y cantidades debidas y las que, igualmente, con fundamento en el impago de la renta o cantidades debidas por el arrendatario, o en la expiración del plazo fijado contractual o legalmente, pretendan que el dueño, usufructuario o cualquier otra persona con derecho a poseer una finca rústica o urbana, dada en arrendamiento, ordinario o financiero o en aparcería, recuperen la posesión de dicha finca.

2.° Las que pretendan la recuperación de la plena posesión de una finca rústica o urbana, cedida en precario, por el dueño, usufructuario o cualquier otra persona con derecho a poseer dicha finca.

3.° ...
4.° ...
5.° ...
6.° ...
7.° ...
8.° ...
9.° ...
10.° ...
11.° ...
12.° ...
13.° ...

2. Se decidirán también en el juicio verbal las demandas cuya cuantía no exceda de quince mil euros y no se refieran a ninguna de las materias previstas en el apartado 1 del artículo anterior.

3. (…)

Modificado por Real Decreto-ley 6/2023, de 19 de diciembre, por el que se aprueban medidas urgentes para la ejecución del Plan de Recuperación, Transformación y Resiliencia en materia de servicio público de justicia, función pública, régimen local y mecenazgo. (BOE de 20-12-2023). En vigor desde el 20 de marzo de 2024.

ART. 251. Reglas de determinación de la cuantía.

La cuantía se fijará según el interés económico de la demanda, que se calculará de acuerdo con las reglas siguientes:

1.ª Si se reclama una cantidad de dinero determinada, la cuantía de la demanda estará representada por dicha cantidad, y si falta la determinación, aun en forma relativa, la demanda se considerará de cuantía indeterminada.

2.ª Cuando el objeto del proceso sea la condena de dar bienes muebles o inmuebles, con independencia de que la reclamación se base en derechos reales o personales, se estará al valor de los mismos al tiempo de interponerse la demanda, conforme a los precios corrientes en el mercado o en la contratación de bienes de la misma clase.

Para este cálculo podrá servirse el actor de cualesquiera valoraciones oficiales de los bienes litigiosos, si no es posible determinar el valor por otros medios, sin que se pueda atribuir a los inmuebles un valor inferior al que conste en el catastro.

3.ª La anterior regla de cálculo se aplicará también:

1.° A las demandas dirigidas a garantizar el disfrute de las facultades que se derivan del dominio.

2.° A las demandas que afecten a la validez, nulidad o eficacia del título de dominio, así como a la existencia o a la extensión del dominio mismo.

3.° A aquellas otras peticiones, distintas de las establecidas en los dos casos anteriores, en que la satisfacción de la pretensión dependa de que se acredite por el demandante la condición de dueño.

4.º A las demandas basadas en el derecho a adquirir la propiedad de un bien o conjunto de bienes, ya sea por poseer un derecho de crédito que así lo reconoce, ya sea por cualquiera de los modos de adquisición de la propiedad, o por el derecho de retracto, de tanteo o de opción de compra; cuando el bien se reclame como objeto de una compraventa, tiene preferencia como criterio de valoración el precio pactado en el contrato, siempre que no sea inferior en el caso de los inmuebles a su valor catastral.

5.º Cuando el proceso verse sobre la posesión, y no sea aplicable otra regla de este artículo.

6.º A las acciones de deslinde, amojonamiento y división de la cosa común.

4.ª (…).

5.ª (…)

6.ª (…)

7.ª (…)

8.ª En los juicios que versen sobre la existencia, validez o eficacia de un título obligacional, su valor se calculará por el total de lo debido, aunque sea pagadero a plazos. Este criterio de valoración será aplicable en aquellos procesos cuyo objeto sea la creación, modificación o extinción de un título obligacional o de un derecho de carácter personal, siempre que no sea aplicable otra regla de este artículo.

9.ª En los juicios sobre arrendamientos de bienes, salvo cuando tengan por objeto reclamaciones de las rentas o cantidades debidas, la cuantía de la demanda será el importe de una anualidad de renta, cualquiera que sea la periodicidad con que ésta aparezca fijada en el contrato.

10.ª (…)

11.ª (…)

12.ª (…)

(…)

TÍTULO III
DEL JUICIO VERBAL

ART. 438. Admisión de la demanda y contestación. Reconvención.

1. El letrado o letrada de la Administración de Justicia, examinada la demanda, la admitirá por decreto o dará cuenta de ella al tribunal en los supuestos del artículo 404 para que resuelva lo que proceda. Admitida la demanda, dará traslado de ella al demandado para que la conteste por escrito en el plazo de diez días conforme a lo dispuesto para el juicio ordinario. Si el demandado no compareciere en el plazo otorgado será declarado en rebeldía conforme al artículo 496.

En los casos en que sea posible actuar sin abogado ni procurador, se indicará así en el decreto de admisión y se comunicará al demandado que están a su disposición en el órgano judicial correspondiente o en la sede judicial electrónica unos formularios o impresos normalizados, que puede emplear para la contestación a la demanda.

2. En ningún caso se admitirá reconvención en los juicios verbales que, según la ley, deban finalizar por sentencia sin efectos de cosa juzgada.

En los demás juicios verbales se admitirá la reconvención siempre que no determine la improcedencia del juicio verbal y exista conexión entre las pretensiones de la reconvención y las que sean objeto de la demanda principal. Admitida la reconvención se regirá por las normas previstas en el juicio ordinario, salvo el plazo para su contestación que será de diez días.

3. El demandado podrá oponer en la contestación a la demanda un crédito compensable, siendo de aplicación lo dispuesto en el artículo 408. Si la cuantía de dicho crédito fuese superior a la que determine que se siga el juicio verbal, el tribunal tendrá por no hecha tal alegación en la vista, advirtiéndolo así al demandado, para que use de su derecho ante el tribunal y por los trámites que correspondan.

4. En los casos del numeral 7.º del apartado 1 del artículo 250, en el emplazamiento para contestar la demanda se apercibirá a la persona demandada de que, en caso de no contestar, se dictará sentencia acordando las actuaciones que, para la efectividad del derecho inscrito, hubiere solicitado el actor. También se apercibirá al demandado, en su caso, de

que la misma sentencia se dictará si contesta, pero no presta caución, en cualquiera de las formas previstas en el párrafo segundo del apartado 2 del artículo 64, en la cuantía que, tras oírle, el tribunal determine, dentro de la solicitada por el actor.

5. En los casos de demandas en las que se ejercite la pretensión de desahucio por falta de pago de rentas o cantidades debidas, acumulando o no la pretensión de condena al pago de las mismas, el letrado o letrada de la Administración de Justicia, tras la admisión, y previamente a la vista que se señale, requerirá a la persona demandada para que, en el plazo de diez días, desaloje el inmueble, pague al actor o, en caso de pretender la enervación, pague la totalidad de lo que deba o ponga a disposición de aquel en el tribunal o notarialmente el importe de las cantidades reclamadas en la demanda y el de las que adeude en el momento de dicho pago enervador del desahucio; o en otro caso comparezca ante éste y alegue sucintamente, formulando oposición, las razones por las que, a su entender, no debe, en todo o en parte, la cantidad reclamada o las circunstancias relativas a la procedencia de la enervación.

Si el demandante ha expresado en su demanda que asume el compromiso a que se refiere el apartado 3 del artículo 437, se le pondrá de manifiesto en el requerimiento, y la aceptación de este compromiso equivaldrá a un allanamiento con los efectos del artículo 21.

Además, el requerimiento expresará el día y la hora que se hubieran señalado para que tengan lugar la eventual vista en caso de oposición del demandando, para la que servirá de citación, y el día y la hora exactos para la práctica del lanzamiento en caso de que no hubiera oposición. Asimismo, se expresará que en caso de solicitar asistencia jurídica gratuita el demandado, deberá hacerlo en los tres días siguientes a la práctica del requerimiento, así como que la falta de oposición al requerimiento supondrá la prestación de su consentimiento a la resolución del contrato de arrendamiento que le vincula con el arrendador.

El requerimiento se practicará en la forma prevista en el artículo 161, teniendo en cuenta las previsiones contenidas en apartado 3 del artículo 155 y en el último párrafo del artículo 164, apercibiendo al demandado de que, de no realizar ninguna de las actuaciones citadas, se procederá a su inmediato lanzamiento, sin necesidad de notificación posterior, así como de los demás extremos comprendidos en el apartado siguiente de este mismo artículo.

Si el demandado no atendiere el requerimiento de pago o no compareciere para oponerse o allanarse, el letrado o letrada de la Administración de Justicia dictará decreto dando por terminado el juicio de desahucio y se procederá al lanzamiento en el día y la hora fijadas.

Si el demandado atendiere el requerimiento en cuanto al desalojo del inmueble sin formular oposición ni pagar la cantidad que se reclamase, el letrado o letrada de la Administración de Justicia lo hará constar, y dictará decreto dando por terminado el procedimiento, y dejando sin efecto la diligencia de lanzamiento, a no ser que la parte demandante interese su mantenimiento para que se levante acta sobre el estado en que se encuentra la finca, dando traslado a la parte demandante para que inste el despacho de ejecución en cuanto a la cantidad reclamada, bastando para ello con la mera solicitud.

En los dos supuestos anteriores, el decreto dando por terminado el juicio de desahucio impondrá las costas al demandado e incluirá las rentas debidas que se devenguen con posterioridad a la presentación de la demanda hasta la entrega de la posesión efectiva de la finca, tomándose como base de la liquidación de las rentas futuras el importe de la última mensualidad reclamada al presentar la demanda. Si el demandado formulara oposición, se celebrará la vista en la fecha señalada.

6. En todos los casos de desahucio, también se apercibirá al demandado en el requerimiento que se le realice que, de no comparecer a la vista, se declarará el desahucio sin más trámites y que queda citado para recibir la notificación de la sentencia que se dicte el sexto día siguiente al señalado para la vista, presencialmente o a través de sede electrónica. Igualmente, en la resolución que se dicte teniendo por opuesto al demandado se fijará día y hora exacta para que tenga lugar, en su caso, el lanzamiento, que deberá verificarse antes de treinta días desde la fecha señalada para la vista, advirtiendo al demandado que, si la sentencia fuese condenatoria y no se recurriera, se procederá al lanzamiento en el día y la hora fijadas, sin necesidad de notificación posterior.

En todos los casos de desahucio y en todos los decretos o resoluciones judiciales que tengan como objeto el señalamiento del lanzamiento, independientemente de que este se haya intentado llevar a cabo con anterioridad, se deberá incluir el día y hora exacta en que tendrá lugar el mismo.

7. Tratándose de un caso de recuperación de la posesión de una vivienda a que se refiere el párrafo segundo del numeral 4.º del apartado 1 del artículo 250, si el demandado o demandados no contestaran a la parte demanda en el plazo legalmente previsto, se proce-

derá de inmediato a dictar sentencia. La sentencia estimatoria de la pretensión permitirá su ejecución, previa solicitud del demandante, sin necesidad de que transcurra el plazo de veinte días previsto en el artículo 548.

8. Contestada la demanda y, en su caso, la reconvención o el crédito compensable, o transcurridos los plazos correspondientes, el letrado o la letrada de la Administración de Justicia dictará diligencia de ordenación acordando dar traslado del escrito de contestación a la parte demandante y concediendo a ambas partes el plazo común de cinco días a fin de que propongan la prueba que quieran practicar, debiendo, igualmente, indicar las personas que, por no poder presentar ellas mismas, han de ser citadas por el letrado o la letrada de la Administración de Justicia a la vista para que declaren en calidad de parte, testigos o peritos, a cuyo fin facilitarán todos los datos y circunstancias precisos para llevar a cabo la citación. En el mismo plazo de cinco días podrán las partes pedir respuestas escritas a cargo de personas jurídicas o entidades públicas, por los trámites establecidos en el artículo 381. En el supuesto que alguna de las partes hubiera anunciado la presentación de una prueba pericial conforme al artículo 337.1, dicho plazo de cinco días empezará a contar desde que se tenga por aportado el referido dictamen o haya transcurrido el plazo para su presentación.

Dentro del mismo plazo de cinco días la parte actora podrá realizar las alegaciones que tenga por conveniente con respecto a las excepciones procesales planteadas por el demandado en su escrito de contestación que puedan impedir la válida prosecución y término del proceso mediante sentencia sobre el fondo.

9. En los tres días siguientes al traslado del escrito de proposición de prueba, las partes podrán, en su caso, presentar las impugnaciones a las que se refieren los artículos 280, 283, 287 y 427.

10. Transcurrido el plazo señalado en el apartado anterior, el tribunal resolverá por auto sobre la impugnación de la cuantía del pleito de haberse producido, sobre las excepciones procesales planteadas, sobre la admisión de la prueba propuesta y sobre la pertinencia de la celebración de vista, acordando, en caso de no considerarla necesaria, que queden los autos conclusos para dictar sentencia.

Contra este auto cabrá interponer recurso de reposición, que tendrá efecto suspensivo.

Cuando la única prueba que resulte admitida sea la de documentos, y éstos ya se hubieran aportado al proceso sin resultar impugnados, o cuando se hayan presentado informes periciales y el tribunal no haya considerado pertinente o útil la presencia de los peritos en el juicio, se procederá a dictar sentencia, sin previa celebración de la vista.

Apdo. 8 modificado y apdos. 9 y 10 añadidos por Ley Orgánica 1/2025, de 2 de enero, de medidas en materia de eficiencia del Servicio Público de Justicia. (BOE 03-01-2025). Esta modificación entró en vigor el 3 de abril de 2025.

Apdos. 1 y 4 se modifican y apdos. 5, 6, 7 y 8 se añaden por Real Decreto-ley 6/2023, de 19 de diciembre, por el que se aprueban medidas urgentes para la ejecución del Plan de Recuperación, Transformación y Resiliencia en materia de servicio público de justicia, función pública, régimen local y mecenazgo. (BOE de 20-12-2023). En vigor desde el 20 de marzo de 2024.

ART. 439. Inadmisión de la demanda en casos especiales.

1. No se admitirán las demandas que pretendan retener o recobrar la posesión si se interponen transcurrido el plazo de un año a contar desde el acto de la perturbación o el despojo.

2. (…).

3. No se admitirán las demandas de desahucio de finca urbana por falta de pago de las rentas o cantidades debidas por el arrendatario si el arrendador no indicare las circunstancias concurrentes que puedan permitir o no, en el caso concreto, la enervación del desahucio.

4. (…).

5. (…).

6. En los casos de los números 1.º, 2.º, 4.º y 7.º del apartado 1 del artículo 250, no se admitirán las demandas, que pretendan la recuperación de la posesión de una finca, en que no se especifique:

a) Si el inmueble objeto de las mismas constituye vivienda habitual de la persona ocupante.

b) Si concurre en la parte demandante la condición de gran tenedora de vivienda, en los términos que establece el artículo 3.k) de la Ley 12/2023, de 24 de mayo, por el derecho a la vivienda.

En el caso de indicarse que no se tiene la condición de gran tenedor, a efectos de corroborar tal extremo, se deberá adjuntar a la demanda certificación del Registro de la Propiedad en el que consten la relación de propiedades a nombre de la parte actora.

c) En el caso de que la parte demandante tenga la condición de gran tenedor, si la parte demandada se encuentra o no en situación de vulnerabilidad económica.

Para acreditar la concurrencia o no de vulnerabilidad económica se deberá aportar documento acreditativo, de vigencia no superior a tres meses, emitido, previo consentimiento de la persona ocupante de la vivienda, por los servicios de las Administraciones autonómicas y locales competentes en materia de vivienda, asistencia social, evaluación e información de situaciones de necesidad social y atención inmediata a personas en situación o riesgo de exclusión social que hayan sido específicamente designados conforme la legislación y normativa autonómica en materia de vivienda.

El requisito exigido en esta letra c) también podrá cumplirse mediante:

1.º La declaración responsable emitida por la parte actora de que ha acudido a los servicios indicados anteriormente, en un plazo máximo de cinco meses de antelación a la presentación de la demanda, sin que hubiera sido atendida o se hubieran iniciado los trámites correspondientes en el plazo de dos meses desde que presentó su solicitud, junto con justificante acreditativo de la misma.

2.º El documento acreditativo de los servicios competentes que indiquen que la persona ocupante no consiente expresamente el estudio de su situación económica en los términos previstos en la legislación y normativa autonómica en materia de vivienda. Este documento no podrá tener una vigencia superior a tres meses.

7. En los casos de los números 1.º, 2.º, 4.º y 7.º del apartado 1 del artículo 250, en el caso de que la parte actora tenga la condición de gran tenedora en los términos previstos por el apartado anterior, el inmueble objeto de demanda constituya vivienda habitual de la persona ocupante y la misma se encuentre en situación de vulnerabilidad económica conforme lo previsto igualmente en el apartado anterior, no se admitirán las demandas en las que no se acredite que la parte actora se ha sometido al procedimiento de conciliación o intermediación que a tal efecto establezcan las Administraciones Públicas competentes, en base al análisis de las circunstancias de ambas partes y de las posibles ayudas y subvenciones existentes en materia de vivienda conforme a lo dispuesto en la legislación y normativa autonómica en materia de vivienda.

El requisito anterior podrá acreditarse mediante alguna de las siguientes formas:

1.º La declaración responsable emitida por la parte actora de que ha acudido a los servicios indicados anteriormente, en un plazo máximo de cinco meses de antelación a la presentación de la demanda, sin que hubiera sido atendida o se hubieran iniciado los trámites correspondientes en el plazo de dos meses desde que presentó su solicitud, junto con justificante acreditativo de la misma.

2.º El documento acreditativo de los servicios competentes que indique el resultado del procedimiento de conciliación o intermediación, en el que se hará constar la identidad de las partes, el objeto de la controversia y si alguna de las partes ha rehusado participar en el procedimiento, en su caso. Este documento no podrá tener una vigencia superior a tres meses.

En el caso de que la empresa arrendadora sea una entidad pública de vivienda el requisito anterior se podrá sustituir, en su caso, por la previa concurrencia de la acción de los servicios específicos de intermediación de la propia entidad, que se acreditará en los mismos términos del apartado anterior.

8. Tampoco se admitirán las demandas de juicio verbal cuando no se cumplan los requisitos de admisibilidad, que, para casos especiales, puedan establecer las leyes.

Nuevo apdo. 5 añadido y anterior apdo. 5 pasa a ser apdo. 8 por Ley Orgánica 1/2025, de 2 de enero, de medidas en materia de eficiencia del Servicio Público de Justicia. (BOE 03-01-2025). Esta modificación entró en vigor el 3 de abril de 2025.

ART. 440. Citación para la vista.

Contestada la demanda y, en su caso, la reconvención o el crédito compensable, o transcurridos los plazos correspondientes, el letrado o letrada de la Administración de Justicia, cuando haya de celebrarse vista de acuerdo con lo expresado en el artículo 438, citará a las partes a tal fin dentro de los cinco días siguientes. La vista habrá de tener lugar dentro del plazo máximo de un mes.

En la citación se fijará el día y hora en el que haya de celebrarse la vista, y se informará a las partes de la posibilidad de recurrir a una negociación para intentar solucionar el conflicto, incluido el recurso a una mediación, en cuyo caso aquéllas indicarán en la vista o antes de ella su decisión al respecto y las razones de la misma.

En la citación se hará constar que la vista no se suspenderá por inasistencia del demandado y se advertirá a los litigantes que, si no asistieren y se hubiere admitido su interrogatorio, podrán considerarse admitidos los hechos del interrogatorio conforme a lo dispuesto en el artículo 304. Asimismo, se prevendrá a la parte demandante y demandada de lo dispuesto en el artículo 442, para el caso de que no comparecieren a la vista.

Modificado (se suprime el último párrafo) por Ley Orgánica 1/2025, de 2 de enero, de medidas en materia de eficiencia del Servicio Público de Justicia. (BOE 03-01-2025). Esta modificación entró en vigor el 3 de abril de 2025.

ART. 441. Casos especiales en la tramitación inicial del juicio verbal.

1. Interpuesta la demanda en el caso del numeral 3.º del apartado 1 del artículo 250, el letrado o letrada de la Administración de Justicia llamará a los testigos propuestos por el demandante y, según sus declaraciones, el tribunal dictará auto en el que denegará u otorgará, sin perjuicio de mejor derecho, la posesión solicitada, llevando a cabo las actuaciones que repute conducentes a tal efecto. El auto será publicado en el Tablón Edictal Judicial Único, instando a los interesados a comparecer y reclamar mediante contestación a la demanda, en el plazo de cuarenta días, si consideran tener mejor derecho que el demandante.

Si nadie compareciere, se confirmará al demandante en la posesión; pero en caso de que se presentaren reclamantes, previo traslado de sus escritos al demandante, el Letrado de la Administración de Justicia le citará, con todos los comparecientes, a la vista, sustanciándose en adelante las actuaciones del modo que se dispone en los artículos siguientes.

1 bis. (…)

2. (…).

3. En los casos del número 7.º del apartado 1 del artículo 250, tan pronto se admita la demanda, el tribunal adoptará las medidas solicitadas que, según las circunstancias, fuesen necesarias para asegurar en todo caso el cumplimiento de la sentencia que recayere.

4. (…).

5. (…).

6. (…).

7. El tribunal tomará la decisión previa valoración ponderada y proporcional del caso concreto, apreciando las situaciones de vulnerabilidad que pudieran concurrir también en la parte actora y cualquier otra circunstancia acreditada en autos.

A estos efectos, en particular, el tribunal para apreciar la situación de vulnerabilidad económica podrá considerar el hecho de que el importe de la renta, si se trata de un juicio de desahucio por falta de pago, más el de los suministros de electricidad, gas, agua y telecomunicaciones suponga más del 30 por 100 de los ingresos de la unidad familiar y que el conjunto de dichos ingresos no alcance:

a) Con carácter general, el límite de 3 veces el Indicador Público de Renta de Efectos Múltiples mensual (en adelante IPREM).

b) Este límite se incrementará en 0,3 veces el IPREM por cada hijo a cargo en la unidad familiar. El incremento aplicable por hijo a cargo será de 0,35 veces el IPREM por cada hijo en el caso de unidad familiar monoparental o en el caso de cada hijo con discapacidad igual o superior al 33 por ciento.

c) Este límite se incrementará en 0,2 veces el IPREM por cada persona mayor de 65 años miembro de la unidad familiar o personas en situación de dependencia a cargo.

d) En caso de que alguno de los miembros de la unidad familiar tenga declarada discapacidad igual o superior al 33 por ciento, situación de dependencia o enfermedad que le incapacite acreditadamente de forma permanente para realizar una actividad laboral, el límite previsto en la letra a) será de 5 veces el IPREM, sin perjuicio de los incrementos acumulados por hijo a cargo.

A estos mismos efectos, el tribunal para apreciar la vulnerabilidad social podrá considerar el hecho de que, entre quienes ocupen la vivienda, se encuentren personas dependientes de conformidad con lo dispuesto en el apartado 2 del artículo 2 de la Ley 39/2006, de 14 de diciembre, de Promoción de la Autonomía Personal y Atención a las personas en situación de dependencia, víctimas de violencia sobre la mujer o personas menores de edad.

Apdo. 1, primer párrafo, modificado por Real Decreto-ley 6/2023, de 19 de diciembre, por el que se aprueban medidas urgentes para la ejecución del Plan de Recuperación, Transformación y Resiliencia en materia de servicio público de justicia, función pública, régimen local y mecenazgo. (BOE de 20-12-2023). En vigor desde el 20 de marzo de 2024.

Apdos. 6 y 7 añadidos por Ley 12/2023, de 24 de mayo, por el derecho a la vivienda. (BOE de 25-05-2023)

Apdo. 5 añadido por Real Decreto-ley 7/2019, de 1 de marzo, de medidas urgentes en materia de vivienda y alquiler. (BOE de 05-03-2019).

(...)

ART. 444. Causas tasadas de oposición.

1. Cuando en el juicio verbal se pretenda la recuperación de finca, rústica o urbana, dada en arrendamiento, por impago de la renta o cantidad asimilada sólo se permitirá al demandado alegar y probar el pago o las circunstancias relativas a la procedencia de la enervación.

1.bis Tratándose de un caso de recuperación de la posesión de una vivienda a que se refiere el párrafo segundo del numeral 4.º del apartado 1 del artículo 250, la oposición del demandado podrá fundarse exclusivamente en la existencia de título suficiente frente al actor para poseer la vivienda o en la falta de título por parte del actor.

2. En los casos del numeral 7.º del apartado 1 del artículo 250, la oposición del demandado únicamente podrá fundarse en alguna de las causas siguientes:

1.º Falsedad de la certificación del Registro u omisión en ella de derechos o condiciones inscritas, que desvirtúen la acción ejercitada.

2.º Poseer el demandado la finca o disfrutar el derecho discutido por contrato u otra cualquier relación jurídica directa con el último titular o con titulares anteriores o en virtud de prescripción, siempre que ésta deba perjudicar al titular inscrito.

3.º Que la finca o el derecho se encuentren inscritos a favor del demandado y así lo justifique presentando certificación del Registro de la Propiedad acreditativa de la vigencia de la inscripción.

4.º No ser la finca inscrita la que efectivamente posea el demandado.

3. En los casos de los numerales 10.º y 11.º del apartado 1 del artículo 250, la oposición del demandado sólo podrá fundarse en alguna de las causas siguientes:

1.ª Falta de jurisdicción o de competencia del tribunal.

2.ª Pago acreditado documentalmente.

3.ª Inexistencia o falta de validez de su consentimiento, incluida la falsedad de la firma.

4.ª Falsedad del documento en que aparezca formalizado el contrato.

Modificado por Ley Orgánica 1/2025, de 2 de enero, de medidas en materia de eficiencia del Servicio Público de Justicia. (BOE 03-01-2025). Esta modificación entró en vigor el 3 de abril de 2025.

(...)

TÍTULO IV
DE LOS RECURSOS

CAPÍTULO I
De los recursos: disposiciones generales

(...)

ART. 449. Derecho a recurrir en casos especiales.

1. En los procesos que lleven aparejado el lanzamiento, no se admitirán al demandado los recursos de apelación o casación si, al interponerlos, no manifiesta, acreditándolo por

escrito, tener satisfechas las rentas vencidas y las que con arreglo al contrato deba pagar adelantadas.

2. Los recursos de apelación o casación a que se refiere el apartado anterior, se declararán desiertos, cualquiera que sea el estado en que se hallen, si durante la sustanciación de los mismos el demandado recurrente dejare de pagar los plazos que venzan o los que deba adelantar. El arrendatario podrá adelantar o consignar el pago de varios períodos no vencidos, los cuales se sujetarán a liquidación una vez firme la sentencia. En todo caso, el abono de dichos importes no se considerará novación del contrato.

3. (…).

4. (…).

5. (…).

6. En los casos de los apartados anteriores, antes de que se rechacen o declaren desiertos los recursos, se estará a lo dispuesto en el artículo 231 para que puedan ser subsanados los defectos en que hubieran incurrido los actos procesales de las partes.

Modificado por Real Decreto-ley 6/2023, de 19 de diciembre, por el que se aprueban medidas urgentes para la ejecución del Plan de Recuperación, Transformación y Resiliencia en materia de servicio público de justicia, función pública, régimen local y mecenazgo. (BOE de 20-12-2023). En vigor desde el 20 de marzo de 2024.

(…)

CAPÍTULO III
Del recurso de apelación y de la segunda instancia

Sección 1.ª Del recurso de apelación y de la segunda instancia: disposiciones generales

ART. 455. Resoluciones recurribles en apelación. Competencia y tramitación preferente.

1. Las sentencias dictadas en toda clase de juicio, los autos definitivos y aquéllos otros que la ley expresamente señale, serán apelables, con excepción de las sentencias dictadas en los juicios verbales por razón de la cuantía cuando ésta no supere los 3.000 euros.

2. Conocerán de los recursos de apelación:

1.º Los Juzgados de Primera Instancia, cuando las resoluciones apelables hayan sido dictadas por los Juzgados de Paz de su partido.

2.º Las Audiencias Provinciales, cuando las resoluciones apelables hayan sido dictadas por los Juzgados de Primera Instancia de su circunscripción.

3. Se tramitarán preferentemente los recursos de apelación legalmente previstos contra autos que inadmitan demandas por falta de requisitos que la ley exija para casos especiales.

4. Se tramitarán también preferentemente los recursos de apelación legalmente previstos contra resoluciones definitivas dictadas en la tramitación de los procedimientos testigo, así como contra los autos en que se acuerde la suspensión del curso de las actuaciones hasta que se dicte sentencia firme en el procedimiento identificado como testigo.

Apdo. 4 añadido por Real Decreto-ley 6/2023, de 19 de diciembre, por el que se aprueban medidas urgentes para la ejecución del Plan de Recuperación, Transformación y Resiliencia en materia de servicio público de justicia, función pública, régimen local y mecenazgo. (BOE de 20-12-2023). En vigor desde el 20 de marzo de 2024.

ART. 456. Ámbito y efectos del recurso de apelación.

1. En virtud del recurso de apelación podrá perseguirse, con arreglo a los fundamentos de hecho y de derecho de las pretensiones formuladas ante el tribunal de primera instancia, que se revoque un auto o sentencia y que, en su lugar, se dicte otro u otra favorable al recurrente, mediante nuevo examen de las actuaciones llevadas a cabo ante aquel tribunal y conforme a la prueba que, en los casos previstos en esta Ley, se practique ante el tribunal de apelación.

2. La apelación contra sentencias desestimatorias de la demanda y contra autos que pongan fin al proceso carecerá de efectos suspensivos, sin que, en ningún caso, proceda actuar en sentido contrario a lo que se hubiese resuelto.

3. Las sentencias estimatorias de la demanda, contra las que se interponga el recurso de apelación, tendrán, según la naturaleza y contenido de sus pronunciamientos, la eficacia que establece el Título II del Libro III de esta Ley.

(...)

CAPÍTULO V
Del recurso de casación

ART. 477. Motivo del recurso de casación y resoluciones recurribles en casación.

1. Serán recurribles en casación las sentencias que pongan fin a la segunda instancia dictadas por las Audiencias Provinciales cuando, conforme a la ley, deban actuar como órgano colegiado y los autos y sentencias dictados en apelación en procesos sobre reconocimiento y ejecución de sentencias extranjeras en materia civil y mercantil al amparo de los tratados y convenios internacionales, así como de Reglamentos de la Unión Europea u otras normas internacionales, cuando la facultad de recurrir se reconozca en el correspondiente instrumento.

Serán también recurribles en casación las sentencias dictadas por las Audiencias Provinciales en los recursos contra las resoluciones que agotan la vía administrativa dictadas en materia de propiedad industrial por la Oficina Española de Patentes y Marcas.

2. El recurso de casación habrá de fundarse en infracción de norma procesal o sustantiva, siempre que concurra interés casacional. No obstante, podrá interponerse en todo caso recurso de casación contra sentencias dictadas para la tutela judicial civil de derechos fundamentales susceptibles de recurso de amparo, aun cuando no concurra interés casacional.

3. Se considerará que un recurso presenta interés casacional cuando la resolución recurrida se oponga a doctrina jurisprudencial del Tribunal Supremo o resuelva puntos y cuestiones sobre los que exista jurisprudencia contradictoria de las Audiencias Provinciales o aplique normas sobre las que no existiese doctrina jurisprudencial del Tribunal Supremo.

Cuando se trate de recursos de casación de los que deba conocer un Tribunal Superior de Justicia, se entenderá que existe interés casacional cuando la sentencia recurrida se oponga a doctrina jurisprudencial, o no exista doctrina del Tribunal Superior de Justicia sobre normas de Derecho especial de la Comunidad Autónoma correspondiente, o resuelva puntos y cuestiones sobre los que exista jurisprudencia contradictoria de las Audiencias Provinciales.

4. La Sala Primera o, en su caso, las Salas de lo Civil y de lo Penal de los Tribunales Superiores de Justicia, podrán apreciar que existe interés casacional notorio cuando la resolución impugnada se haya dictado en un proceso en el que la cuestión litigiosa sea de interés general para la interpretación uniforme de la ley estatal o autonómica. Se entenderá que existe interés general cuando la cuestión afecte potencial o efectivamente a un gran número de situaciones, bien en sí misma o por trascender del caso objeto del proceso.

5. La valoración de la prueba y la fijación de hechos no podrán ser objeto de recurso de casación, salvo error de hecho, patente e inmediatamente verificable a partir de las propias actuaciones.

6. Cuando el recurso se funde en infracción de normas procesales será imprescindible acreditar que, de haber sido posible, previamente al recurso de casación la infracción se ha denunciado en la instancia y que, de haberse producido en la primera, la denuncia se ha reproducido en la segunda instancia. Si la infracción procesal hubiere producido falta o defecto subsanable, deberá haberse pedido la subsanación en la instancia o instancias oportunas.

Apdo. 1 modificado por Real Decreto-ley 6/2023, de 19 de diciembre, por el que se aprueban medidas urgentes para la ejecución del Plan de Recuperación, Transformación y Resiliencia en materia de servicio público de justicia, función pública, régimen local y mecenazgo. (BOE de 20-12-2023). En vigor desde el 20 de marzo de 2024.

(...)

CAPÍTULO VII
Del recurso de queja

ART. 494. Resoluciones recurribles en queja.

Contra los autos en que el tribunal que haya dictado la resolución denegare la tramitación de un recurso de casación, se podrá interponer recurso de queja ante el órgano al que corresponda resolver del recurso no tramitado. Los recursos de queja se tramitarán y resolverán con carácter preferente.

No procederá el recurso de queja en los procesos de desahucios de finca urbana y rústica, cuando la sentencia que procediera dictar en su caso no tuviese la consideración de cosa juzgada.

Modificado por Real Decreto-ley 6/2023, de 19 de diciembre, por el que se aprueban medidas urgentes para la ejecución del Plan de Recuperación, Transformación y Resiliencia en materia de servicio público de justicia, función pública, régimen local y mecenazgo. (BOE de 20-12-2023). En vigor desde el 20 de marzo de 2024.

(...)

TÍTULO VI
DE LA REVISIÓN DE SENTENCIAS FIRMES

ART. 509. Órgano competente y resoluciones recurribles.

La revisión de sentencias firmes se solicitará a la Sala de lo Civil del Tribunal Supremo o a las Salas de lo Civil y Penal de los Tribunales Superiores de Justicia, conforme a lo dispuesto en la Ley Orgánica del Poder Judicial.

ART. 510. Motivos.

1. Habrá lugar a la revisión de una sentencia firme:

1.º Si después de pronunciada, se recobraren u obtuvieren documentos decisivos, de los que no se hubiere podido disponer por fuerza mayor o por obra de la parte en cuyo favor se hubiere dictado.

2.º Si hubiere recaído en virtud de documentos que al tiempo de dictarse ignoraba una de las partes haber sido declarados falsos en un proceso penal, o cuya falsedad declarare después penalmente.

3.º Si hubiere recaído en virtud de prueba testifical o pericial, y los testigos o los peritos hubieren sido condenados por falso testimonio dado en las declaraciones que sirvieron de fundamento a la sentencia.

4.º Si se hubiere ganado injustamente en virtud de cohecho, violencia o maquinación fraudulenta.

2. Asimismo se podrá interponer recurso de revisión contra una resolución judicial firme cuando el Tribunal Europeo de Derechos Humanos haya declarado que dicha resolución ha sido dictada en violación de alguno de los derechos reconocidos en el Convenio Europeo para la Protección de los Derechos Humanos y Libertades Fundamentales y sus Protocolos, siempre que la violación, por su naturaleza y gravedad, entrañe efectos que persistan y no puedan cesar de ningún otro modo que no sea mediante esta revisión, sin que la misma pueda perjudicar los derechos adquiridos de buena fe por terceras personas.

Modificado por Ley Orgánica 7/2015, de 21 de julio, por la que se modifica la Ley Orgánica 6/1985, de 1 de julio, del Poder Judicial. (BOE de 22-07-2015).

ART. 511. Legitimación activa.

Podrá solicitar la revisión quien hubiere sido parte perjudicada por la sentencia firme impugnada.

En el supuesto del apartado 2 del artículo anterior, la revisión sólo podrá ser solicitada por quien hubiera sido demandante ante el Tribunal Europeo de Derechos Humanos.

Modificado por Ley Orgánica 7/2015, de 21 de julio, por la que se modifica la Ley Orgánica 6/1985, de 1 de julio, del Poder Judicial. (BOE de 22-07-2015).

ART. 512. Plazo de interposición.

1. En ningún caso podrá solicitarse la revisión después de transcurridos cinco años desde la fecha de la publicación de la sentencia que se pretende impugnar. Se rechazará toda solicitud de revisión que se presente pasado este plazo.

Lo dispuesto en el párrafo anterior no será aplicable cuando la revisión esté motivada en una Sentencia del Tribunal Europeo de Derechos Humanos. En este caso la solicitud deberá formularse en el plazo de un año desde que adquiera firmeza la sentencia del referido Tribunal.

2. Dentro del plazo señalado en el apartado anterior, se podrá solicitar la revisión siempre que no hayan transcurrido tres meses desde el día en que se descubrieren los documentos decisivos, el cohecho, la violencia o el fraude, o en que se hubiere reconocido o declarado la falsedad.

Modificado por Ley Orgánica 7/2015, de 21 de julio, por la que se modifica la Ley Orgánica 6/1985, de 1 de julio, del Poder Judicial. (BOE de 22-07-2015).

(...)

TÍTULO IV
DE LA EJECUCIÓN DINERARIA

CAPÍTULO IV
Del procedimiento de apremio

Sección 6.ª De la subasta de bienes inmuebles

(...)

ART. 661. Comunicación de la ejecución a arrendatarios y a ocupantes de hecho. Publicidad de la situación posesoria.

1. Cuando, por la manifestación de bienes del ejecutado, por indicación del ejecutante o de cualquier otro modo, conste en el procedimiento la existencia e identidad de personas, distintas del ejecutado, que ocupen el inmueble embargado, se les notificará la existencia de la ejecución, para que, en el plazo de diez días, presenten ante el Tribunal los títulos que justifiquen su situación. Esta notificación podrá ser practicada por el procurador de la parte ejecutante que así lo solicite o cuando atendiendo a las circunstancias lo acuerde el Letrado de la Administración de Justicia.

En la publicidad de la subasta que se realice en el Portal de Subastas, así como en los medios públicos o privados en su caso, se expresará, con el posible detalle, la situación posesoria del inmueble o que, por el contrario, se encuentra desocupado, si se acreditase cumplidamente esta circunstancia al Letrado de la Administración de Justicia responsable de la ejecución.

2. El ejecutante podrá pedir que, antes de anunciarse la subasta, el Tribunal declare que el ocupante u ocupantes no tienen derecho a permanecer en el inmueble, una vez que éste se haya enajenado en la ejecución. La petición se tramitará con arreglo a lo establecido en el apartado 3 del artículo 675 y el Tribunal accederá a ella y hará, por medio de auto no recurrible, la declaración solicitada, cuando el ocupante u ocupantes puedan considerarse de mero hecho o sin título suficiente. En otro caso, declarará, también sin ulterior recurso, que el ocupante u ocupantes tienen derecho a permanecer en el inmueble, dejando a salvo las acciones que pudieran corresponder al futuro adquirente para desalojar a aquéllos.

Las declaraciones a que se refiere el párrafo anterior se harán constar en la publicidad de la subasta.

Modificado por Ley 19/2015, de 13 de julio, de medidas de reforma administrativa en el ámbito de la Administración de Justicia y del Registro Civil. (BOE de 14-07-2015).

(...)

ART. 675. Posesión judicial y ocupantes del inmueble.

1. Si el adquirente lo solicitara, se le pondrá en posesión del inmueble que no se hallare ocupado.

2. Si el inmueble estuviera ocupado, el Letrado de la Administración de Justicia acordará de inmediato el lanzamiento cuando el Tribunal haya resuelto, con fijación de día y hora exacta y con arreglo a lo previsto en el apartado 2 del artículo 661, que el ocupante u ocu-

pantes no tienen derecho a permanecer en él. Los ocupantes desalojados podrán ejercitar los derechos que crean asistirles en el juicio que corresponda.

Cuando, estando el inmueble ocupado, no se hubiera procedido previamente con arreglo a lo dispuesto en el apartado 2 del artículo 661, el adquirente podrá pedir al Tribunal de la ejecución el lanzamiento de quienes, teniendo en cuenta lo dispuesto en el artículo 661, puedan considerarse ocupantes de mero hecho o sin título suficiente. La petición deberá efectuarse en el plazo de un año desde la adquisición del inmueble por el rematante o adjudicatario, transcurrido el cual la pretensión de desalojo sólo podrá hacerse valer en el juicio que corresponda.

3. La petición de lanzamiento a que se refiere el apartado anterior se notificará a los ocupantes indicados por el adquirente, con citación a una vista que señalará el Letrado de la Administración de Justicia dentro del plazo de diez días, en la que podrán alegar y probar lo que consideren oportuno respecto de su situación. El Tribunal, por medio de auto, sin ulterior recurso, resolverá sobre el lanzamiento, que decretará en todo caso si el ocupante u ocupantes citados no comparecieren sin justa causa.

4. El auto que resolviere sobre el lanzamiento de los ocupantes de un inmueble deberá ser notificado a los ocupantes y fijará día y hora exacta en la que éste tendrá lugar y dejará a salvo, cualquiera que fuere su contenido, los derechos de los interesados, que podrán ejercitarse en el juicio que corresponda.

Modificado por Ley 12/2023, de 24 de mayo, por el derecho a la vivienda. (BOE de 25-05-2023).

(...)(...)

CENSO DE CONTRATOS DE ARRENDAMIENTO DE VIVIENDAS

ORDEN DE 20 DE DICIEMBRE 1994, POR LA QUE SE DICTAN NORMAS PARA LA ELABORACIÓN DEL CENSO DE CONTRATOS DE ARRENDAMIENTO DE VIVIENDAS

–BOE n.º 310, de 28 de diciembre de 1994–

La disposición adicional sexta de la Ley 29/1994, de 24 de noviembre, de Arrendamientos Urbanos, establece que el Gobierno procederá, a través del Ministerio de Obras Públicas, Transportes y Medio Ambiente, en el plazo de un año a partir de la entrada en vigor de dicha Ley, a elaborar un censo de los contratos de arrendamientos de viviendas sujetos a ella y subsistentes a su entrada en vigor.

Por imperativo de esta disposición adicional, el citado censo, que deberá comprender los datos identificativos del arrendador y del arrendatario, de la fecha, duración y renta del contrato, y de la existencia o no de cláusulas de revisión, se ha de elaborar, bien a instancia de los arrendadores, para quienes se establece la obligación de remitir tales datos al citado Ministerio en el plazo máximo de tres meses, a partir de la entrada en vigor de la Ley, bien a solicitud de los arrendatarios, a los que se reconoce igualmente la facultad de solicitar la inclusión en el censo de sus respectivos contratos, dando cuenta, por escrito, al arrendador de los datos remitidos, con la consecuencia de que el incumplimiento por los arrendadores de aquella obligación les privará del derecho a los beneficios fiscales a que se refiere la disposición final cuarta de la Ley.

En su consecuencia, esta Orden tiene por objeto establecer las prescripciones adecuadas para facilitar a arrendadores y arrendatarios el cumplimiento de dicha obligación o el ejercicio de su derecho, y la elaboración del censo creado por la Ley.

En su virtud, dispongo:

PRIMERO.

1. El cumplimiento por los arrendadores de la obligación de remitir al Ministerio de Obras Públicas, Transportes Medio Ambiente los datos de los contratos de arrendamientos de viviendas a los que se refiere la disposición adicional sexta de la Ley 29/1994, de 24 de noviembre, de Arrendamientos Urbanos, en el plazo establecido por dicha disposición, para su inclusión en el censo creado por ésta, y el ejercicio por los arrendatarios de la facultad de solicitar la inclusión en el mencionado censo que les reconoce la misma disposición adicional, se realizará con arreglo al modelo oficial de impreso que se incluye como anexo.

2. El impreso oficial, comprensivo de los datos identificativos del arrendador, del arrendatario, de la vivienda objeto del contrato, de su renta, de la existencia o no de cláusulas de revisión en el mismo, de su duración y de su fecha, estará a disposición de los interesados en las Direcciones Provinciales y Especiales en Ceuta y Melilla, del Ministerio de Obra Públicas, Transportes y Medio Ambiente.

3. Las Direcciones Provinciales y Especiales podrán suministrar a los entes u órganos de otras Administraciones Públicas que lo soliciten, ejemplares del citado impreso a efectos de facilitar el cumplimiento de la obligación o el ejercicio del derecho establecidos por la Ley.

4. Si los interesados no pudieran obtener los impresos en los citados órganos podrán formalizar la solicitud utilizando copia del impreso anexo a esta orden.

SEGUNDO.

1. Los arrendadores de viviendas a que se refiere el apartado anterior, deberán presentar las correspondientes declaraciones dentro del plazo máximo de tres meses, a contar desde el día 1 de enero de 1995.

2. Los arrendatarios, dando cuenta por escrito al arrendador de los datos remitidos de conformidad con lo dispuesto en la Ley, tendrán derecho a solicitar la inclusión en el censo de sus respectivos contratos, que se practicará en la forma que se indica para la declaración citada por los arrendadores.

TERCERO.

1. Las declaraciones y solicitudes de inclusión en el censo, se presentarán en el Registro General del Ministerio de Obras Públicas, Transportes y Medio Ambiente, en los de sus Direcciones Provinciales y Especiales en Ceuta y Melilla, o en cualquiera de los siguientes:

En los Registros de cualquier órgano administrativo, que pertenezca a la Administración General del Estado, a la de cualquier Administración de las Comunidades Autónomas, o a la de alguna de las entidades que integran la Administración Local.

En las oficinas de Correos, en la forma reglamentariamente establecida.

En las representaciones diplomáticas u oficinas consulares de España en el extranjero.

En cualquier otro que establezcan las disposiciones vigentes.

2. El Registro de la Administración Pública en el que se presente la declaración por triplicado, consignará en ella la fecha de presentación, y devolverá al interesado uno de los ejemplares sellado.

CUARTO.

Los arrendadores que deban presentar más de veinte declaraciones podrán hacerlo en soporte informático, previo acuerdo sobre las características de éste con los servicios correspondientes de la Dirección General para la Vivienda, el Urbanismo y la Arquitectura.

QUINTO.

Las Direcciones Provinciales y Especiales del Ministerio de Obras Públicas, Transportes y Medio Ambiente, una vez recibidos los formularios o soportes informáticos, deberán enviarlos a la Dirección General para la Vivienda, el Urbanismo y la Arquitectura, remitiendo la totalidad de los recibidos, a más tardar, el 1 de abril de 1995.

SEXTO.

Una vez elaborado el censo, la Dirección General para la Vivienda, el Urbanismo y la Arquitectura expedirá, a solicitud de los interesados, las correspondientes certificaciones de inclusión del contrato en el censo.

SÉPTIMO.

La Secretaría de Estado de Medio Ambiente y Vivienda y el Director general para la Vivienda, el Urbanismo y la Arquitectura podrán dictar las resoluciones necesarias para el desarrollo y aplicación de esta Orden.

OCTAVO.

Esta Orden entrará en vigor el día 1 de enero de 1995.

Madrid, 20 de diciembre de 1994.

BORRELL FONTELLES

Excma. Sra. Secretaria de Estado de Medio Ambiente y Vivienda e Ilmos. Sres. Subsecretario, Director General para la Vivienda, el Urbanismo y la Arquitectura, Directores provinciales y Directores especiales del Departamento.

ANEXO
MODELO OFICIAL DE IMPRESO

Impreso oficial para remisión de datos de contratos de arrendamientos de viviendas

Ministerio de Obras Públicas, Transportes
y Medio Ambiente

Secretaría de Estado de Medio Ambiente
y Vivienda

Dirección General para la Vivienda,
el Urbanismo y la Arquitectura

DIRECCION PROVINCIAL DE: ....

1000000

CENSO DE ARRENDAMIENTOS DE VIVIENDAS

Ley 29/1994, de 24 de noviembre,
de Arrendamientos Urbanos

DATOS DEL ARRENDADOR

NIF

Apellidos y nombre o razón social

Calle/Plaza/Avda.

Nombre de la vía pública

Número   Esc.   Piso   Pta.

Cd. Postal   Municipio

Provincia   País

DATOS DEL ARRENDATARIO Y DE LA VIVIENDA ARRENDADA

Datos del Arrendatario

NIF

Apellidos y nombre o razón social

Calle/Plaza/Avda.

Nombre de la vía pública

Número   Esc.   Piso   Pta.

Cd. Postal   Municipio

Provincia   País

Datos de la Vivienda Arrendada   (Rellenar si no coincide con el domicilio del arrendatario)

Calle/Plaza/Avda.

Nombre de la vía pública

Número   Esc.   Piso   Pta.

Cd. Postal   Municipio

Provincia

Referencia Catastral

Referencia Catastral de la vivienda arrendada (1)   (1) La que figura en el Recibo del Impuesto de Bienes Inmuebles

DATOS DEL CONTRATO

RENTA
☐ Mensual
☐ Trimestral
☐ Semestral
☐ Anual

Renta inicial   Pts.
Renta actual(2)   Pts.
Renta actual(3)   Pts.
(2)Incluidas cantidades asimiladas
(3)Excluidas cantidades asimiladas

¿EXISTE CLAUSULA
DE REVISION?

SI   ☐
NO   ☐

FECHA DEL CONTRATO

DURACION DEL CONTRATO

Definida   ☐
No Definida   ☐

Si Definida, indicar
número de años

El abajo firmante, en calidad de (*)
o REPRESENTANTE del mismo, declara que son ciertos los datos
consignados en el presente formulario.

Fecha | | | 1 9 9 5   Firma

(*) arrendador, arrendatario.

Recibido por la Administración.

Fecha | | | 1 9 9 5   Sello

Ejemplar para la ADMINISTRACION (Archivo)

INSTRUCCIONES

1. Este formulario deberá complimentarse a máquina o utilizando bolígrafo, sobre superficie dura, con letras mayúsculas.
2. LUGAR DE PRESENTACION, en el Registro del Ministerio de Obras Públicas, Transportes y Medio Ambiente, de sus Direcciones provinciales y especiales de Ceuta y Melilla o en cualquiera de las formas establecidas en el artículo 38.4 de la Ley 30/1992 de 26 de noviembre, sobre Régimen Jurídico de las Administraciones Públicas y del Procedimiento Administrativo Común.
3. PLAZO DE PRESENTACION, tres meses a contar desde el 1 de enero de 1995, fecha de entrada en vigor de la Ley de Arrendamientos Urbanos.

Ministerio de Obras Públicas, Transportes
y Medio Ambiente

Secretaría de Estado de Medio Ambiente
y Vivienda

Dirección General para la Vivienda,
el Urbanismo y la Arquitectura

DIRECCION PROVINCIAL DE: ....

1000000

CENSO DE ARRENDAMIENTOS DE VIVIENDAS

Ley 29/1994, de 24 de noviembre,
de Arrendamientos Urbanos

DATOS DEL ARRENDADOR

NIF

Apellidos y nombre o razón social

Calle/Plaza/Avda.   Nombre de la vía pública   Número   Esc.   Piso   Pta.

Cd. Postal   Municipio   Provincia   País

DATOS DEL ARRENDATARIO Y DE LA VIVIENDA ARRENDADA

Datos del Arrendatario

NIF

Apellidos y nombre o razón social

Calle/Plaza/Avda.   Nombre de la vía pública   Número   Esc.   Piso   Pta.

Cd. Postal   Municipio   Provincia   País

Datos de la Vivienda Arrendada   (Rellenar si no coincide con el domicilio del arrendatario)

Calle/Plaza/Avda.   Nombre de la vía pública   Número   Esc.   Piso   Pta.

Cd. Postal   Municipio   Provincia

Referencia Catastral

Referencia Catastral de la vivienda arrendada (1)   (1) La que figura en el Recibo del Impuesto de Bienes Inmuebles

DATOS DEL CONTRATO

RENTA
☐ Mensual
☐ Trimestral
☐ Semestral
☐ Anual

Renta inicial   Pts.
Renta actual(2)   Pts.
Renta actual(3)   Pts.
(2)Incluidas cantidades asimiladas
(3)Excluidas cantidades asimiladas

¿EXISTE CLAUSULA
DE REVISION?
SI   ☐
NO   ☐

FECHA DEL CONTRATO

DURACION DEL CONTRATO
Definida   ☐
No Definida   ☐
Si Definida, indicar
número de años

El abajo firmante, en calidad de (*)
o REPRESENTANTE del mismo, declara que son ciertos los datos
consignados en el presente formulario.

Fecha   1995   Firma

(*) arrendador, arrendatario.

Recibido por la Administración.

Fecha   1995   Sello

INSTRUCCIONES

1. Este formulario deberá cumplimentarse a máquina o utilizando bolígrafo, sobre superficie dura, con letras mayúsculas.
2. LUGAR DE PRESENTACION, en el Registro del Ministerio de Obras Públicas, Transportes y Medio Ambiente, de sus Direcciones Provinciales y especiales de Ceuta y Melilla o en cualquiera de los lugares establecidos en el artículo 38.4 de la Ley 30/1992 de 26 de noviembre, sobre Régimen Jurídico de las Administraciones Públicas y del Procedimiento Administrativo Común.
3. PLAZO DE PRESENTACION, tres meses a contar desde el 1 de enero de 1995, fecha de entrada en vigor de la Ley de Arrendamientos Urbanos.

Ministerio de Obras Públicas, Transportes
y Medio Ambiente

Secretaría de Estado de Medio Ambiente
y Vivienda

Dirección General para la Vivienda,
el Urbanismo y la Arquitectura

DIRECCION PROVINCIAL DE: ....

1000000

CENSO DE ARRENDAMIENTOS DE VIVIENDAS

Ley 29/1994, de 24 de noviembre,
de Arrendamientos Urbanos

DATOS DEL ARRENDADOR

NIF

Apellidos y nombre o razón social

Calle/Plaza/Avda.   Nombre de la vía pública   Número   Esc.   Piso   Pta.

Cd. Postal   Municipio   Provincia   Pais

DATOS DEL ARRENDATARIO Y DE LA VIVIENDA ARRENDADA

Datos del Arrendatario

NIF

Apellidos y nombre o razón social

Calle/Plaza/Avda.   Nombre de la vía pública   Número   Esc.   Piso   Pta.

Cd. Postal   Municipio   Provincia   Pais

Datos de la Vivienda Arrendada   (Rellenar si no coincide con el domicilio del arrendatario)

Calle/Plaza/Avda.   Nombre de la vía pública   Número   Esc.   Piso   Pta.

Cd. Postal   Municipio   Provincia

Referencia Catastral

Referencia Catastral de la vivienda arrendada (1)   (1) La que figura en el Recibo del Impuesto de Bienes Inmuebles

DATOS DEL CONTRATO

RENTA	Renta inicial	¿EXISTE CLAUSULA DE REVISION?	DURACION DEL CONTRATO
☐ Mensual	☐☐☐☐☐☐☐ Pts.		Definida ☐
☐ Trimestral	Renta actual(2)	SI ☐	No Definida ☐
☐ Semestral	☐☐☐☐☐☐☐ Pts.	NO ☐	Si Definida, indicar
☐ Anual	Renta actual(3)		número de años
	☐☐☐☐☐☐☐ Pts.	FECHA DEL CONTRATO	
	(2)Incluidas cantidades asimiladas (3)Excluidas cantidades asimiladas		

El abajo firmante, en calidad de (*)
o REPRESENTANTE del mismo, declara que son ciertos los datos
consignados en el presente formulario.

Fecha | | | |1|9|9|5| Firma

(*) arrendador, arrendatario.

Recibido por la Administración.

Fecha | | | |1|9|9|5| Sello

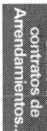

Ejemplar para el INTERESADO

INSTRUCCIONES

1. Este formulario deberá cumplimentarse a máquina o utilizando bolígrafo, sobre superficie dura, con letras mayúsculas.
2. LUGAR DE PRESENTACION, en el Registro del Ministerio de Obras Públicas, Transportes y Medio Ambiente, de sus Direcciones Provinciales y especiales de Ceuta y Melilla o en cualquiera de las formas establecidas en el artículo 38.4 de la Ley 30/1992 de 26 de noviembre, sobre Régimen Jurídico de las Administraciones Públicas y del Procedimiento Administrativo Común.
3. PLAZO DE PRESENTACION, tres meses a contar desde el 1 de enero de 1995, fecha de entrada en vigor de la Ley de Arrendamientos Urbanos.

OTRAS DISPOSICIONES

XII.-
LEY 15/1995, DE 30 DE MAYO, SOBRE LÍMITES DEL DOMINIO SOBRE INMUEBLES PARA ELIMINAR BARRERAS ARQUITECTÓNICAS A LAS PERSONAS CON DISCAPACIDAD

–BOE n.º 129, de 31 de mayo de 1995–

JUAN CARLOS I
REY DE ESPAÑA

A todos los que la presente vieren y entendieren.
Sabed: Que las Cortes Generales han aprobado y Yo vengo en sancionar la siguiente Ley.

EXPOSICIÓN DE MOTIVOS

El artículo 49 de la Constitución Española establece como uno de los principios que han de regir la política social y económica de los poderes públicos, el de llevar a cabo una política de integración de las personas con discapacidad amparándolas especialmente para el disfrute de los derechos que el Título I otorga a todos los ciudadanos. Entre estos derechos, el artículo 47 consagra el de disfrutar de una vivienda digna y adecuada. En consonancia con ambos preceptos constitucionales, la Ley 13/1982, de 7 de abril, de Integración Social de los Minusválidos, se ocupa de la movilidad y de las barreras arquitectónicas.

Dentro de este marco constitucional, y haciendo uso de la facultad que el artículo 33 de la Constitución le concede de delimitar el contenido del derecho de propiedad, en atención a su función social, el legislador ha dado ya buena muestra de su decidida voluntad de facilitar la movilidad de las personas minusválidas mediante la progresiva eliminación de las barreras arquitectónicas. En esta línea cabe citar la Ley 3/1990, de 21 de junio, que modifica la Ley 49/1960, de 21 de julio, de Propiedad Horizontal, suavizando el régimen de adopción de acuerdos por las juntas de propietarios para la realización de obras de supresión de barreras arquitectónicas, y la Ley 29/1994, de 24 de noviembre, de Arrendamientos Urbanos, que en su artículo 24 faculta a los arrendatarios con minusvalía a efectuar reformas en el interior de la vivienda para mejorar su habitabilidad.

La presente Ley pretende dar un paso más en este camino, ampliando el ámbito de la protección y estableciendo un procedimiento que tiene como objetivo, que el interesado y el propietario o la comunidad o mancomunidad de propietarios lleguen a un acuerdo sobre la forma de ejecución de las obras de adaptación.

ART. 1.

1. La presente Ley tiene por objeto, de acuerdo con la función social que ha de cumplir la propiedad, hacer efectivo a las personas minusválidas el derecho de los españoles a disfrutar de una vivienda digna y adecuada, de conformidad con los artículos 47 y 49 de la Constitución Española y, en consecuencia, con lo establecido en la Ley 13/1982, de 7 de abril, de Integración Social de los Minusválidos.

2. Las obras de adecuación de fincas urbanas ocupadas por personas minusválidas que impliquen reformas en su interior, si están destinadas a usos distintos del de la vivienda, o modificación de elementos comunes del edificio que sirvan de paso necesario entre la finca urbana y la vía pública, tales como escaleras, ascensores, pasillos, portales o cualquier otro elemento arquitectónico, o las necesarias para la instalación de dispositivos electrónicos que favorezcan su comunicación con el exterior, se realizarán de acuerdo con lo prevenido en la presente Ley.

3. Los derechos que esta Ley reconoce a las personas con minusvalía física podrán ejercitarse por los mayores de setenta años sin que sea necesario que acrediten su discapacidad con certificado de minusvalía.

ART. 2.

1. Serán beneficiarios de las medidas previstas en la presente Ley, quienes, padeciendo una minusvalía de las descritas en el artículo siguiente, sean titulares de fincas urbanas en calidad de propietarios, arrendatarios, subarrendatarios o usufructuarios, o sean usuarios de las mismas.

2. A los efectos de esta Ley se considera usuario al cónyuge, a la persona que conviva con el titular de forma permanente en análoga relación de afectividad, con independencia de su orientación sexual, y a los familiares que con él convivan.

Igualmente se considerarán usuarios a los trabajadores minusválidos vinculados por una relación laboral con el titular.

3. Quedan exceptuadas del ámbito de aplicación de esta Ley las obras de adecuación del interior de las viviendas instadas por los arrendatarios de las mismas que tengan la condición de minusválidos o que convivan con personas que ostenten dicha condición en los términos del artículo 24 de la Ley 29/1994, de 24 de noviembre, de Arrendamientos Urbanos, que se regirán por ésta.

ART. 3.

1. Los titulares y usuarios a los que se refiere el artículo anterior tendrán derecho a promover y llevar a cabo las obras de adecuación de la finca urbana y de los accesos a la misma desde la vía pública, siempre que concurran los siguientes requisitos:

a) Ser el titular o el usuario de la vivienda minusválido con disminución permanente para andar, subir escaleras o salvar barreras arquitectónicas, se precise o no el uso de prótesis o de silla de ruedas.

b) Ser necesarias las obras de reforma en el interior de la finca urbana o en los pasos de comunicación con la vía pública para salvar barreras arquitectónicas, de modo que se permita su adecuado y fácil uso por minusválidos, siempre que las obras no afecten a la estructura o fábrica del edificio, que no menoscaben la resistencia de los materiales empleados en la construcción y que sean razonablemente compatibles con las características arquitectónicas e históricas del edificio.

2. El cumplimiento de los requisitos establecidos en el párrafo anterior se acreditará mediante las correspondientes certificaciones oficiales del Registro Civil o de la autoridad administrativa competente. La certificación de la condición de minusválido será acreditada por la Administración competente.

ART. 4.

1. El titular o, en su caso, el usuario notificará por escrito al propietario, a la comunidad o a la mancomunidad de propietarios, la necesidad de ejecutar las obras de adecuación por causa de minusvalía. Se acompañará al escrito de notificación las certificaciones a que se refiere el artículo anterior, así como el proyecto técnico detallado de las obras a realizar.

2. En el caso de que el usuario sea trabajador minusválido por cuenta ajena y las obras hayan de realizarse en el interior del centro de trabajo, la notificación a que se refiere el párrafo anterior se realizará, además, al empresario.

ART. 5.

En el plazo máximo de sesenta días el propietario, la comunidad o la mancomunidad de propietarios y, en su caso, el empresario comunicarán por escrito al solicitante su consentimiento o su oposición razonada a la ejecución de las obras; también podrán proponer las soluciones alternativas que estimen pertinentes. En este último supuesto, el solicitante deberá comunicar su conformidad o disconformidad con anterioridad al ejercicio de las acciones previstas en el artículo siguiente.

Transcurrido dicho plazo sin efectuar la expresada comunicación, se entenderá consentida la ejecución de las obras de adecuación, que podrán iniciarse una vez obtenidas las autorizaciones administrativas precisas.

La oposición comunicada fuera de plazo carecerá de eficacia y no impedirá la realización de las obras.

ART. 6.

1. Comunicada en el tiempo y forma señalados la oposición a la ejecución de las obras de adecuación, o no aceptadas las soluciones alternativas propuestas, el titular o usuario de la finca urbana podrá acudir en defensa de su derecho a la jurisdicción civil.

El procedimiento se sustanciará por los trámites del juicio verbal.

Acreditados los requisitos establecidos en la presente Ley, mediante las oportunas certificaciones, el juez dictará sentencia reconociendo el derecho a ejecutar las obras en beneficio de las personas discapacitadas, pudiendo, no obstante, declarar procedente alguna o parte de las alternativas propuestas por la parte demandada.

2. Las sentencias dictadas en estos juicios verbales serán recurribles conforme al régimen establecido en la Ley de Enjuiciamiento Civil, con la única salvedad de que el recurso de apelación se interpondrá en un solo efecto.

ART. 7.

Los gastos que originen las obras de adecuación de la finca urbana o de sus elementos comunes correrán a cargo del solicitante de las mismas, sin perjuicio de las ayudas, exenciones o subvenciones que pueda obtener, de conformidad con la legislación vigente.

Las obras de adecuación realizadas quedarán en beneficio de la propiedad de la finca urbana.

No obstante, en el caso de reformas en el interior, el propietario podrá exigir su reposición al estado anterior.

DISPOSICIONES ADICIONALES

D.A. ÚNICA.

Las obras de adaptación en el interior de las viviendas, que pretendan realizar los usufructuarios con minusvalías y las personas mayores de setenta años sean o no minusválidas, se someterán al régimen previsto en el artículo 24 de la Ley 29/1994, de 24 de noviembre, de Arrendamientos Urbanos.

DISPOSICIONES FINALES

D.F. ÚNICA.

La presente Ley se dicta al amparo del artículo 149.1.8.ª de la Constitución y será de aplicación en defecto de las normas dictadas por las Comunidades Autónomas en ejercicio de sus competencias en materia de Derecho Civil, foral o especial, de conformidad con lo establecido en los Estatutos de Autonomía.

Por tanto,
Mando a todos los españoles, particulares y autoridades que guarden y hagan guardar esta Ley.

Madrid, 30 de mayo de 1995.
JUAN CARLOS R.

El Presidente del Gobierno,
FELIPE GONZÁLEZ MÁRQUEZ

Otras disposiciones

XIII.-
LEY 1/2013, DE 14 DE MAYO, DE MEDIDAS PARA REFORZAR LA PROTECCIÓN A LOS DEUDORES HIPOTECARIOS, REESTRUCTURACIÓN DE DEUDA Y ALQUILER SOCIAL

–BOE n.º 116, de 15 de mayo de 2013–

(Extracto: art. 1)

(...)

ART. 1. Suspensión de los lanzamientos sobre viviendas habituales de colectivos especialmente vulnerables.

1. Hasta transcurridos quince años desde la entrada en vigor de esta Ley, no procederá el lanzamiento cuando en un proceso judicial o extrajudicial de ejecución hipotecaria se hubiera adjudicado al acreedor, o a cualquier otra persona física o jurídica la vivienda habitual de personas que se encuentren en los supuestos de especial vulnerabilidad y en las circunstancias económicas previstas en este artículo.

Durante ese plazo, el ejecutado situado en el umbral de exclusión podrá solicitar y obtener del acreedor ejecutante de la vivienda adherido al Código de Buenas Prácticas para la reestructuración viable de las deudas con garantía hipotecaria sobre la vivienda habitual, aprobado por el Real Decreto-ley 6/2012, de 9 de marzo, de medidas urgentes de protección de deudores hipotecarios sin recursos, o persona que actúe por su cuenta, el alquiler de la misma en las condiciones establecidas en el apartado 5 del anexo de dicho Código.

2. Los supuestos de especial vulnerabilidad a los que se refiere el apartado anterior son:

a) Familia numerosa, de conformidad con la legislación vigente.

b) Unidad familiar monoparental con al menos un hijo a cargo.

c) Unidad familiar de la que forme parte un menor de edad.

d) Unidad familiar en la que alguno de sus miembros tenga reconocido un grado de discapacidad igual o superior al 33 por ciento, situación de dependencia o enfermedad que le incapacite acreditadamente de forma permanente para realizar una actividad laboral.

e) Unidad familiar en la que el deudor hipotecario se encuentre en situación de desempleo.

f) Unidad familiar con la que convivan, en la misma vivienda, una o más personas que estén unidas con el titular de la hipoteca o su cónyuge por vínculo de parentesco hasta el tercer grado de consanguinidad o afinidad, y que se encuentren en situación personal de discapacidad, dependencia, enfermedad grave que les incapacite acreditadamente de forma temporal o permanente para realizar una actividad laboral.

g) Unidad familiar en la que exista una víctima de violencia de género.

h) El deudor mayor de 60 años.

3. Para que sea de aplicación lo previsto en el apartado 1 deberán concurrir, además de los supuestos de especial vulnerabilidad previstos en el apartado anterior, las circunstancias económicas siguientes:

a) Que el conjunto de los ingresos de los miembros de la unidad familiar no supere el límite de tres veces el Indicador Público de Renta de Efectos Múltiples anual de catorce pagas. Dicho límite será de cuatro veces el Indicador Público de Renta de Efectos Múltiples anual de catorce pagas en los supuestos previstos en las letras d) y f) del apartado anterior, y de cinco veces dicho indicador en el caso de que el ejecutado sea persona con parálisis cerebral, con enfermedad mental o con discapacidad intelectual, con un grado de discapacidad reconocido igual o superior al 33 por ciento, o persona con discapacidad física o sensorial, con un grado de discapacidad reconocido igual o superior al 65 por ciento, así como en los casos de enfermedad grave que incapacite acreditadamente, a la persona o a su cuidador, para realizar una actividad laboral. El límite definido para cada caso se incrementará por cada hijo a cargo dentro de la unidad familiar en:

i. 0,15 veces el IPREM para las familias monoparentales;

ii. 0,10 veces el IPREM para el resto de familias.

b) Que, en los cuatro años anteriores al momento de la solicitud, la unidad familiar haya sufrido una alteración significativa de sus circunstancias económicas, en términos de esfuerzo de acceso a la vivienda.

c) Que la cuota hipotecaria resulte superior al 50 por cien de los ingresos netos que perciba el conjunto de los miembros de la unidad familiar.

d) Que se trate de un crédito o préstamo garantizado con hipoteca que recaiga sobre la única vivienda en propiedad del deudor y concedido para la adquisición de la misma.

4. A los efectos de lo previsto en este artículo se entenderá:

a) Que se ha producido una alteración significativa de las circunstancias económicas cuando el esfuerzo que represente la carga hipotecaria sobre la renta familiar se haya multiplicado por al menos 1,5.

b) Por unidad familiar la compuesta por el deudor, su cónyuge no separado legalmente o pareja de hecho inscrita y los hijos, con independencia de su edad, que residan en la vivienda, incluyendo los vinculados por una relación de tutela, guarda o acogimiento familiar.

Modificado por Real Decreto-ley 1/2024, de 14 de mayo, por el que se prorrogan las medidas de suspensión de lanzamientos sobre la vivienda habitual para la protección de los colectivos vulnerables. (BOE de 15-05-2024).

(…)

Otras disposiciones

XIV.-
REAL DECRETO-LEY 2/1985, DE 30 DE ABRIL, SOBRE MEDIDAS DE POLÍTICA ECONÓMICA (–DECRETO BOYER–)
–BOE n.º 111, de 9 de mayo de 1985–

Desde su toma de posesión, el Gobierno de la Nación se ha propuesto sentar las bases para un crecimiento estable y duradero de la economía española como condición necesaria para crear empleo. Dentro de esta estrategia de medio plazo, el Gobierno ha ido adoptando tanto las medidas de política coyuntural como las reformas estructurales necesarias.

Los grandes ejes de la política macroeconómica han sido una política monetaria a la que se le han fijado objetivos antiinflacionistas y una política fiscal enfocada a la reducción del déficit público, así como la recomendación a los interlocutores sociales en favor de la moderación en los Convenios Colectivos.

Las reformas estructurales e institucionales han producido transformaciones tales como la supresión de serios obstáculos a la contratación laboral, la reducción de pérdidas en las Empresas públicas, la adaptación a las normas comunitarias del funcionamiento de los mercados agrarios, la reconversión industrial, la reordenación del sector energético y tantas otras que, destinadas a mejorar la asignación de los recursos, permitirán un mayor crecimiento de la economía española.

Los resultados obtenidos en la corrección de los desequilibrios, especialmente en lo que se refiere a la reducción del déficit público, la mejora de la balanza de pagos y la disminución de la tasa de inflación han hecho posible que, tanto en el Acuerdo Económico y Social como en la presentación de los Presupuestos para 1985, se decidiera mantener, en los próximos años, el poder adquisitivo de los salarios con el fin de compensar con una mayor demanda interna una previsible desaceleración de la demanda externa.

Seis meses después de la presentación de los Presupuestos de 1985, se hace evidente la necesidad de adoptar más medidas en el sentido de potenciar la demanda interna, por cuanto la desaceleración de la economía internacional está siendo más profunda de lo esperado.

Por ello, el Gobierno ha decidido adoptar un conjunto de medidas destinadas a estimular el consumo privado y la inversión, a fomentar el empleo y a impulsar el sector de la construcción.

Por otra parte, la confirmación de la proximidad del ingreso de España en las Comunidades Europeas aconseja acelerar algunas reformas institucionales que permitan, al dotar de una mayor flexibilidad a las Empresas españolas, ajustarse a un entorno más competitivo con menores costes sociales.

Así, con el fin de concentrar la inversión privada en 1985 y 1986, se concede el importante estímulo fiscal de la libertad de amortización a las inversiones que comiencen en dichos años.

La deducción por creación de empleo en la cuota del Impuesto de Sociedades, contemplada en el Acuerdo Económico y Social, podrá aplicarse, a partir de ahora, sin límite alguno hasta consumir la totalidad de la cuota del impuesto.

Otras dos medidas, que tendrán su mayor impacto en las pequeñas y medianas Empresas, son la reducción del coste de constitución de Sociedades, que irá acompañada de una simplificación en los trámites de registro, y la posibilidad que se concede a los empleados de participar en el capital de sus Empresas, aprovechándose de los beneficios fiscales que se concedían hasta ahora a quienes suscribieran acciones cotizadas en Bolsa. Con el mismo propósito de facilitar la creación de pequeñas y medianas Empresas, progresando en la línea de lo ya dispuesto por el Decreto 1032/1973, de 17 de mayo, se confirma, positivamente, en el ámbito de la legislación civil, la libertad para la transformación de viviendas en locales de negocio, y se amplían los límites establecidos por la legislación de viviendas de protección oficial.

La libertad de horarios para la apertura y cierre de locales comerciales se establece con el fin de aumentar su flexibilidad, lo que contribuirá al estímulo de la actividad y del empleo en el sector de la distribución, facilitando una adecuación de la productividad y de la capacidad de competencia de las Empresas a las demandas y necesidades reales de los consumidores. Se trata, en suma, de desarrollar en este punto el principio de libertad de Empresa, reconocido por el artículo 38 de la Constitución, y de fijar una norma básica para el ejercicio de las actividades comerciales, que encuentra apoyo en el artículo 149.1, números 1 y 13 de nuestra Norma Fundamental, todo ello sin perjuicio de las competencias de las Comunidades Autónomas y de la normativa laboral.

La situación del sector de la construcción ha aconsejado aplicar a este tipo de inversión el mismo tratamiento fiscal en el Impuesto sobre la Renta de las Personas Físicas que disfrutan otros activos, así como la supresión de la prórroga forzosa de los arrendamientos urbanos que, sin duda, estimulará la construcción de viviendas y locales destinados a alquiler.

Pero esta medida tiene una trascendencia que va más allá de la mejora en la actividad del sector de la construcción. En efecto, el mercado de arrendamientos no se caracteriza sólo por una oferta reducida y en retroceso desde hace décadas, sino porque los alquileres iniciales se fijan en unos altos niveles como consecuencia de que el propietario, al contratar, tiene presente la eventual indemnización que debe pagar al arrendatario para que acepte la rescisión del contrato.

La reforma incluida en este Real Decreto-ley al aumentar la oferta reducirá la presión al alza de los alquileres con beneficio para el propietario y para el arrendatario, lo que permitirá satisfacer las necesidades de vivienda a una generación de jóvenes que, debido a la situación de bajo crecimiento económico, tienen dificultades para adquirir una vivienda, y además una mayor movilidad geográfica de los recursos humanos, lo cual va a facilitar los procesos de ajuste sectorial que todavía deben producirse en la economía española.

Esta reforma, no obstante, sólo afectará a los contratos que se celebren a partir de la entrada en vigor de este Real Decreto-ley, pues tanto la complejidad de la materia como la trascendencia social de revisar la situación de los contratos en vigor aconsejan que se realice a través de una ley ordinaria, que se enfrente no sólo a aspectos parciales, sino a la problemática de los arrendamientos urbanos en su conjunto.

Por último, se suprimen determinados obstáculos a la inversión extranjera, concediéndose una mayor liberalización a la proveniente de los países miembros de la CEE, lo cual supone una homogeneización con las condiciones previstas en el Tratado de Adhesión.

Las medidas contenidas en la presente disposición obedecen, pues, a razones de urgente necesidad, determinada bien por exigencia de una actuación inmediata sobre la coyuntura económica a fin de aprovechar cuanto antes sus efectos sobre la capacidad inversora, la actividad empresarial y la generación de empleo que, de demorarse, perdería en buena medida su razón de ser, bien, en el caso de la supresión de la prórroga forzosa en los arrendamientos urbanos, por los irreparables perjuicios derivados de la paralización de la contratación que, inevitablemente, habría de producirse entre el anuncio de la medida y su efectiva puesta en vigor, todo lo cual justifica plenamente el empleo de la técnica normativa del Real Decreto-ley, autorizada por el artículo 86 de la Constitución.

En su virtud, previa deliberación del Consejo de Ministros en su reunión del día 30 de abril de 1985, en uso de la autorización concedida en el artículo 86 de la Constitución,

DISPONGO:

ART. 1. Libertad de amortización para las inversiones que comiencen en 1985 y 1986.

1. Los elementos de activo fijo material nuevos, adquiridos a partir de la entrada en vigor de esta norma y dentro del año 1985, gozarán de libertad de amortización.

A estos efectos, en el Impuesto sobre la Renta de las Personas Físicas y en el Impuesto sobre Sociedades, serán deducibles las dotaciones practicadas contablemente, sin perjuicio del mantenimiento de la amortización mínima establecida en la normativa vigente.

2. Las inversiones iniciadas y no terminadas en el período a que se refiere el número anterior tendrán asimismo derecho a la libertad de amortización siempre que, como mínimo, se inviertan en 1985 el 10 por 100 y entre 1985 y 1986 el 40 por 100, de su importe total.

3. La libertad de amortización:

a) Será aplicable desde el momento en que la inversión realizada entre en funcionamiento.

b) No será aplicable cuando las inversiones realizadas se financien con renta del inversor que no haya sido integrada en la base imponible de su imposición personal en el ejercicio en que se generó.

4. Este régimen de amortización es compatible, para los mismos elementos, con la deducción por inversiones establecida en el artículo 59 de la Ley 50/1984, de 30 de diciembre, de Presupuestos Generales del Estado para 1985.

ART. 2. Supresión del límite del 30 por 100 de la cuota en la desgravación por empleo en el Impuesto sobre Sociedades.

Con efectos para los ejercicios que se inicien dentro de 1985, el artículo 26 de la Ley del Impuesto sobre Sociedades en su apartado 5, queda redactado como sigue:

> *«5. La deducción por creación de empleo, regulada en el apartado 3 de este artículo, podrá absorber la totalidad de la cuota líquida.*
> *Las deducciones por inversiones, señaladas en el apartado 1 de este artículo y las procedentes de la creación de empleo, no practicadas por insuficiencia de cuota líquida, podrán computarse en los cuatro ejercicios siguientes».*

ART. 3. Desgravación de la inversión de los trabajadores en la propia Empresa.

La deducción por suscripción de valores de renta variable, a que se refiere el número 3 de la letra h) del artículo 29 de la Ley 44/1978, de 8 de septiembre, redactado conforme el artículo 53 de la Ley 50/1984, de 30 de diciembre, de Presupuestos Generales del Estado para 1985, será también aplicable a las cantidades que, mediante desembolso efectivo, inviertan los trabajadores de una Sociedad para la suscripción de las acciones de ésta, aun cuando las mismas no estuvieren admitidas a cotización en Bolsa.

ART. 4. Reducción de los costes de constitución de Sociedades.

En el Impuesto sobre Transmisiones Patrimoniales se reducen al 1 por 100 los tipos de gravamen, establecidos en la disposición transitoria tercera de la Ley 32/1980, de 21 de junio, para las operaciones societarias, realizadas con posterioridad a la entrada en vigor del presente Real Decreto-ley, consistentes en la constitución o el aumento de capital de Sociedades de cualquier naturaleza.

ART. 5. Libertad de horario para los locales comerciales.

(DEROGADO)

Derogado por Ley 7/1996, de 15 de enero, de Ordenación del Comercio Minorista. (BOE de 17-01-1996).

ART. 6. Liberalización de la normativa sobre inversiones extranjeras.

Quedan derogados los artículos 18 y 25.8 y el párrafo segundo de la disposición adicional tercera del Decreto 3021/1974, de 31 de octubre, por el que se sanciona con fuerza de Ley el texto refundido de las disposiciones legislativas sobre inversiones extranjeras en España.

ART. 7. Desgravación por inversión en vivienda.

1. La adquisición de viviendas de nueva construcción, cualquiera que sea su destino, dará derecho a una deducción del 17 por 100 por inversión en vivienda con los requisitos y límites establecidos en el número 4 de la letra h) del artículo 29 de la Ley 44/1978, de 8 de septiembre, redactado conforme al artículo 53 de la Ley 50/1984, de 30 de diciembre, de Presupuestos Generales del Estado para 1985.

A estos efectos se equipararán a las viviendas de nueva construcción las que cumplan las condiciones a que se refiere el Real Decreto 2329/1983, de 18 de julio, sobre protección a la rehabilitación del patrimonio residencial y urbano.

2. Los beneficios de la reinversión recogidos en el número 9 del artículo 20 de la Ley 44/1978, de 8 de septiembre, serán aplicables exclusivamente a la adquisición de vivienda habitual.

ART. 8. Transformación de viviendas en locales de negocio.

(DEROGADO)

Derogado por Ley 29/1994, de 24 de noviembre, de Arrendamientos Urbanos. (BOE de 25-11-1994).

ART. 9. Supresión de la prórroga forzosa en los contratos de arrendamientos urbanos.
(DEROGADO)

Derogado por Ley 29/1994, de 24 de noviembre, de Arrendamientos Urbanos. (BOE de 25-11-1994).

DISPOSICIONES TRANSITORIAS

D.T. ÚNICA.

Los contratos de arrendamiento de viviendas y locales de negocios, celebrados con anterioridad a la entrada en vigor de este Real Decreto-ley, seguirán rigiéndose en su totalidad por lo dispuesto en el texto refundido de la Ley de Arrendamientos Urbanos y demás disposiciones vigentes.

DISPOSICIONES FINALES

D.F. ÚNICA.

El presente Real Decreto-ley entrará en vigor el mismo día de su publicación en el «Boletín Oficial del Estado».

Dado en Madrid a 30 de abril de 1985.
JUAN CARLOS R.

El Presidente del Gobierno,
FELIPE GONZÁLEZ MÁRQUEZ

Otras
disposiciones

REAL DECRETO 515/1989, DE 21 DE ABRIL, SOBRE PROTECCIÓN DE LOS CONSUMIDORES EN CUANTO A LA INFORMACIÓN A SUMINISTRAR EN LA COMPRA-VENTA Y ARRENDAMIENTO DE VIVIENDAS

–BOE n.º 117, de 17 de mayo de 1989–

La Ley 26/1984, de 19 de julio, General para la Defensa de los Consumidores y Usuarios, consagra como un derecho básico de los consumidores y usuarios «la información correcta sobre los diferentes productos o servicios» y la educación o divulgación para facilitar el conocimiento sobre su adecuado uso, consumo o disfrute [artículo 2.1, d)], señalando expresamente que éste, junto con los demás derechos de los consumidores y usuarios, serán protegidos prioritariamente cuando guarden relación directa con productos o servicios de uso común, ordinario y generalizado (artículo 2.2).

La vivienda constituye en la actualidad uno de estos productos de uso ordinario y generalizado. Su utilización mediante compra o en arrendamiento, constituye una actividad no sólo cotidiana, sino de gran trascendencia en la vida del consumidor. La propia Ley 26/1984, parece entenderlo como se desprende del hecho significativo de la mención expresa a la vivienda en tres de sus artículos que son: Los artículos 5.2, j), 10.1, c), y 13.2 en los que se tratan aspectos como los materiales de construcción, gastos que pueden repercutir en el comprador y documentación a entregar en la adquisición de una vivienda.

El presente Real Decreto, surge así ante la necesidad de regular de forma sistemática un aspecto de especial trascendencia para el consumidor o usuario, como es la información que ha de serle suministrada en la adquisición o arrendamiento de una vivienda.

Asimismo, y de acuerdo con lo establecido en el artículo 22 de la citada Ley 26/1984, de 19 de julio, han sido oídos en consulta, tanto las Asociaciones de Consumidores y Usuarios, como de Empresarios relacionados con este sector.

En su virtud, a propuesta del Ministro de Sanidad y Consumo, de acuerdo con el Consejo de Estado y previa deliberación del Consejo de Ministros, en su reunión del día 21 de abril de 1989,

DISPONGO:

ART. 1.

1. El presente Real Decreto es de aplicación a la oferta, promoción y publicidad que se realice para la venta o arrendamiento de viviendas que se efectúe en el marco de una actividad empresarial o profesional, siempre que aquellos actos vayan dirigidos a consumidores, conforme a los términos del artículo primero, apartados 2 y 3, de la Ley 26/1984, de 19 de julio, General para la Defensa de los Consumidores y Usuarios.

A los efectos de este Real Decreto se consideran arrendamientos los que se hallan sujetos a la Ley de Arrendamientos Urbanos.

2. Este Real Decreto no será de aplicación a las ventas que se efectúen mediante subasta pública, judicial o administrativa.

ART. 2.

Sin perjuicio del cumplimiento de la Ley 34/1988, de 11 de noviembre, General de Publicidad, toda oferta, promoción y publicidad dirigida a la venta o arrendamiento de viviendas se ajustará a las verdaderas características, condiciones y utilidad de la vivienda expresando siempre si la misma se encuentra en construcción o si la edificación ha concluido.

ART. 3.

1. La oferta, promoción y publicidad dirigida a la venta o arrendamiento de viviendas se hará de manera que no induzca ni pueda inducir a error a sus destinatarios, de modo tal que afecte a su comportamiento económico, y no silenciará datos fundamentales de los objetos de la misma.

2. Los datos, características y condiciones relativas a la construcción de la vivienda, a su ubicación, servicios e instalaciones, adquisición, utilización y pago que se incluyan en la oferta, promoción y publicidad serán exigibles aun cuando no figuren expresamente en el contrato celebrado.

ART. 4.

Quienes realicen las actividades sujetas a este Real Decreto deberán tener a disposición del público, y en su caso, de las autoridades competentes, la información siguiente:

1. El nombre o razón social, domicilio y, en su caso, los datos de la inscripción en el Registro Mercantil, del vendedor o arrendador.

2. Plano general del emplazamiento de la vivienda y plano de la vivienda misma, así como descripción y trazado de las redes eléctrica, de agua, gas y calefacción y garantías de las mismas, y de las medidas de seguridad contra incendios con que cuente el inmueble.

3. Descripción de la vivienda con expresión de su superficie útil, y descripción general del edificio en el que se encuentra, de las zonas comunes y de los servicios accesorios.

4. Referencia a los materiales empleados en la construcción de la vivienda, incluidos los aislamientos térmicos y acústicos, y del edificio y zonas comunes y servicios accesorios.

5. Instrucciones sobre el uso y conservación de las instalaciones que exijan algún tipo de actuación o conocimiento especial y sobre evacuación del inmueble en caso de emergencia.

6. Datos identificadores de la inscripción del inmueble en el Registro de la Propiedad o expresión de no hallarse inscrito en el mismo.

7. Precio total o renta de la vivienda y servicios accesorios y forma de pago.

ART. 5.

1. Cuando se promocionen viviendas para su venta se tendrá a disposición del público o de las autoridades competentes, además:

1. Copia de las autorizaciones legalmente exigidas para la construcción de la vivienda y de la cédula urbanística o certificación acreditativa de las circunstancias urbanísticas de la finca, con referencia al cumplimiento de las operaciones reparcelatorios o compensatorias, así como de la licencia o acto equivalente para la utilización u ocupación de la vivienda, zonas comunes y servicios accesorios.

2. Estatutos y normas de funcionamiento de la Comunidad de Propietarios, en su caso, así como información de los contratos de servicios y suministros de la comunidad.

Si la Comunidad de Propietarios ya está funcionando se facilitará un extracto de cuentas y obligaciones de la vivienda objeto de la venta.

3. Información en cuanto al pago de los tributos de todas clases que graven la propiedad o utilización de la vivienda.

4. Forma en que está previsto documentar el contrato con sus condiciones generales y especiales, haciendo constar de modo especialmente legible lo siguiente:

a) Que el consumidor no soportará los gastos derivados de la titulación que correspondan legalmente al vendedor.

b) Los artículos 1280, 1.° y 1279 del Código Civil.

c) El derecho a la elección de Notario que corresponde al consumidor, sin que éste pueda imponer Notario que, por su competencia territorial carezca de conexión razonable con alguno de los elementos personales o reales del negocio.

5. En el caso de que la vivienda o las zonas comunes o elementos accesorios no se encuentren totalmente edificados se hará constar con toda claridad la fecha de entrega y la fase en que en cada momento se encuentra la edificación.

6. Cuando se trate de primera transmisión se indicará el nombre y domicilio del Arquitecto y el nombre o razón social y domicilio del constructor.

ART. 6.

1. La información será especialmente detallada y clara en cuanto al precio de venta, debiéndose tener a disposición del público y de las autoridades competentes una nota explicativa que contendrá los siguientes datos:

1.º Precio total de la venta, que se entenderá, que incluyen en su caso, los honorarios de Agente y el IVA, si la venta se halla sujeta a este impuesto. En otro caso se indicará la cuota que corresponda por el Impuesto de Transmisiones Patrimoniales y Actos Jurídicos Documentados.

2.º Forma de pago.–En el caso de preverse aplazamientos se indicará el tipo de interés aplicable y las cantidades que corresponderá abonar por principal e intereses y fecha de vencimiento de unos y otros.

3.º Medios de pago admisibles para las cantidades aplazadas.

4.º Si se prevé la subrogación del consumidor en alguna operación de crédito no concertada por él, con garantía real sobre la propia vivienda se indicará con claridad el Notario autorizante de la correspondiente escritura, fecha de esta, datos de su inscripción en el Registro de la Propiedad y la responsabilidad hipotecaria que corresponde a cada vivienda, con expresión de vencimientos y cantidades.

5.º Garantías que deberá constituir el comprador por el precio o la parte de él, aplazado.

2. En la nota explicativa se hará constar que del importe total de la venta se deducirá cualquier cantidad entregada a cuenta por el adquirente o por cuenta del adquirente antes de la formalización de la operación.

ART. 7.

En el caso de que la vivienda no se encuentre totalmente terminada se deberá tener a disposición del público y de las autoridades competentes copia del documento o documentos en los que se formalizan las garantías entregadas a cuenta según la Ley 57/1968, de 27 de julio.

ART. 8.

Cuando se entreguen folletos o documentos similares se harán constar siempre en los mismos, al menos, los datos sobre ubicación y los contenidos en los números 1, 3, 4, 6 y 7 del artículo cuarto y los de los artículos 6.º y 7.º, con indicación del período de validez que tienen las menciones expresadas. También se harán constar los lugares en los que se encuentra a disposición del público, la información a que se refieren los artículos anteriores.

ART. 9.

A la firma del contrato todo adquirente de vivienda comprendido en el ámbito de aplicación del presente Real Decreto tiene derecho a recibir a costa del vendedor copia de los documentos a que se refieren los artículos anteriores.

ART. 10.

Los documentos contractuales de compra-venta o arrendamiento de viviendas deberán ir redactados con la debida claridad y sencillez, sin referencia o remisión a textos o documentos que no se faciliten previa o simultáneamente a la celebración del contrato.

Igualmente deberán responder a los principios de buena fe y justo equilibrio de las contraprestaciones, lo que, entre otras, implica la prohibición de inclusión de cláusulas que:

A) No reflejen con claridad u omitan, en los casos de pago diferido, la cantidad aplazada, el tipo de interés anual sobre los saldos pendientes de amortización y las condiciones de amortización de los créditos concedidos y las cláusulas que de cualquier forma faculten al vendedor a incrementar el precio aplazado durante la vigencia del contrato.

B) Impongan un incremento del precio por servicios, accesorios, financiación, aplazamientos, recargos, indemnizaciones o penalizaciones que no correspondan a prestaciones adicionales efectivas que puedan ser libremente aceptadas o rechazadas por el comprador o arrendatario con independencia del contrato principal. A tales efectos:

1. Las reformas de obra motivadas en causas diligentemente no previsibles en el momento de la aprobación de los proyectos de urbanización o construcción que hayan de originar modificación del precio estipulado, serán previamente comunicadas a los adquirentes quienes deberán dar su conformidad a la cuantía exacta que la reforma produzca.

2. Las reformas que propongan los adquirentes serán asimismo objeto de formalización documental que contendrá sucinta descripción de su contenido y concretas repercusiones que deriven en el precio y plazo de entrega que hubiesen sido pactados.

C) Supongan la repercusión al comprador o arrendatario de fallos, defectos o errores administrativos o bancarios que no los sean directamente imputables.

D) Impongan, en la primera venta de viviendas, la obligación de abonar los gastos derivados de la preparación de la titulación que por Ley o por naturaleza corresponden al vendedor (obra nueva, propiedad horizontal, hipotecas para financiar su construcción o su división o cancelación).

ART. 11.

1. Sin perjuicio de las competencias que correspondan a otros Departamentos Ministeriales, dentro de sus atribuciones específicas, el incumplimiento de cualquiera de los preceptos contenidos en la presente disposición se considerará infracción en materia de protección al consumidor, de acuerdo con lo establecido en el artículo 34 de la Ley 26/1984, de 19 de julio, General para la Defensa de los Consumidores y Usuarios, cuya tipificación específica se contempla en los artículos 3.º y 5.º del Real Decreto 1945/1983, de 22 de junio, que regula las infracciones y sanciones en materia de defensa del consumidor y de la producción agroalimentaria.

2. Las infracciones a que se refiere el presente artículo se calificarán como leves, graves y muy graves, atendiendo a los criterios establecidos en el artículo 35 de la Ley 26/1984, de 19 de julio, así como en los artículos 6.º, 7.º y 8.º del Real Decreto 1945/1983, de 22 de junio.

3. Las infracciones a que se refiere el presente Real Decreto serán sancionadas con multa, de acuerdo con la graduación establecida en el artículo 36 de la Ley 26/1984, de 19 de julio.

DISPOSICIONES ADICIONALES

D.A. 1.ª

La publicidad, promoción y oferta de viviendas de protección oficial se regirán por las correspondientes normas de su legislación específica y, en lo no previsto en ella, por lo dispuesto en el presente Real Decreto.

D.A. 2.ª

Lo establecido en este Real Decreto será de aplicación supletoria respecto de las Comunidades Autónomas que estatutariamente hayan asumido la competencia plena sobre la defensa de los consumidores y usuarios, excepto los artículos 3.º, apartado 2, y 10, que tendrán vigencia en todo el Estado, en virtud de lo dispuesto en la regla 8.ª del artículo 149.1, de la Constitución Española.

DISPOSICIONES TRANSITORIAS

D.T. ÚNICA.

La venta o arrendamiento de viviendas construidas y habitadas en el momento de la entrada en vigor del presente Real Decreto se ajustarán a las exigencias contenidas en el mismo, excepto los artículos 4.º 2, en cuanto se refiere al trazado de las instalaciones de los servicios y el artículo 5.º 1, 1).

A los efectos del presente Real Decreto, la venta precedida de la reforma completa o rehabilitación de la vivienda se considerará primera transmisión.

DISPOSICIONES DEROGATORIAS

D.DT. ÚNICA.

Quedan derogadas cuantas disposiciones de igual o inferior rango se opongan a lo establecido en la presente disposición.

DISPOSICIONES FINALES

D.F. ÚNICA.

Este Real Decreto entrará en vigor a los seis meses de su publicación.

Dado en Madrid a 21 de abril de 1989.
JUAN CARLOS R.

El Ministro de Sanidad y Consumo,
JULIÁN GARCÍA VARGAS

ÍNDICE ANALÍTICO LAU Y LEGISLACIÓN COMPLEMENTARIA

A

B

C

D

F

G

H

I

REPARACIONES NECESARIAS
Comunicación de la necesidad de reparaciones, 21.3 I
No realización de las reparaciones necesarias, 27.3 I
Reparaciones necesarias, 21, 27.3 I; 107, 108, 110, 111, 115.2 II

REPOSICIÓN AL ESTADO ANTERIOR
Exigencia de reposición al estado anterior, 23.2, 24.2 I

RESOLUCIÓN DEL ARRENDAMIENTO
Resolución, 26, 27 y 35 I
Resolución de pleno derecho, 35 I

RESOLUCIÓN DEL SUBARRIENDO
Resolución del subarriendo, 27.2.c) I; 117, 118 y D.T. 21.ª II

RETRACTO
Ver DERECHO DE RETRACTO

RUINA
Ruina, 28.b) I; 114.10 II

S

SEPARACIÓN MATRIMONIAL DEL ARRENDATARIO
Uso de la vivienda arrendada en caso de separación del arrendatario, 15 I

SUBARRIENDO DE LOCALES DE NEGOCIO
Subarriendo de locales de negocio, D.T. 3.ª y 32 I; 10 y ss., 117, 118, D.T. 4.ª y 5.ª II; 1550-1552 III

SUBARRIENDO DE VIVIENDA
Subarriendo de vivienda, 8 I; 10 a 21 y D.T. 4.ª y 5.ª II; 1550-1552 III

SUBASTA DEL BIEN ARRENDADO
Subasta del bien arrendado, 661 y 675 X

SUBROGACIÓN
Subrogación, 16, 33 y D.T. 2.ª I, 58 a 61 II

SUSPENSIÓN DE ARRENDAMIENTO Y SUBARRIENDO
Suspensión de arrendamiento y subarriendo, 26 I; 119 II

T

TANTEO
Ver DERECHO DE TANTEO

TRASPASO DE LOCAL DE NEGOCIO
Traspaso de local de negocio, 29 a 42 y D.T. 8.ª y 9.ª II

TRASTERO
Trastero, 2.2 I

U

USO DISTINTO DEL DE VIVIENDA
Ver ARRENDAMIENTOS PARA USO DISTINTO DEL DE VIVIENDA

V

VENTA
Ver DERECHO DE ADQUISICIÓN PREFERENTE
Ver ENAJENACIÓN VIVIENDA/FINCA ARRENDADA

VIVIENDA DIGNA
Ver DERECHO A VIVIENDA DIGNA